Henning Sietz

RUND UM
WISMAR UND ROSTOCK

Urlaub an der mecklenburgischen Ostseeküste

SCHELZKY & JEEP

Titelfoto: Leuchtfeuer vor Warnemünde – Frontispiz: Pferdeköpfe in Fliemstorf

Farbteil S. 129-136

1 - Treppengiebel in der Rostocker Altstadt
2 - Neue alte Giebel in der Wokrenter Straße Rostock
3 - Strandpartie auf Poel
4 - Seebrücke Rerik
5 - Strand von Rerik
6 - Am Breitling auf Poel
7 - Fischerboot
8 - Segelboot in Poel
9 - Am Anleger in Kirchdorf/Poel
10 - Mühle in Dorf Mecklenburg
11 - Museum Klockenhagen
12 - Speicher in Rostocks Hafenviertel
13 - Am Kamp in Bad Doberan
14 - Bad Doberaner Münster
15 - Schloß Bothmer
16 - Lindenallee bei Heiligendamm
17 - Hafen von Kirchdorf/Poel
18 - »Molli« in Kühlungsborn
19 - Fischerboote bei Heiligendamm
20 - Leuchtturm auf Poel
21 - Bastorfer Signalturm
22 - An der Seebrücke Kühlungsborn
23 - Heiligendamm

Unsere Reiseführer sind äußerst sorgfältig recherchiert und werden bis kurz vor Druckbeginn laufend auf den neuesten Stand gebracht. Dennoch können wir für eventuelle Unrichtigkeiten keine Haftung übernehmen.

Die Deutsche Bibliothek – Einheitsaufnahme

Sietz, Henning:
Rund um Wismar und Rostock : Urlaub an der mecklenburgischen Ostseeküste / Henning Sietz. - Erstausg., 1. Aufl. - Berlin : Schelzky & Jeep, 1996 (Rund um ... ; 15)
  ISBN 3-89541-117-5
  NE: GT

© by Verlag Schelzky & Jeep, Berlin
Erstausgabe
1. Auflage 1996
Alle Rechte vorbehalten
Lektorat: Kerstin Wuchenauer, Berlin
Karte: Elsner & Schichor, Karlsruhe
Umschlag: Uwe Lorenz, Design 17, Berlin
Layout: Verlag auf PageMaker®
Farbreprographie: Bildpunkt, Berlin
Belichtung und Druck: Medialis, Berlin
Bindung: Herbert Hensch, Berlin
    gedruckt auf chlorfrei gebleichtem Papier
Printed in Germany
ISBN 3-89541-117-5

INHALTSVERZEICHNIS

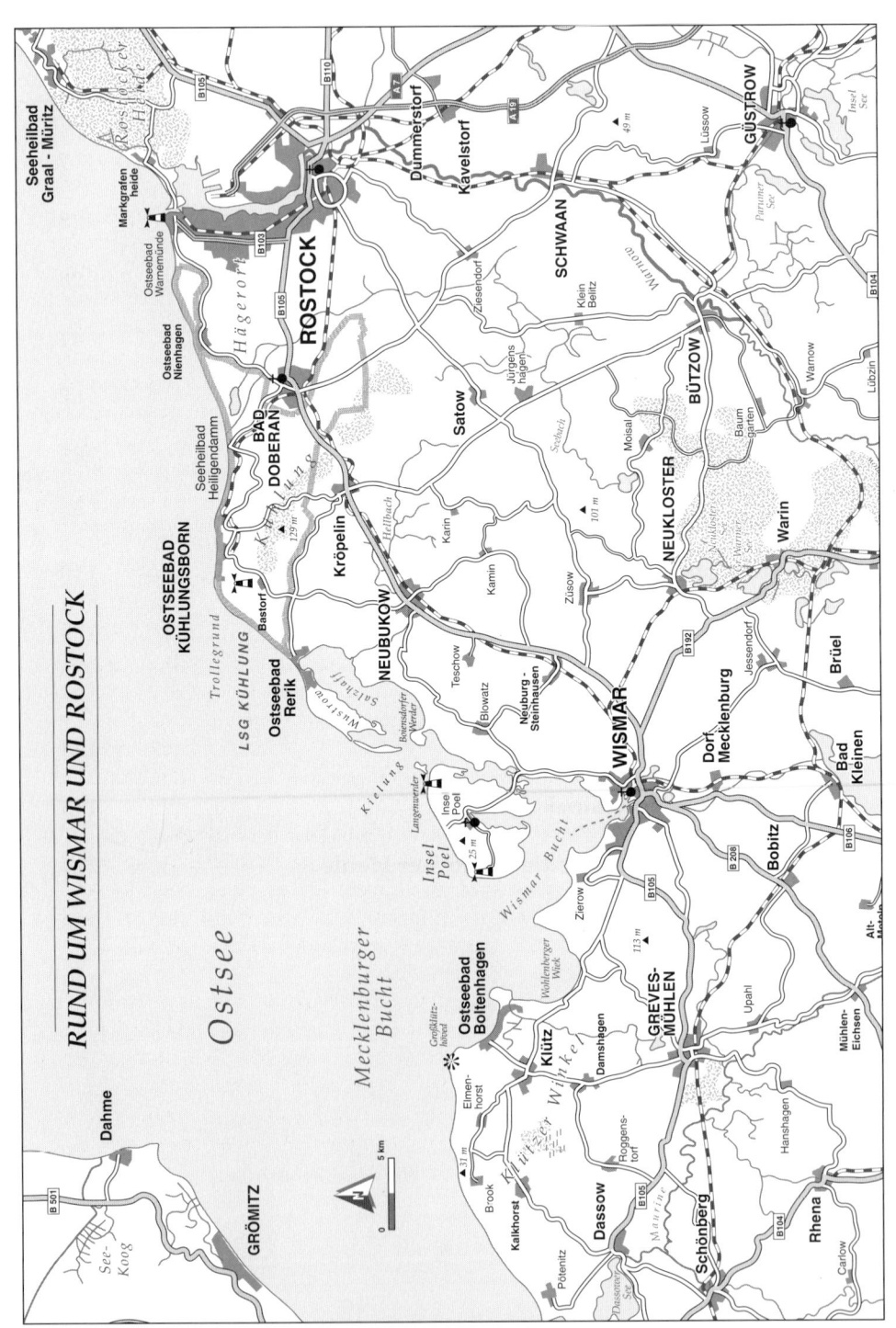

RUND UM WISMAR UND ROSTOCK

EINLEITUNG

Die Ostseeküste Mecklenburg-Vorpommerns ist – ohne die Inseln Rügen und Hiddensee – rund 340 Kilometer lang. Dieser Reiseführer beschreibt davon rund 130 Kilometer, also ein gutes Drittel, was recht genau der gesamten *mecklenburgischen* Ostseeküste entspricht.

Fünf Ostseebäder – Boltenhagen, Rerik, Kühlungsborn, Nienhagen und Warnemünde – und zwei Seeheilbäder – Heiligendamm und Graal-Müritz – liegen an der Ostseeküste, die in diesem Buch beschrieben wird. Nicht zu vergessen die kleineren Badeorte wie Wendorf bei Wismar oder Börgerende, die Insel Poel und die vielen wilden Strände im Klützer Winkel, Hohe Düne bei Warnemünde usw.

Im siebten Jahr nach der Wende haben sicher viele Urlauber, die Norddeutschland schätzen und lieben, auch Mecklenburgs Küste besucht. Der Darß und Usedom, Rügen und Hiddensee sind zweifellos die Highlights unter den Feriengegenden an der Ostsee. Bei näherem Hinsehen fallen einem schnell weitere Feriengebiete und Ostseebäder ein, die einen Besuch lohnen. Zum Beispiel das landschaftlich so reizvoll gelegene Rerik, das stattliche Kühlungsborn, Heiligendamm, das älteste Seebad in Deutschland, und natürlich das früher ausgesprochen mondäne Warnemünde. Mit Wismar und Rostock liegen zwei altehrwürdige Hansestädte in diesem Küstenabschnitt, die ihre stolze Vergangenheit keineswegs unter den Scheffel stellen.

Kurzum, die Liste der lohnenden Ziele an der mecklenburgischen Küste ist länger, als man auf Anhieb meinen könnte. Da verstecken sich Inseln, Landschaften und Orte, die kaum bekannt sind, wie etwa die Insel Poel, das Salzhaff oder die Kühlung, das herrliche Waldgebiet bei Kühlungsborn. Mein Geheimtip ist der Klützer Winkel, der wohl einer der einsamsten Flecken in Deutschland ist. Strände gibt es hier kilometerlang.

Jedes der zwölf Kapitel stellt eine Landschaft, ein Seebad oder eine Hansestadt für sich vor – mit geschichtlichem Überblick, einem Rundgang oder einer Rundfahrt, zahlreichen »Tips« sowie Ratschlägen zu Wanderungen, Radtouren und Ausflügen. Einige Touren führen auch ins Hinterland. Auf Ausflüge mit dem »Molli«, der alten Bäderbahn zwischen Bad Doberan und Kühlungsborn, wurde besonders großer Wert gelegt.

»Führen S' den annern Weg, jo nich desen! Desen hewwen wi betert«, ließ Fritz Reuter eine seiner kauzigen Figuren sagen. Mecklenburgs bekanntester Schriftsteller konnte natürlich nichts von den modernen Verkehrsproblemen wissen, vor allem auf der Bundesstraße 105. Sein Wort erhält für den Liebhaber der Ostseeküste eine neue Bedeutung: Die neuen Straßen sind es, die man meiden sollte, denn dort wird zügig gefahren. Man fährt besser und geruhsamer über die Nebenstraßen. Mehr darüber in diesem Buch.

Hamburg, im Frühjahr 1996   *Henning Sietz*

1. IM KLÜTZER WINKEL

»Uns Rapp un Weit sünd heil un deil gesund.«
Klützer Bauernweisheit

Schade, daß es die Bahnlinie von Grevesmühlen nach Klütz nicht mehr gibt. Sie wurde 1995 eingestellt. Es wäre schön gewesen, noch einmal mit dem *Kaffeebrenner* in den Klützer Winkel zu fahren – auf den Spuren von Uwe Johnson oder mit dem Buch von Fritz Meyer-Scharffenberg in der Hand. Beide haben die kurze Bahnfahrt nach Klütz beschrieben, jeder auf seine Weise. Ob die »Stammplatzinhaber« im *Kaffeebrenner* immer noch auf ihr Gewohnheitsrecht gepocht hätten? So bleibt nur die prosaische Anreise im Pkw, zum Beispiel über Dassow aus dem Westen. Wer die Gegend kennt, biegt gleich links ab nach Klütz und läßt sich von dem ersten Kilometer rumpeliger Strecke nicht ins Boxhorn jagen: Mecklenburgisches Katzenkopfpflaster ist eigen und weiß, was es wert ist. Man erlebt eine einsame Landschaft, die ihren Reiz gemächlich entfaltet und ihre stillen Liebhaber stets sorgsam ausgewählt hat. Wer sich ein wenig Mühe gibt, den wird sie nicht enttäuschen.

ANFAHRT

Mit dem Auto von Lübeck auf der B 104/105 bis Dassow, Landstraße nach Kalkhorst und Klütz; oder auf der B 105 bis Grevesmühlen, Landstraße nach Klütz

AUSKÜNFTE

Klütz: Fremdenverkehrs- und Informationszentrum, Schloßstr. 1, 23948 Klütz, Tel. 038825/225 69
Groß Schwansee: Natur- und Heimatverein Nordwestmecklenburg, Lindenstr. 3, 23942 Groß Schwansee, Tel. 038827/449, Führungen in Naturschutzgebiete auf Anfrage.
Grevesmühlen: Stadt-Information, Große Seestr. 1, 23936 Grevesmühlen, Tel. 03881/71 12 58
Dassow: Amt Ostseestrand (Ordnungsamt), Lübecker Str. 50, 23942 Dassow, Tel. 038826/215 und 498

BADEN

Groß Schwansee, Brook, nördlich Warnkenhagen (Kleinklützhöved), Steinbek (Naturstrand), Boltenhagen, Tarnewitz, Wohlenberg (Steilküste), Grevesmühlen (Ploggensee)

UNTERKUNFT

Landgasthof Zum Lenorenwald, Kalkhorster Str. 6 a, 23948 Hohenschönberg, Tel. 038827/252 und 237
In Boltenhagen stehen viele gute Hotels und Pensionen zur Verfügung. Die Kurverwaltung hilft gern bei der Vermittlung geeigneter Zimmer.

CAMPING

Niendorfer Weg, 23948 Niendorf, Tel. 038428/222 (Platz) und Tel. 038825/296 37

JUGENDHERBERGEN

JH Beckerwitz, Haus Nr. 21, 23968 Beckerwitz, Tel. 038428/362
JH Großenhof, 23948 Großenhof, Tel. 03881/44 11
JH Dassow-Holm, An der B 105, 23942 Dassow, Tel. 038826/614

SEHENSWERTES

Klütz: Schloß Bothmer mit Landschaftspark (Führungen durch den Schloßpark auf Anfrage beim Fremdenverkehrs- und Informationszentrum Klütz), Kirche (Pfarramt, Predigerstr. 8, Tel. 038825/222 74), Mühle; Kalkhorst: Kirche, Schloß, Schmiede; Elmenhorst: Kirche

FESTE UND TERMINE

1. Do nach dem 1. Oktober: »Klützer Markt« (Volksfest seit 1660)

FAHRRADVERLEIH

Bruders, Mecklenburger Landstr. 14 (Priwall), Travemünde, Tel. 04502/53 40
(siehe auch Kapitel »Boltenhagen«)

FÄHREN IN LÜBECK-TRAVEMÜNDE

Priwall-Fähre, An der Vorderreihe, ganzjährig Tag und Nacht, alle 10-15 Min.; Personenfähre, Nordermole, zum Priwall nur in der Saison (keine Fahrräder)

*In diesem Winkel fiel das Wunderliche
nicht als wunderlich auf.*
Uwe Johnson

ÜBERBLICK

Zwischen der Lübecker Bucht und der Wismarbucht wölbt sich eine breite, abgerundete Halbinsel in die Ostsee. Auf ihr liegt der Klützer Winkel, eine der fruchtbarsten Gegenden Norddeutschlands. Die schweren Böden, meist Geschiebemergel und Lehm, sind so ertragreich, daß der Klützer Winkel zur **Kornkammer Mecklenburgs** wurde. Man nannte und nennt ihn deshalb auch »Goldene Aue« oder »Speckwinkel«.

Wo der Klützer Winkel genau liegt, damit haben sich die Leute immer schwer getan. Nüchterne Zeitgenossen sagen, der Klützer Winkel sei 150 qkm groß – und meinen, damit sei alles erklärt. Auch die Klützer machen sich die Sache leicht:»Was man vom Klützer Kirchturm aus sieht, das ist unser Land«, heißt es im besten Lokalpatriotismus (Turmbesteigung, sofern die Küsterin anwesend ist). Die aus dem Umland haben auch ihren Stolz: Der Klützer Winkel reiche »so wiet, as 'n den' Klützer Kirchtorm süht«. Aber wer fährt schon durchs Land und kuckt, von wo man den bischofsmützigen Kirchturm sieht. Kluge Menschen schlagen bei Meyer-Scharffenberg nach und lesen:

... verläuft die Grenze ... von der Küste bei der Brooker Höhe nach Süden, führt ostwärts an Groß Schwansee und westlich an Kalkhorst vorbei, geht weiter in sanftem Bogen über Welzin durch die Mitte der Feldmark zwischen Nedderhagen und Parin, Großenhof und Bössow und endet zwischen Wohlenberg und Wohlenhagen in der Wohlenberger Wiek.
Fritz Meyer-Scharffenberg: Wismar, die Insel Poel und der Klützer Winkel

So einfach ist das.

Und *was ist* der Klützer Winkel? Zunächst einmal ist der Klützer Winkel noch immer **eine der weniger bekannten Gegenden Mecklenburgs**. Der Ritter oder Junker wegen, die hier jahrhundertelang das Sagen hatten, blieb das Land zurück, es hinkte meistens irgendwie hinterher. Man hielt es für rückständig, dunkel, ja fast unergründlich: Chausseen wurden spät angelegt, die Bahn kam erst dann, als man sich andernorts schon längst an Züge gewöhnt hatte, die Schulen waren miserabel untergebracht, Krankenhäuser gab es so gut wie keine. Im Schatten von Lübeck und Wismar, die städtische Konkurrenz nicht duldeten, blieb das Land beschränkt auf seine Rolle als Lieferant von Vieh, Getreide und Zuckerrüben. Der Klützer Winkel war nicht einmal Provinz, er war Hinterland, eben ein »Winkel«.

Zu DDR-Zeiten änderte sich wenig daran. Die Schulen und Krankenhäuser wurden besser, das Winkelhafte blieb. Die Grenzanlagen an der Ostsee riegelten den größten Teil der Küste ab. Erst östlich von Steinbeck war der Strand – und das nur bei Tageslicht – frei zugänglich. Zwar tummelten sich in Boltenhagen, dem Bad der Werktätigen, Tausende Urlauber, meist Angehörige von Betrieben aus dem Süden des Landes. Aber die Landschaft blieb still und abgeschieden, bis heute. Der Klützer Winkel ist nach wie vor eine der ruhigsten Gegenden Mecklenburgs.

GESCHICHTE

Im 12. und 13. Jh. trafen **Siedler aus Holstein, Westfalen und Niedersachsen** ein, um das Land der Slawen zu besiedeln – mit Schwert und Bibel in der Hand. Sie fanden einen dichten Wald vor, der mühsam gerodet werden mußte. Nach und nach legten die Siedler Straßenhufendörfer an, deren Namen meist auf-*hagen* endet. Sie heißen Warnkenhagen, Grundshagen, Tankenhagen, Rosenhagen, Boltenhagen oder Wohlenhagen und geben sich somit als deutsche Rodungsdörfer der ersten Siedlungszeit zu erkennen. Tarnewitz und Klütz hingegen waren slawische Gründungen, genauer gesagt Siedlungen der Polaben, die zum großen Stamm der Obodriten gehörten.

Der Name *Klützer Winkel* geht zurück auf eine von Kaiser Barbarossa unterzeichnete Urkunde von 1188, in der Lübeck das Recht erhielt, in jenem Waldgebiet, der *silva clutse*, Holz zu schlagen. Das slawische Wort *clutse* heißt Schlüssel, den tieferen Sinn kennt man bis heute nicht. In Klütz, um 1230 bereits das größte Kirchspiel weit und breit, wohnten die deutschen Siedler nahe der Kirche in Oberklütz, während die Slawen vermutlich am Bach in Niederklütz lebten.

Bereits Anfang des 14. Jh. machte ein Rittergeschlecht von sich reden, das fast 400 Jahre den Klützer Winkel beherrschen und prägen sollte – die von **Plessen**. 1319 zog ein von Plessen auf einen alten Ritterhof in Arpshagen, baute ein festes Haus, zog Wallgräben darumherum – und behauptete dreist, ihm gehöre das benachbarte Klütz! Eine Urkunde hatte er zwar nicht, aber Frechheit siegt bekanntlich. Klütz wurde ritterschaftlich, vermutlich war es der einzige ritterschaftliche Flecken in Mecklenburg. Später verlegten die von Plessen ihren Hauptsitz nach **Damshagen**, einige Nachfahren leben heute noch dort.

Es gibt Dutzende Legenden und Geschichten, wie rauhbeinig und brutal die von Plessen waren. Meyer-Scharffenberg schildert einen Streit, der sich irgendwann im 16. Jh. zwischen dem Ritter von Plessen und dem Pastor von Damshagen zugetragen hat. Der Pastor war beim unrechtmäßigen Angeln erwischt worden und von den ritterlichen Knechten unsanft in den Damshäger Bach expediert worden. Der Pastor rächte sich auf seine Weise:

Am Sonntag hatte der leidenschaftliche Angler Gelegenheit, sich zu revanchieren, und er scheute sich nicht, die rohe Tat von der Kanzel herab zu brandmarken. Dem Ritter aber schwoll dabei bedenklich die Zornesader. Als der Pfarrer ihn gar einen Bösewicht nannte, zog er seinen Degen und sprang die Stufen zur Kanzel hinauf. Doch an diesem Tag stand der Pfarrer nicht auf dem schwankenden Boden eines wackelnden Backtroges, sondern auf einer eichenen Kanzel und dem Herrgott um einige Stufen näher als der wilde Ritter mit dem gezückten Stahl. Schon war der Wüterich oben. Da nahm der Pfarrer die Bibel, und weil sie sich eines guten Umfanges erfreute, war sie in den derben Fäusten des Gottesmannes 'eine gute Wehr und Waffen'. Bevor der Ritter zustach, krachte es auf seinem Schädel. Die Knechte sprangen herzu, doch auch auf ihre Häupter donnerte das in Schweinsleder gebundene Wort Gottes. So stieg der Pfarrer bibelschwingend Stufe für Stufe hinunter und jagte die Kriegsknechte zum Tempel hinaus.

Fritz Meyer-Scharffenberg: Wismar, die Insel Poel und der Klützer Winkel

»Die Plessen waren für die DDR ein gefundenes Fressen, weil sie sich so benommen haben, wie sich Klein-Mäxchen einen bösen Ritter vorstellt«, berichtet Heidemarie Frimodig, Leiterin des Heimatmuseums Schönberg. In ihrem Museum hängt eine Schrifttafel, die den kleinen Religionskrieg um die Einführung der Reformation im Klützer Winkel beschreibt:

Die Ritter des Klützer Winkels waren zu Beginn des 16. Jhd. mit insgesamt 37 420 Mark bei der Geistlichkeit verschuldet. Daher nutzten sie die wachsende Unzufriedenheit mit dem Katholizismus auf ihre Weise. 1526 setzte der Ritter Plessen auf Gressow den lutherischen Pfarrer Thomas Aderpul ein, obwohl die Besetzung der Pfarrstelle auch im Lande Breesen ein Vorrecht des Bischofs von Ratzeburg war. Dieser ließ Aderpul greifen und nach Schönberg in den Fangelturm bringen. Darauf zog die bewaffnete Ritterschaft des Klützer Winkels vor das Schönberger Schloß, suchte aber nach einem Kanonschuß das Weite und verwüstete die Dörfer Groß u. Klein Bünsdorf, Blüssen, Rodenberg, Rüschenbeck und Papenhusen. Der angerichtete Schaden betrug 4200 Mark (Preis eines Pferdes um 1530: 8 Mark). Die Ritter setzten nun immer mehr lutherische Pastoren in die ländlichen Pfarren ein. Die Reformation war um 1540 im Klützer Winkel abgeschlossen.

... und die Ritter hatten keine Schulden mehr. Aderpul, der nach einem Jahr endlich frei kam, wollte von den Plessens nichts mehr wissen und ging nach Malchin und Bützow, wo er sein Lebtag für die Reformation eintrat. 1721 kaufte Hans Caspar Graf von Bothmer, Gesandter des Hauses Hannover in London, die Plessenschen Ländereien (siehe unten) und baute ein riesiges

Am Dassower See

Schloß nahe der Stadt. Den Klützern erschienen die Bothmers nach all den rauhbeinigen Plessen als wahre Engel. Gleichwohl blieb der Flecken Klütz, eine Stadt ohne Stadtrecht, im Privatbesitz der neuen Eigentümer. Erst 1938 bekam Klütz das Stadtrecht, was die Bothmers nach Kräften hatten verhindern wollen.

FAHRT VON DASSOW NACH KLÜTZ

Es ist noch nicht so lange, daß man von Lübeck bequem auf der B 105 nach Dassow fahren kann. Nachdem man Selmstorf hinter sich gelassen hat, nähert man sich dem **Dassower See**, an dessen Südufer entlang man **Dassow** an der Stepenitz erreicht. Dieses Gebiet war früher Grenzstreifen, Dassow lag im Sperrgebiet und konnte nur mit Passierschein betreten werden. Der Dassower See gehörte zur Bundesrepublik, das Ufer zur DDR – daher jene berüchtigte Grenzmauer am Südufer. Von ihr ist nichts mehr zu sehen, mit Ausnahme eines verwaisten Wachtturms am Südufer des Dassower Sees. Wenn man bedenkt, daß Dassow einen Hafen hat, daß das Kleinstädtchen mit der schönen Hauptstraße per Boot von Lübeck leicht zu erreichen ist, wird einmal mehr der Unsinn der innerdeutschen Grenze bewußt.

Über die Dreiländerbrücke, die über die Stepenitz führt, erreicht man Dassow. Dem normalen Autofahrer sagt Dassow nicht viel, also fährt er auf

Blick auf Dassow

der Umgehungsstraße um die Stadt herum. Wir aber halten an, denn die lange Hauptstraße, die gegen Ende hin sanft ansteigt, hat unsere Neugier geweckt. Hinter der Brücke findet man Parkplätze, die Straße ist eine Einbahnstraße.

Obwohl Dassow – der Name ist slawischer Herkunft – schon im 13. Jh. gegründet wurde, erhielt der Flecken erst 1938 Stadtrecht. Ein Großbrand 1632 zerstörte fast den gesamten Ort, weshalb historische Bauten außer der Kirche nicht zu erwarten sind. Gleichwohl kann man Entdeckungen machen. Längs der Hauptstraße stehen Giebel- und Traufenhäuser in lebhaftem Wechsel. Das Fachwerkhaus Lübecker Straße 39 stammt aus der 2. Hälfte des 18. Jh. und zeigt eine schöne Hofdurchfahrt mit Korbbogen. Lübecker Straße 43 ist ebenfalls beachtenswert (2. Hälfte des 18. Jh.). Haus 51 aus dem Jahre 1770 fällt durch eine schöne geschnitzte Barocktür auf.

Die **Kirche** ist der älteste Bau in Dassow. Wie bei so vielen Kirchen an der Ostsee ist der frühgotische Chor aus der 2. Hälfte des 13. Jh. der älteste Teil. Das gotische Langhaus (14. Jh.) ist zum großen Teil aus Feldsteinen sorgfältig aufgemauert, der Turm kam – im 16. Jh. – zuletzt an die Reihe. Das Kircheninnere lohnt eine Besichtigung: Altaraufsatz um 1630, Kanzel von 1633, zwei Brüstungen ehemaliger Patronatslogen, auch die Brüstung des ehemaligen Bülowschen Patronatsgestühls (1712) ist erhalten. Wer Fritz Reuter schätzt, wird auf die Grab-Stele von Wilhelm Kuntze und seiner Frau achten, den Schwiegereltern des berühmtesten Schriftstellers Mecklenburgs. Zur Einkehr empfiehlt sich das Restaurant Alte Sattlerei (Friedensstr. 24, Tel. 03 88 26/6 07).

Nördlich von Dassow, kurz hinter dem **Vorwerk**, führt links eine schmale Straße nach **Wischendorf**, von dort erreicht man nach 2,5 km **Harkensee**. Man durchfährt das Dorf und biegt am Ortsende rechts auf eine schmale Straße nach Neuenhagen ab. Wer dachte, Nordwestmecklenburg bestünde nur aus riesigen Schlägen, der wird nun eines Besseren belehrt. Es folgt eine leicht hügelige, ausgesprochen liebliche Landschaft mit Bachauen, Winterlinden in Wiesengründen, einzelnen Gehölzen und alten Katen.

In **Neuenhagen** fahren wir hinter dem alten Gutshaus links auf der Landstraße nach Kalkhorst. Schon von weitem sieht man die Dorfkirche von **Kalkhorst**, wie eine Landmarke steht sie über dem Land. Die dreischiffige gotische **Hallenkirche** wurde in der 1. Hälfte des 14. Jh. errichtet und bei Umbauten erheblich verändert. Um die Barockausstattung aus dem frühen 18. Jh. und das alte Gutsherrengestühl zu besichtigen, bitte man im Pfarrhaus um den Schlüssel. Das **Pfarrhaus** in der Heinrich-Schliemann-Str. 4 stammt von 1858/60; im Garten

Schloß Kalkhorst

steht noch der sogenannte Schliemann-Pavillon (der Pfarrer Friedrich Schliemann war ein Onkel des Troja-Entdeckers). Der alte **Schmiedekrug** aus dem 18. Jh. neben der Kirche bietet als Besonderheit eine Kübbung. Das sogenannte **Schloß**, heute als Pflegeheim genutzt, steht mehrere Kilometer südlich an der Straße in Richtung Rankendorf. Es entpuppt sich als recht eigenwilliges romanisch-neugotisches Bauwerk von 1857, das kaum nach Mecklenburg paßt. Ein Spaziergang durch den stillen englischen **Landschaftspark** aus dem 19. Jh. entschädigt für den Kulturschock.

Hinter der Kalkhorster Kirche geht es links ab in Richtung **Brook**. Links der Straße erstreckt sich ein riesiger Schlag, auf dem sich im Herbst Tausende von Graugänsen einfinden. Die Landwirtschaftlichen Produktionsgenossenschaften bereinigten die Flur von Waldstreifen und Knicks, um auf Schlägen von 30 oder mehr Hektar Fläche besser wirtschaften zu können.

In **Brook** weist ein Schild zum Strand. Am Parkplatz informiert ein Schild über das nahegelegene **Naturschutzgebiet Brooker Wald**. Der Restwald auf der Grundmoräne des Klützer Winkels ist mit Eschen-Buchenwald, z.T. auch Niederwald, Weiden und Erlengehölzen, recht vielfältig. An den Küstenhängen dominiert ein Orchideen-Buchenwald.

»Die Strände von Steinbeck bis Schwansee sind steinig, einsam und wild«, hieß es einmal in einer Werbebroschüre. Das ist nicht zuviel gesagt: An Wochentagen findet man am Ufer nur wenige Leute, am Wochenende geht es allerdings etwas lebhafter zu. Bei Brook wurde der ehemalige **Kolonnenweg** zu einem Rad- und Wanderweg umgebaut, der sich eines Tages vom Priwall bis Steinbeck erstrecken wird.

Kirche in Elmenhorst

Die Fahrt geht weiter von Brook nach **Warnkenhagen**. Am Dorfteich, der gut mit Hechten besetzt ist, wie ein Einheimischer erzählt, kann man ausgezeichnet picknikken. Nach wenigen Kilometern ist **Elmenhorst** erreicht, ein Straßendorf mit z.T. städtischem Charakter. Gleich zu Anfang liegt linkerhand ein uraltes, rohrgedecktes Hallenhaus. Hinter der Kurve kommt man zur Kirche aus dem 13. Jh. Es ist erstaunlich, daß dieses Kirchlein eine Art Querschiff besitzt, so daß sich ein kreuzförmiger Grundriß ergibt. Der bischofsmützige, schindelgedeckte Turm ist viel zu groß geraten und hat sich im Laufe der Zeit verdreht. Die bedeutendsten Sehenswürdigkeiten im Inneren sind ein Schnitzaltar aus dem 15. Jh., alte Gewölbemalereien und eine Patronatsloge von 1697. Die Kirche wurde jüngst renoviert, vermutlich hat man auch die Uhr repariert, deren rostige Zeiger wohl schon zu DDR-Zeiten auf drei vor zwölf standen. In Elmenhorst standen früher riesige militärische Abhöranlagen. Sie wurden nach der Wende z.T. abgebaut. Elmenhorst war zu DDR-Zeiten ein Volkseigenes Gut (VEG).

Über **Grundshagen** nähern wir uns **Klütz**. Spötter behaupten gern, das schönste an Grundshagen sei die Straße nach Klütz. Recht haben sie, zeigt die hoch gelegene Straße doch gleich zwei der drei großen Sehenswürdigkeiten von Klütz nah beieinander: Links erhebt sich die stolze Mühle, rechts steht die alte Kirche mit der Bischofsmütze. Welches Bauwerk ist höher?

KLÜTZ

Klütz wirkt ein wenig städtisch, hatte aber viele Jahrhunderte das Schicksal, ein *Flecken* zu sein, eine Stadt ohne Stadtrecht.

Die Handwerker, die hier lebten und auf Schloß Bothmer Arbeit fanden, gaben dem Ort gewissermaßen einen städtischen Anschein – sehr zum Unwillen der Wismarer, die die lästige Konkurrenz loswerden wollten. Doch Graf Bothmer, der auf seine Handwerker angewiesen war, hielt die Hand drüber.

Fast jede Straße, die nach Klütz führt, hat ihren eigenen Reiz. Die Landstra-

Scheune im Klützer Winkel

ße von Grundshagen her zeigt Mühle und Kirche, die von Boltenhagen nur die Mühle, auch nicht schlecht. Kommt man von Arpshagen, entdeckt man rechter Hand vor Klütz einen reizvollen Wiesengrund mit Linden an einem gewundenen Bachlauf. Erreicht man Klütz von Süden, von Grevesmühlen, sollte man bei Hofzumfelde, einem ehemaligen Vorwerk, die alte Festonallee beachten, die sich in der Schloßachse wie eine Girlande über die Hügelkuppe zieht. Eine bezaubernde Allee! Bleibt die Straße von der Wohlenberger Wiek her, aber auch in Klütz sollten die Bäume wohl nicht in den Himmel wachsen.

In den »Jahrestagen« hat Uwe Johnson dem Städtchen Klütz, das er *Jerichow* nannte, ein Denkmal gesetzt:

Jerichow war keine Stadt. Es hatte ein Stadtrecht von 1240, es hatte einen Gemeinderat, es bezog Elektrizität vom Kraftwerk Herrenwyk, es hatte ein Telefonnetz mit Selbstanschluß, einen Bahnhof, aber Jerichow gehörte der Ritterschaft, deren Güter es umgaben. Das war nicht mit dem Brand gekommen. Die Ritterschaft hatte den Bauern, die das Land urbar gemacht hatten, ihre Höfe genommen, ihre Felder den eigenen zugeschlagen, sie leibeigen gemacht, und das schwächliche, über die Ohren verschuldete Fürstenhaus hatte ihnen das Recht dazu im grundgesetzlichen Erbvergleich von 1755 bestätigt. Von den Dörfern, die Jerichow einst stark gemacht hatten, gab es noch drei, winzige, ärmliche Siedlungen. In diesem Winkel regierte der Adel, Arbeitgeber, Bürgermeister, Gerichtsherr über seine Tagelöhner, als Raubritter berühmt geworden, als Unternehmer wohlhabend.

Klützer Kirche

Hier klingt Wichtiges aus der Geschichte Mecklenburgs an: das berüchtigte Bauernlegen durch die Ritter, das der Landesherr urkundlich abgesegnet hatte; die Rückständigkeit Mecklenburgs, das bis 1918 keine Verfassung besaß (sondern nur den Grundgesetzlichen Erbvergleich von 1755); die Allmacht des Adels, der reisende Kaufleute ausplünderte, bevor er honorig wurde. Über Klütz-Jerichow schrieb Johnson weiterhin:

Jerichow bekam seine Bahnlinie nach Gneez, zur Hauptstrecke zwischen Hamburg und Stettin, weil die Ritterschaft das Transportmittel brauchte. Jerichow war zu arm, sich eine Kanalisation zu bauen; die Ritterschaft brauchte sie nicht. Es gab kein Kino in Jerichow; die Ritterschaft war nicht für die Erfindung. Jerichows Industrie, die Ziegelei, war ritterschaftlich. Ihnen gehörte die Bank, die meisten der Häuser, der Lübecker Hof. Der Lübecker Hof hatte eine Klärgrube. Die Ritterschaft kaufte in Jerichow Ersatzteile für ihre Maschinen, sie benutzte die Verwaltung, die Polizei, die Rechtsanwälte, Papenbrocks Speicher, aber ihre großen Geschäfte machte sie in Lübeck ab, ihre Kinder schickten sie auf Internate in Preußen, den Gottesdienst hielten sie in ihren eigenen Kapellen und begraben ließen sie sich hinter ihren Schlössern. In der Erntezeit, wenn der Weg nach Ratzeburg oder Schwerin zu weit war, fuhren die Herren abends zum Lübecker Hof und spielten Karten an ihrem eigenen Tisch, gewichtige, leutselige, dröhnende Männer, die sich in ihrem Plattdeutsch suhlten.

In Klütz wird man wohl erst einmal die **St. Marienkirche** besuchen, eine dreischiffige Hallenkirche. In der 2. Hälfte des 13. Jh. erbaut, entstand sie recht genau an der Grenze der spätromanischen zur frühgotischen Bauweise in Mecklenburg. Ältester Teil ist der Rechteckchor aus der Mitte des 13. Jh. mit der Sakristei an der Nordseite, dann baute man das Langhaus (spätes 13. Jh.), zuletzt kam der Turm an die Reihe (14. Jh.), dessen Turmspitze Uwe Johnson mit einer Bischofsmütze verglich. Im Mauerwerk des Turms kann man immer noch die alte Sonnenuhr entdecken. Auch das Kircheninnere ist sehenswert: Man findet eine Granit-Taufe aus dem 13. Jh. und ein hölzernes Taufgehäuse von 1653. Die Kanzel stammt von 1587. Der Altaraufsatz ist wesentlich jüngeren Datums, er entstand zu Beginn des 18. Jh. Das spätgotische Chorgestühl wurde Ende des 14. Jh. angefertigt. Einige Grabsteine und Epitaphe zeigen den Namen Plessen. Die Bothmers errichteten für ihre Zwecke ein **Mausoleum** an der Nordostecke der Kirche, das im Kleinen dem Schloß Bothmer nachempfunden ist. Sogar an eine Allee hat man gedacht – eine Lindenallee.

Wer mit Appetit die **Klützer Mühle** besichtigt, tut instinktiv genau das Richtige. In dem imposanten Bauwerk von 1904 ist ein ausgezeichnetes Restaurant untergebracht: Mecklenburgische Küche und Fischgerichte stehen auf der Speisekarte (Tel. 038825 / 225 53, kein Ruhetag). Zugunsten des Restaurants, das sich über vier Geschosse erstreckt, wurde der Mühlgang entfernt, Flügelkreuz, Windrose und das Schindeldach blieben erhalten. Von allen

Klützer Mühle

Etagen der Mühle – angeblich der höchste Punkt im Klützer Winkel – hat man eine bezaubernde Aussicht in alle Himmelsrichtungen. Wer die Galerie-Holländer-Mühle auf ihrem achtseitigen massiven Unterbau nur besichtigen will, kann den Umgang von der Rückseite her betreten – für Kinder ist das stets ein großes Vergnügen.

Waren die Plessen des Landes böse Buben, erschienen die Bothmers den Klützern im nachhinein als wahre Engel. **Schloß Bothmer** im Süden von Klütz ist die größte barocke Schloßanlage Mecklenburgs – auch wenn sie – nicht nur der Ausmaße wegen – nicht gar so gut zu Mecklenburg paßt. Das Anwesen geht zurück auf Hans Caspar Graf von Bothmer, Gesandter des Hauses Hannover in London und 1713 in den Stand eines Reichsgrafen erhoben. Durch kluge und taktvolle Verhandlung erreichte er 1714 die Thronfolge des Kurfürsten Georg Ludwig von Hannover in Großbritannien. Der Reichsgraf, der lange Jahre in Downing Street No. 10 residierte, sicherte nach 1721 die Existenz seiner Familie durch den Erwerb des Plessenschen Grundbesitzes im Klützer Winkel.

Hans Caspar Graf von Bothmer begann um 1726 mit dem Bau einer großen Schloßanlage, die – gemäß seinem Lebenshintergrund – niederländischen und englischen Vorbildern und Eindrücken folgte. Die Ansicht, Schloß Bothmer sei dem Blendheim Castle bei Woodstock in Oxfordshire nachempfunden, geht aber doch zu weit. Aus England und Holland stammt allerdings das Pavillon-Galerie-System, das Schloß Bothmer die großzügige Weite vermittelt. Der spätere mecklenburgische Hofbaumeister Johann Friedrich Künnecke beendete die Arbeiten im Jahre 1732, dem Todesjahr des Grafen von Bothmer.

Man kann Schloß Bothmer auf dreierlei Weise besuchen. Der kurze, prosaische Weg verläuft von der Schloßstraße rechts über den Sportplatz durch den Park: Schloß von hinten – wer keine Zeit hat, geht so. Wer Schloß Bothmer würdevoll sehen will, fährt die Schloßstraße noch ein Stück weiter, biegt rechts in die Lindenallee ein, stellt den Wagen auf dem Parkplatz ab und geht zu Fuß weiter: Nach 200 m mündet die Allee in den breiten Ehrenhof vor dem Schloß. Wer sich aber im Sinne des Baumeisters Schloß Bothmer nähern will – und das heißt: der Ästhetik des Schlosses angemessen –, der fährt noch ein Stück weiter, biegt rechts in die Straße nach Grevesmühlen ein, um in dem ehemaligen Vorwerk Hofzumfelde, bei der Bushaltestelle – man achte auf den Briefkasten – rechts in die Zufahrt zur berühmten **Lindenallee** einzubiegen. Beim Tümpel unbedingt rechts halten; hier sollte man den Wagen abstellen und zu Fuß weitergehen.

Man nennt die 200 Jahre alte Lindenallee auch **Festonallee**, weil die Linien der »gespenstisch verwachsenen Linden« (Meyer-Scharffenberg) zwei Girlanden ähneln, die sich über die Kuppe in Richtung Schloß schwingen. Die großartige Wirkung erzielte man, indem die Bäume nach französischer Art

Blick durch die Lindenalle auf Schloß Bothmer

oben gespaltetet wuirden, so daß die Stämme zu kandelaberartigen Ästen heranwuchsen. Im Spalier der Winterlinden steht man exakt in der Schloßachse: In der Ferne sieht man zunächst den Mittelrisalit des Haupthauses. Der Ausschnitt vergrößert sich mit jedem Schritt und gibt das Schloß zögernd frei. Es ist sozusagen ein taktvoller Weg, der den Besucher langsam und ihm angemessen an das riesige Gebäude heranführt. Besonders nachmittags, wenn die Sonne das rote Backsteinschloß in warmes Licht taucht, ist dieser Weg auf dramatische Weise schön, geradezu unvergeßlich.

Wer an den **Linden** zweifelt und sie für Weiden hält, dem sei gesagt: Wo die Bothmers lebten, da pflanzten sie Linden. Geköpft und regelmäßig beschnitten, sehen die Winterlinden allerdings den Kopfweiden täuschend ähnlich. Sie sind der Charakterbaum der Bothmerschen Ländereien, die um 1900 rund 7800 Hektar umfaßten.

Unterdessen sind wir am Schloß angekommen und stehen an dem 200 m breiten Ehrenhof. Das gesamte Gebäude ist streng symmetrisch angelegt: In der Mitte erhebt sich das zweigeschossige Haupthaus mit seinen elf Achsen, dessen dreiachsiger Mittelrisalit durch Giebel und Freitreppe betont wird. Zu den Seiten schließen sich zwei Kavaliershäuser (Pavillons) an, die mit dem Haupthaus durch viertelkreisförmige Galerien verbunden sind. Die symmetrische Gliederung wird an den Flügeln durch pavillonarige Kopfbauten, Kapelle und Marstall, weitergeführt. Umgeben ist der Schloßkomplex von einem Viereck breiter Gräben, in dem Künnecke einen holländisch beeinflußten barocken Garten mit vier Alleen und einem Teich mit rohrgedecktem Schwanenhaus anlegte. Der Garten, 1840 in einen englischen **Landschafts-park** umgewandelt, wurde vor kurzem in den barocken Zustand zurückver-setzt (mit Führungen). Nach der Enteignung der Bothmers kam das Feierabend-heim Clara Zetkin, ein Altersheim, in dem Schloß unter. Das weitere Schicksal der unter Denkmalschutz stehenden Schloßanlage ist ungewiß.

Tip: Blick vom Hohen Schönberg

Der Hohe Schönberg westlich von Klütz war zu DDR-Zeiten ein gern besuchter Ort, konnte man doch von dem 90 m hohen Hügel über die Grenze weit ins Holsteinische schauen. Die Anhöhe liegt rund 200 m nördlich der Straße Klütz-Kalkhorst. Von Klütz kommend, fährt man über Grundshagen durch Klein Pravtshagen und biegt hinter dem Dorf, nach einer S-Kurve, etwa 150 m hinter einem Gehöft rechts ab und fährt auf einem Betonspurenweg den Hügel hoch. Wer aus Richtung Kalkhorst kommt, durchquert Hohen Schön-berg und fährt exakt 400 m hinter dem Ortsschild am Dorfende links auf den erwähnten Betonweg. Oben befindet sich eine Kiesgrube, nach 50 m Kletterei hat man den »Gipfel« erreicht.

An einem Sommernachmittag sah ich bei nicht ganz klarer Sicht im Westen die Kirchtürme von Lübeck, das Hotel Maritim in Travemünde, die Linie der Lübecker Bucht mit einzelnen Hochbauten. Nahbei verläuft die Küste des Klützer Winkels, man sieht den wuchtigen Radarschirm bei Elmenhorst, Boltenhagen versteckt sich hinter Bäumen, auch die Steilküste bei Redewisch ist nur zu ahnen. Doch die Wohlenberger Wiek und die Insel Poel sind gut zu erkennen. Alles in allem eine Landschaft, die sehr viel Holsteinisches hat. Fritz Meyer-Scharffenberg, der die Sicht ebenfalls genos-sen hat, konnte die Insel Fehmarn erkennen, im Binnenland Bützow und ganz im Süden den hohen Turm des Schweriner Doms.

Eine Aussicht finden und sich daran erfreuen macht bekanntlich hungrig. Wir empfehlen den nahe gelegenen Landgasthof »Zum Lenorenwald« in Hohenschönberg (Kalkhorster Str. 6 a, Tel. 038827/252 und 237).

Tip: Roggenstorf

Rund 10 km südwestlich von Klütz (Anfahrt über Damshagen) liegt Roggen-storf an der alten Straße von Dassow nach Wismar. Über das kleine Dorf wäre wenig zu berichten, hätte dort nicht Fritz Reuter um die Hand der Pastoren-tochter Luise Kuntze angehalten. Das war kurz nach der Festungshaft Reuters, also lange bevor er der große Schriftsteller Mecklenburgs wurde. Kennenge-lernt hatte er Luise als »Volontär« der Landwirtschaft in Rittermannshagen bei Malchin im tiefsten Mecklenburg. Reuter kam gern nach Roggenstorf, er mochte die große Pastorenfamilie (zehn Kinder!) herzlich gern. Die Linden-

laube im Pfarrgarten, wo Fritz seiner Luise 1847 angeblich den Verlobungs-
ring gab, steht immer noch; im Volksmund heißt sie »Reuterlinde« oder
»Verlobungslaube«. 1851 heirateten die beiden in der Roggenstorfer Kirche,
der Pfarrer Friedrich Schliemann aus Kalkhorst, ein Onkel des Troja-Entdek-
kers, traute das Paar und gab ihm seinen Segen. Und wenn die beiden Jung-
vermählten einen Ausflug machen wollten, gingen sie hinüber nach Alt-
Boltenhagen an die See.

FAHRT NACH GREVESMÜHLEN

Für einen Tagesausflug von Boltenhagen
oder Klütz aus empfiehlt sich die Kreisstadt
Grevesmühlen. Der 1226 erstmals erwähnte
Ort kam, da an der Handelsstraße Lübeck-
Wismar gelegen, zu bescheidenem Wohl-
stand. Die dreischiffige Stadtkirche St. Nikolai aus dem späten 13. Jh. ist im
Inneren recht beeindruckend, die Ausmalung stammt allerdings erst von
1872. Ältestes Stück ist die Kalksteintaufe aus dem 13. Jh. Im Pfarrhaus am
Marktplatz kam 1758 Ludwig Gotthard Kosegarten zur Welt, der spätere
Pastor auf Rügen, dessen Bücher seinerzeit viel gelesen wurden. Die Inschrift
an der ehemaligen Schule von 1860 am Kirchplatz informiert den Besucher,
daß im Vorgängerhaus Luise Kuntze, die Frau Fritz Reuters, am 9. Oktober
1817 geboren wurde. Auch die Bürgerhäuser am Markt und in der August-
Bebel-Straße aus dem 18. Jh. und 19. Jh. sind bemerkenswert. Fritz Meyer-
Scharffenberg wußte in seinem Buch »Wismar, Poel und der Klützer Winkel«
zu berichten, daß die Grevesmühlener Hundesportgruppe ihre Sitzungen
früher mit einem »Wau« eröffnete und einem dreifachen »Wau« beendete.
Irgendwie paßt der Spottname *Kreihensdörp* – Krähendorf.

Grevesmühlen ist landschaftlich sehr schön gelegen. Folgende Spaziergänge und Wanderungen in die Umgebung bieten sich an:
• **Vielbecker See** und **Ploggensee** heißen die beiden Gewässer nördlich des
Zentrums, die man auf Wanderwegen (je etwa 1 Stunde Gehzeit) leicht
umrunden kann. Danach ist vielleicht ein Besuch der Mühle von 1878 genau
das Richtige: Das Wahrzeichen der Stadt birgt eine Ausflügler-Gaststätte (Tel.
038825/553, Öffnungszeiten: täglich 11-22 Uhr).
• Vom **Ploggensee** kommt man rasch in den nördlichen **Everstorfer Forst**.
Man parkt den Wagen am besten am Ploggensee (nordöstlich der B 105) in der
Nähe der Badestelle. Man geht am Südufer des Ploggensees entlang in
Richtung Hamberge. Die höchste Erhebung dort ist der Iserberg (100 m) mit
schöner Aussicht auf Grevesmühlen und in den Klützer Winkel. Das Café
Rabe (Tel. 03881/71 14 94) lädt zur Einkehr ein. Eine kurze Wegstrecke weiter
nach Osten, und der nördliche Everstorfer Forst ist erreicht. Auf einem archäo-
logischen Lehrpfad kann man die zahlreichen frühgeschichtlichen Gräber

aufsuchen. In der sogenannten *Nordgruppe* findet man zunächst zwei Urdolmen, je einen im Hünenbett und im Rundhügel, 500 m weiter trifft man auf acht Gräber, darunter vier Urdolmen im Hünenbett und einen Urdolmen im Rundhügel. Die Großsteingräber stammen aus der Zeit 4500 bis 1800 v. Chr.

An der Straße von Grevesmühlen nach Hoikendorf steht etwa in der Höhe von Everstorf ein flacher, mannshoher Kalkstein mit Relief und Inschrift, ein sogenanntes Sühnezeichen: Es erinnert an den Wismarer Kaufmann Lüdecke Mozellenbruch, der an dieser Stelle um das Jahr 1391 von Wegelagerern umgebracht wurde. Von hier aus lohnt ein Abstecher zum 112 m hohen Heidberg bei Barendorf.

• Auch **der südliche Everstorfer Forst** ist sehr anziehend. Wer nicht zum Wandern aufgelegt ist, der fahre auf der B 105 von Grevesmühlen etwa 5 km in östlicher Richtung. Kurz hinter dem Abzweig nach Naschendorf und Plüschow kann man auf einem Wanderparkplatz den Wagen abstellen. Südlich der Straße findet man die interessantesten Gräber, die sich auf einem archäologischen Lehrpfad leicht erreichen lassen: das *Riesengrab* und den *Teufelsbackofen*. Besonders das *Riesengrab* aus dem 3. Jt. v. Chr. hat noch jeden Besucher beeindruckt: Es ist 50 m lang, 10 m breit und wird von rund 50 riesigen Findlingen umstanden. Die eigentliche Grabkammer mißt 7,20 mal 2,40 m und ist von fünf mächtigen Steinblöcken bedeckt. Der Sage nach wurde hier ein böser Riese mit List und Tücke lebendig begraben. Vom Grab des Riesen führt eine Birkenallee zum *Teufelsbackofen*. Er besteht aus 19 Megalith-Blöcken. Auf dem kleineren der Decksteine findet man viele Mulden: Man nimmt an, daß sie Opferzwecken dienten. Diese beiden Gräber gehören zur *Südgruppe*. Weitere drei Gräber findet man südlich der B 105, zwei Gräber nördlich der B 105.

Tip: Schloß Plüschow

Das 1763 für einen Hamburger Kaufmann erbaute Schloß Plüschow ist sicherlich von einfacher Art: Backstein, zweigeschossig, Mansarddach. Gleichwohl hatte das Haus früher eine reiche Innenausstattung, von der nur noch zwei klassizistische Öfen erhalten sind. Man sollte sich die Adresse merken: Hier finden oft Ausstellungen zu den Themen »Kunst und Mecklenburg« statt. Anfahrt: Von Grevesmühlen auf der B 105 in Richtung Wismar, 5 km hinter der Kreishauptstadt rechts nach Naschendorf und Plüschow abbiegen. Öffnungszeiten: tägl. 11-17 Uhr, Tel. 03881/28 54.

RADTOUREN

1. Vom Priwall über Kalkhorst und Brook nach Boltenhagen (30 km)
Die Radtour führt von Lübeck-Travemünde (Priwall) über Kalkhorst und Brook bis Boltenhagen. Am besten fährt man zunächst mit der Bahn bis

Travemünde-Hafen und von dort mit der Autofähre zum Priwall. Die Fähranlegestelle befindet sich gegenüber dem Bahnhof, querab liegt die Viermastbark »Passat«.

Mit dem Priwall ist Mecklenburger Boden erreicht. Man radelt auf der Mecklenburger Landstraße in Richtung **Pötenitz** und **Harkensee**. Vieles hat sich hier seit dem Fall der Mauer verändert: Die Sichtschutzwände vor Pötenitz, dem ersten Dorf hinter der ehemaligen Grenze, gibt es schon lange nicht mehr, der Wachtturm wurde abgerissen. Den alten Grenzverlauf kann man nur noch an der scharfen Straßenkurve vor Pötenitz und am neuen Asphaltbelag erkennen. Seltsamerweise hat die Region zwischen dem Priwall und dem Klützer Winkel, der bei Kalkhorst beginnt, keinen Namen. Traditionell von den Lübeckern als Hinterland angesehen, hat die Landschaft heute allenfalls bürokratische Bezeichnungen wie »Nordwestmecklenburg«.

Still und einsam zieht sich die Landstraße über die hügelige Landschaft. Vor Harkensee führt die Straße durch eine Senke, eine ehemalige vermoorte Förde, mit dem **Naturschutzgebiet Deipsee und Harkenbäk-Niederung**. Der stark verschilfte See ist von der Straße aus nicht zu sehen. In **Harkensee** sollte man sich zunächst links halten, um dann rechts auf schmaler Landstraße nach **Neuenhagen** durch flachwellige Landschaft zu radeln. In Neuenhagen biegt man am Gutshaus links ab und radelt auf stark befahrener Landstraße mit Pflasterstrecke nach Kalkhorst.

Bei **Kalkhorst** beginnt mit dem Klützer Winkel wieder namhaftes Land. Schon von weitem ist die alte Kirche wie eine Landmarke zu sehen. Ein Pastor dieser Kirche in der Mitte des 19. Jh. hieß Schliemann, sein Neffe Heinrich kam so manches Mal zu Besuch nach Kalkhorst, bevor er Troja entdeckte. Hinter der Kirche fährt man links ab in Richtung Küste. Auf breiter Asphaltstraße mit langgezogener Steigung geht es nach **Brook** an der Ostsee. Der große Schlag linkerhand auf der Kuppe ist im Herbst oft Rastplatz von Tausenden von Graugänsen. In Brook kann man hinter dem Dorfteich links einen Abstecher zum Strand (Gelegenheit zum Baden) und zum **Naturschutzgebiet Brooker Wald** unternehmen.

Auf ebenfalls gut ausgebauter Straße mit starker Steigung fährt man von Brook weiter nach **Warnkenhagen**. Der

Ostseestrand bei Brook

Geschiebemergel dieser Gegend macht die Böden zu den fruchtbarsten des Landes, daher der Beiname »Kornkammer Mecklenburgs« oder »Speckwinkel«.

In **Warnkenhagen** fährt man auf der Landstraße nach **Elmenhorst**. Wer mag, sieht sich das Kirchlein mit der schiefen Mütze rechts der Straße und den Friedhof an. Die Kirche wurde inzwischen restauriert, mitsamt der rostigen Uhr – die Zeiger standen jahrelang auf drei vor zwölf. Hinter Elmenhorst biegt man zweimal links ab in Richtung Steinbeck und Boltenhagen (Radwanderweg R 4). Auf gutem Betonweg, dann auf einem Asphaltweg radelt man durch leicht hügeliges Gelände bis **Steinbeck**, wo ein Weg links zum Strand (Gelegenheit zum Baden) führt. Rechts geht es auf dem Radwanderweg R 4, einem festen Sandkiesweg, bergauf nach **Redewisch-Ausbau**. Von der Anhöhe aus ist die Ostsee gut zu sehen. Bei der ersten T-Kreuzung mit neuen Backsteinhäusern hält man sich links, auf schmaler Asphaltstraße erreicht man eine Kreuzung, wo man rechts ab (Radwanderweg R 3) nach Redewisch fährt. An der zweiten T-Kreuzung geht es links ab nach **Boltenhagen**. An der Küste entlang führt ein Radweg in das Ostseebad.

2. Auf dem ehemaligen Kolonnenweg vom Priwall über Steinbeck bis Boltenhagen (26 km)

»Die Strände von Steinbeck bis Schwansee sind steinig, einsam und wild.« Dieser Satz aus einer Werbebroschüre lockte schon manchen Radwanderer

Ehemaliger Kolonnenweg bei Brook

auf den ehemaligen Kolonnenweg längs der Küste. Allerding ist die Freude etwas getrübt durch einige Sandstrecken zu Beginn. Der Weg soll aber in den nächsten Jahren ausgebaut werden.

Die Route beginnt wie Tour 1 (siehe oben), zweigt aber auf dem Priwall in der großen Rechtskurve der Mecklenburger Landstraße links ab. Der erste große Abschnitt (Naturschutzgebiet) vom Priwall bis Barendorf (6,5 km) ist recht schwer zu fahren: Die Betongitter des Kolonnenwegs wurden hier entfernt, zurück blieb ein mehr oder weniger breiter Sandstreifen. Von Barendorf bis Brook (7 km) kann man ganz ordentlich fahren, man muß allerdings mit beträchtlichen Steigungen rechnen. Von den Anhöhen aus ist die ganze Lübecker Bucht zu übersehen: Travemünde, Haffkrug-Scharbeutz, Sierksdorf, Neustadt und Grömitz sind deutlich zu erkennen. Bei Groß Schwansee und Brook bietet sich eine gute Gelegenheit zum Baden. Von Brook bis Elmenhorst (5 km) kommt man schnell voran, der Kolonnenweg wurde ausgebessert. Hinter Elmenhorst in Richtung Steinbeck (3 km) muß man mit Behinderungen rechnen: Hier machen die Grundeigentümer Schwierigkeiten, einen Radweg zu genehmigen. Kommt man vor Steinbeck auf dem Kolonnenweg nicht weiter, biegt man bereits bei Brook oder Warnkenhagen auf das Hochufer ab und fährt auf der Landstraße (siehe Tour 1) weiter in Richtung Boltenhagen (4,5 km). Da der ehemalige Kolonnenweg in Steinbeck endete, muß man im Ort ohnehin auf der Landstraße weiterfahren (siehe Tour 1).
Wanderungen im Klützer Winkel siehe Kapitel »Boltenhagen«.

2. OSTSEEBAD BOLTENHAGEN

Seit in Boltenhagen gebadet wird, steht der im Klützer Winkel gelegene Ort in dem Ruf, ein Familienbad zu sein. Das war so, als 1803 die ersten Wagemutigen von Klütz herüberkamen, um am Strand zu baden. Das blieb so im Kaiser-reich und änderte sich in der Weimarer Republik keineswegs. In den Jahren der DDR kamen Familien ebenfalls gern nach Boltenhagen – und nach der Wende bekam das Ostseebad sogar ein »Sonderlob« für sein »beispielhaftes Familienferienangebot«. Darauf ist man in Boltenhagen mit Recht besonders stolz. Nichts deutet daraufhin, daß Boltenhagen ein mondänes Luxusbad werden könnte oder gar seinen redlich erworbenen Ruf aufs Spiel setzen würde. Dagegen strebt die Kurverwaltung energisch den Titel eines »Seeheilbades« an, das höchste Prädikat, das vergeben wird.

INFORMATION

Telefon-Vorwahl Ostseebad Boltenhagen: 038825
Postleitzahl Ostseebad Boltenhagen: 23946

ANFAHRT

Mit dem Wagen von Lübeck auf der B 104/B 105 bis Dassow, Landstraße über Kalkhorst und Klütz, oder auf der B 105 bis Grevesmühlen, Landstraße über Klütz; von Berlin auf der A 24 bis Wittstock, A 19 bis Malchow, B 192 über Goldberg, Sternberg und Waren bis Wismar, Landstraße über Klütz

AUSKUNFT

Kurverwaltung Ostseebad Boltenhagen, Ernst-Thälmann-Straße 66, 23944 Ostseebad Boltenhagen, Tel. 038825/292 84
Stadt-Information Grevesmühlen, Große Seestr. 1, 23936 Grevesmühlen, Tel. 03881/71 12 58

KURANWENDUNGEN

allergische Atemwegserkrankungen, chronische Hautkrankheiten

UNTERKUNFT

Das Ostseebad Boltenhagen verfügt über eine große Anzahl stattlicher Hotels und Pensionen. Die Kurverwaltung hilft gern bei der Vermittlung geeigneter Zimmer.

CAMPING

Regenbogen Camp, Boltenhagen, Tel. 420
Niendorfer Weg, 23948 Niendorf, Tel. 038428/222
(Platz) und Tel. 038825/296 37

JUGENDHERBERGEN

JH Beckerwitz, Haus Nr. 21, 23968 Beckerwitz,
Tel. 038428/362
JH Großenhof, 23948 Großenhof, Tel. 03881/44 11

FAHRRADVERLEIH

Achmed Krämer, Am Parkplatz Mitte,
Boltenhagen (kein Telefon)
Landhaus Wohlenberg, Wohlenberg,
Tel. 03885/223 26

BESICHTIGUNGEN

Kirche (Pfarramt R.-Breitscheid-Str. 2, Tel. 298 04)

FESTE UND TERMINE

Erstes Mai-Wochenende: Saisoneröffnung und
Euro-Charter-Messe (alles über Yachten); in der
Saison sonntags 15 Uhr: Kurkonzert im Kurpark;
Erstes August-Wochenende: Boltenhagener See-
brückenfest mit Feuerwerk; Mitte Oktober:
Fischerfest; Vorträge »Boltenhagen – Einst und
Jetzt« u.andere (Auskunft bei der Kurverwaltung)

FREIZEIT, SPORT

Wassersport, Tauchschule, Dampferfahrten mit
der MS Boltenhagen, Bootsfahrten, Segeln,
Fahrradtouren, Wandern, Reiten, Kutschfahrten,
Kino, Sauna, Minigolf, Kegeln, Tennis, Bibliothek
(neben der Kurverwaltung, Mi geschlossen),
Orgelkonzerte in der Kirche, Kurkonzerte
sonntags im Kurpark

SCHIFFSVERKEHR

Mit der MS Boltenhagen ab Seebrücke nach
Travemünde, Grömitz, Wismar, Insel Poel, längs
der mecklenburgischen und holsteinischen
Ostseeküste

FÜHRUNGEN

Ökologische Wanderungen in und um
Boltenhagen (Anfragen bei der Kurverwaltung)

FÜR KINDER

siehe S. 38

GESCHICHTE

Vier Dörfer gehören zum Ostseebad Boltenhagen: Wichmannsdorf, Redewisch, Tarnewitz und Boltenhagen, das man zur Unterscheidung von dem modernen Seebad Alt-Boltenhagen nennt. Sie wurden in der Zeit der Ostkolonisation gegründet, vermutlich im ersten Drittel des 13. Jh., als Siedler aus Niedersachsen und Westfalen ins Land kamen, die Slawen verdrängten und neue Siedlungen durch Brandrodung gründeten. Die ursprünglichen Dörfer haben ihre eigene Geschichte, die allerdings nur spärlich bekannt ist. So geht **Tarnewitz** auf eine slawische Siedlung zurück, daneben wurde Groß Tarnewitz gegründet, das erstmals 1230 im Register der Ratzeburger Bischöfe erwähnt wurde. **Redewisch** – das Wort bedeutet »Riedwiese« – trat als Lehndorf in die Geschichte ein. **Wichmannsdorf** war ehemals ein Dominalgut, das dem Herzog von Mecklenburg gehörte. Übrigens lebte dort ein Mann namens Bolte. **Boltenhagen** – »Hagen«-Dörfer entstanden stets durch Brandrodung – wurde im Jahre 1325 als »Langhagen« erwähnt, bevor 1336 Boltenhagen daraus entstand. Warum weiß niemand.

Boltenhagen unweit von Klütz (siehe auch Kapitel »Im Klützer Winkel«) ist **das zweitälteste Seebad in Mecklenburg** und das viertälteste in Deutschland – nach Heiligendamm (1793), Norderney (1797) und Travemünde (1802). Im Jahre 1803 stellten die Bothmers aus Klütz einen gräflichen **Badekarren** bei Redewisch an den Strand – gedacht für Gäste, die sich dem Wagnis unterzogen, in der See zu baden. Als der zerbrochen war, ließ sich Kegel-Westphal einen solchen bauen. Dann zimmerte Tischlermeister Reese acht Stück für einen gewissen Eck-Westphal – und für sich gleich zwei dazu. Übrigens hießen die Leute damals wirklich so: Eck-Westphal, Lütt-Westphal, Schneider Westphal, Kegel-Westphal – damit man sie besser unterscheiden konnte. Nun ging es steil bergauf mit Boltenhagen: 1840 standen 10 Karren am Strand, um 1860 zählte man 40 Stück, um 1900 waren es 50 Badekarren – und dann kamen die Ungetüme aus der Mode.

Die ersten Gäste wohnten in Klütz im Gasthof Zum Zoll und kamen tagsüber herüber an die See. Um 1810 bauten die Bauern und Fischer von Redewisch und Boltenhagen ihre Hühnerställe aus, setzten hier eine Veranda vor ihre Kate, bauten dort den Dachstuhl aus, brachten an einem dritten Holzverzierungen im Bäderstil an. 1838 baute Tischler Reese (der mit den Badekarren) in Neu-Boltenhagen eine Pension, die er stolz **Hotel Baltique** nannte. In den 40er Jahren errichtete der Gastwirt Wiechmann aus Dassow das **Hotel Großherzog von Mecklenburg**, ebenfalls in Neu-Boltenhagen. Zählte man um 1830 ganze 40 Gäste in Boltenhagen, waren es 1852 bereits 642 und 1871 sogar 1346 Gäste. Eine Besonderheit des Ortes waren die **Luftsnappers** – kleine Strohhütten, die in der Düne oder am Strand aufgeschlagen wurden, um den Badegästen Schutz vor Wind und Sonne zu bieten.

1872 traf der schlimmste Fall ein, der Boltenhagen treffen konnte: eine **Sturmflut** bei Wind aus Nordost. Am 12. November 1872 hatte starker Südwestwind das Wasser der Ostsee in Richtung Finnland gedrückt. In Boltenhagen herrschte Niedrigwasser – so ablandig, wie schon lange nicht mehr. In der Nacht zum 13. November drehte der Wind auf Nordost, das Wasser strömte zurück und traf die Boltenhagener Bucht mit voller Wucht. Die Bewohner retteten sich auf die Dächer und schlugen die Sturmglocken. Zwischen den Häusern trieben tote Tiere, fast alle Fischerboote gingen zu Bruch. Am anderen Morgen baute man Flöße, um die Schäden im Ort zu begutachten. Das Bild war grauenhaft, fast ganz Neu-Boltenhagen war zerstört. Aber niemand war zu Tode gekommen.

1881 gab der »Boltenhäger Verschönerungs-Verein« eine Schrift heraus, in der die immensen Schäden jener Sturmflut breit geschildert wurden. Trotz der etwas umständlichen Beschreibung ist noch das blanke Grauen zu spüren, das die Menschen im Angesicht jenes »gewaltigen, seit Jahrhunderten nicht erfahrenen Ausbruchs des Meeres« beherrschte:

Das (...) in unmittelbarer Nähe der Tarnewitzer Tannen erst seit einem Jahre massiv erbaute Haus des Holzwärters Köster ward von Grund aus zerstört, und zwar mit einer solchen Rapidität, daß die Bewohner, Mann und Frau und 2 Kinder, nur mit genauester Noth durch ein ihnen von Alt-Boltenhagen herzugesandtes Rettungsboot mit dem nackten Leben davon kamen. – Das hotelartige Gebäude des Herrn Oeconomen Seebach (...) ward in einen großen Schutt- und Steinhaufen verwandelt, also daß im eigentlichsten Sinne des Worts das Unterste zu oberst verkehrt ward. - Das Fischer Schwarz'sche Haus war zur Hälfte auseinander gerissen und in Trümmer gelegt. – Das erschrecklichste, grauenhafteste Bild der Verwüstung und Zerstörung bot zu seiner Zeit aber das Steinhagen'sche Hotel – diese Perle unter allen Baulichkeiten und Anlagen Boltenhagens – dar. Denn wenn dasselbe auch in seinen Grundfesten unerschüttert geblieben war, so war die Verwüstung darinnen in den unteren Räumen (...) desto gräulicher. Ein von der Macht der Fluth emporgehobener und fortgetriebener Badekarren hatte gleichsam als Sturmbock für das nachdringende Meer durch Thür und Fenster Bahn gebrochen, ihm stürzte die Meereswoge nach. (...) Wo sonst Glanz und Pracht herrschte, da herrschte jetzt Unflath und Zerstörung; Fenster und Spiegel und Kronleuchter zerschlagen; in Fetzen hingen die seidenen, golddurchwirkten Vorhänge herab.

Boltenhagen war fast ganz vernichtet. Ohne Spenden von außen wäre das Dorf wohl nicht wieder auf die Beine gekommen. Man machte sich an die Arbeit, reparierte, besserte aus, baute neu – und das Wunder geschah: Bereits 1880 standen wieder 21 Häuser, acht Badekarrenbesitzer boten ihre Dienste an. Im Laufe der Jahre wurden die Düne erhöht und ein Kiefernwald zum Schutz angepflanzt. Boltenhagen entwickelte sich zu einem Seebad im Walde. Von jener Katastrophe kündete bald nur noch der Granitstein mit der Marke des Hochwassers am Kapellenberg.

VOM BADEN UND DEN MODEN

Jede Zeit badet auf ihre Weise. Die plumpen **Badekarren** waren ein Behelf, um Sitte und Anstand zu genügen: Man badete in einem Holzverschlag, von jedem fremden Blick abgeschirmt. Es ist kaum bekannt, daß damals aus medizinischen Gründen tatsächlich oft nackt gebadet wurde, aber eben im Karren. War das Bad beendet, hißte der Gast die weiße Fahne. Daraufhin ritt der Karrenknecht heran und zog den Karren aus dem Wasser. Strandkörbe gab es seinerzeit noch nicht, die Gäste vertrieben sich die Zeit in den **Luftsnappers** – kleinen Strohhütten, die später durch Lehm- oder Ziegelbauten ersetzt wurden. Sie waren der Vorläufer des **Strandkorbs**, der erst gegen Ende des 19. Jh. aufkam.

Bereits Anfang des 19. Jh. kamen die nach Geschlechtern getrennten **Damenbäder** und **Herrenbäder** auf, die weit voneinander entfernt lagen. Gegen Ende des Jahrhunderts wurde das **Sonnenbaden** zum letzten Schrei, woraufhin die Badekleider kurz und kürzer wurden. Als um die Jahrhundertwende das **Familienbad** eingeführt wurde, sahen sich die Behörden deshalb zu Kleidervorschriften genötigt. Zum Beispiel waren in Warnemünde undurchsichtige, vom Hals bis zu den Knien geschlossene Badekleider vorgeschrieben. Die Zeiten waren streng, erstaunlich nur, daß damals auf Hiddensee das Nacktbaden an wilden Stränden üblich war. Berüchtigt war der **Zwickel-Erlaß** von 1930, der unter der Federführung des Reichskommissars für Preußen Franz Bracht zustande kam. Den Zwickel-Erlaß kann man nicht umschreiben, den muß man zitieren:

Frauen dürfen öffentlich nur baden, falls sie einen Badeanzug tragen, der Brust und Leib an der Vorderseite des Oberkörpers vollständig bedeckt, und unter den Armen fest anliegt, sowie mit angeschnittenen Beinen und einem Zwickel versehen ist. Der Rückenausschnitt des Badeanzuges darf nicht über das untere Ende der Schulterblätter hinausgehen.

Übrigens galt für die Badehose der Herren eine entsprechende Detailvorschrift. Nach dem Zweiten Weltkrieg trat der Bikini seinen Siegeszug an, bis auch dieser (fast) aus der Mode kam. Bekanntlich war das FKK-Baden in der DDR in den späten Jahren kaum noch reglementiert, wohingegen die Badegäste aus den alten Bundesländern nach der Wende vehement nach Ordnung

Trubel am Strand von Boltenhagen

und Separierung verlangten. So ist denn auch heute der Strand in Boltenhagen genau aufgeteilt. Jede Zeit badet eben anders, badet auf ihre Weise.

OSTSEEBAD BOLTENHAGEN

Gewöhnlich kommt man von Klütz ins Ostseebad Boltenhagen, das demnächst wohl »Seeheilbad« heißen wird. Die Orientierung fällt da recht leicht. Rechts der Klützer Straße steht ein langgestreckter Backsteinbau, sorgfältig gemauert und mit romanischen Säulenbögen versehen – die Realschule. Einige Meter weiter versteckt sich auf dem Kapellenberg die kleine Boltenhagener Backsteinkirche unter Linden und Eichen. Sie mag fortan zur Orientierung dienen. Links biegt die Dünenstraße ab, die durch das schattige Alt-Boltenhagen führt und jenseits des Redewischer Baches durch den Ortsteil Redewisch führt. Durch Alt-Boltenhagen zu gehen, ist auch an heißen Sommertagen ein Vergnügen, denn die zahlreichen Bäume spenden viel Schatten. Überhaupt ist Boltenhagen ein Seebad im Wald. In Alt-Boltenhagen findet man noch zahlreiche alte Häuser, die deutlich den Umbau vom Fischerhaus zum Pensionshaus zeigen.

Doch wir stehen ja noch an der **Kirche**. Man sollte den Weg dorthin nicht scheuen, zumal kein Umweg droht. Ein stattlicher **Gedenkstein** erinnert an Pastor J.J.H. Meyer aus Wismar, den großen Freund und Förderer Boltenhagens im letzten Jahrhundert. Was er vollbrachte, davon zehrt man noch heute im Ostseebad. Am östlichen Aufgang steht ein unscheinbarer **Granitstein**, der den Stand des Hochwassers bei der **Sturmflut** am 12./13. November 1872 angibt: Die Wellen der Ostsee hatten knapp das Fundament der Backsteinkirche erreicht. Die neugotische Kirche war damals noch nicht einmal fertiggebaut. Auf dem schindelgedeckten Dach sitzt ein kleiner hölzerner Glockenreiter mit zwei Glocken. Auffallend ist die Ruhe rings um die Kirche, die schattige Kühle, die angenehme Frische.

Wohin nach der Kirche? Natürlich an den Strand. Doch vorher sollte man einen Blick auf den neuen Glaspalast am Beginn der Ernst-Thälmann-Straße werfen. Das herrenhausähnliche Bauwerk aus Stahl und Beton mit dem markanten, schwarzen Mittelteil aus Glas ist das neue Seehotel »Großherzog von Mecklenburg«. Ob es gut zu Boltenhagen paßt, kann nur jeder für sich entscheiden.

Rings um die Kirche prallen die Gegensätze etwas hart aufeinander. Schräg gegenüber, wo es am lautesten ist, befindet sich das **Strandquarree**. Es wurde für Badegäste eingerichtet, für die Strandleben aus Disco-Rhythmen, Pommes, Eis und Curry-Wurst besteht. Fünfzig Meter weiter geht man durch die Düne – und hat die ganze Boltenhagener Bucht vor Augen: links das gelbleuchtende Steilufer bei Redewisch, davor zahlreiche Buhnenreihen, halbrechts die Seebrücke, dahinter die flache Landzunge der Tarnewitzer Halbinsel. Vier Kilometer feiner Sandstrand inmitten der windgeschützten Boltenhagener Bucht, was will man mehr?

Ein Ortsplan, der in den Geschäften angeboten wird, gibt folgende Strand-Aufteilung bekannt: Hundestrand ganz links am Steilufer, FKK-Strand bei Redewisch direkt am Dünenweg, allgemeiner Badestrand zu beiden Seiten der Seebrücke, nochmals FKK, wiederum allgemeiner Strand, abermals Hundestrand an der Tarnewitzer Halbinsel.

Damit man nicht mühsam durch den Sand stapfen muß, legten die Boltenhagener eine Strandpromenade an. Sie reicht von Alt-Boltenhagen im Westen bis zum ehemaligen Flughafen und garantiert jedem, den bevorzugten Strandabschnitt rasch auffinden zu können. Zwar schaut man meist auf den Dünenwall, der zum Schutz des Dorfes angelegt wurde, doch man kommt rasch vorwärts. Wer allerdings flanieren und etwas vom Ort sehen will, der ist auf dem Mittelweg besser dran. Der beginnt in Höhe der Kirche und führt als Mittelpromenade bis zum Beginn von Tarnewitz.

Aber zunächst will die **Seebrücke** zu ihrem Recht kommen. Etwa 1991 begann längs der mecklenburg-vorpommerschen Küste der Boom der Seebrücken. Die Landesregierung spendierte Millionen für deren Bau, und auch Boltenhagen bekam seine Brücke: Sie sieht recht bescheiden aus, ist 290 m lang und war 1992 fertig. Sie hat die Eigenschaft, den Besucher magisch anzuziehen: Man ist so recht mit sich erst zufrieden, wenn man mindestens einmal am Tag die 290 m hinausgelaufen ist und sich sein Seebad vom Meer aus angesehen hat. Leute beobachten, kucken, was andere tun oder nicht tun – das ist die eigentliche Beschäftigung dort draußen. Manch einer wirft eine Mark ins Fernrohr, schaut zur Insel Poel rüber, sieht sich die Steilküste an und zählt die Buhnen vor Redewisch nach. Hier legt die MS Boltenhagen an, deren Kapitän so gern die schrille Schiffssirene heulen läßt und schon mittags die letzte Fahrt am Tage ausruft. Und natürlich die Jungen und Mädchen: Der Brückenkopf ist ihr Revier. Da ist der Meeresgrund tief genug, so daß man gefahrlos die 5 m ins Wasser springen kann. Es geht dabei streng geordnet zu: Die männliche Jugend führt gekonnt den kühnsten Sprung oder den lautesten Platsch vor, die Mädchen stehen am Geländer und ziehen ihre Schlüsse.

Mutprobe an der Seebrücke

Aber das ist schon wieder ein anderes Kapitel.

Wir haben nun der Seebrücke zu ihrem Recht verholfen und wenden uns dem touristischen Zentrum Boltenhagens zu. Das künftige »Seeheilbad« mit seinen 2500 Einwohnern bietet einige Sehenswürdigkeiten, die man aber ein wenig suchen muß. Wer vom Strandleben genug hat, wird ohnehin die Vorzüge der **Strandpromenade** suchen und z.B. in eines der Restaurants gehen. In der Nähe der Seebrücke und am Kurpark – hier spielt in der Saison sonntags um 15 Uhr das Kurorchester wie in alten Zeiten – gibt es keinen Mangel an Restaurants: etwa das im Schweizer Stil errichtete Restaurant Zur Düne (Strandweg 15, Tel. 298 69), das Restaurant Zur Seebrücke mit dem grünen Dach (Mittelweg 6, Tel. 292 88) oder das Restaurant Am Kurpark (Mittelweg 14, Tel. 292 69). Die kleinen Häuschen am Kurpark sehen recht nett aus, sie stammen wohl aus den 20er und 30er Jahren und zeigen mutige, z.T. gelungene Vermischungen von Jugend- und Bäderstil.

Wem der Strand zu laut ist, dem sei ein Spaziergang auf der schattigen **Mittelpromenade** empfohlen. Der Weg verläuft parallel zum Strand und ist

In Boltenhagen

durch Bäume gut von der Straße angeschirmt. Am Strand kann es noch so laut sein – hier herrscht immer Ruhe.

Auch nach **Alt-Boltenhagen** kann man gut einen Spaziergang unternehmen. Dort stehen noch mehrere alte niederdeutsche Hallenhäuser, eines ist sogar ein Durchfahrtshaus. In dieses Boltenhagen kam **Fritz Reuter** oft zu Besuch, hier hat er gelebt, Freunde besucht oder den Leuten einfach nur aufs Maul geschaut. Des Schriftstellers Urlaubsdomizil ist das zweite Haus auf der rechten Seite im Fritz-Reuter-Weg, wenn man vom Dünenweg kommt. Das alte Haus steht unter Denkmalschutz und soll restauriert werden. Stehen an der Strandpromenade die stattlichen Villen und an der Mittelpromenade die großen Pensionen, so trifft man hier in Alt-Boltenhagen kleine Logierhäuser an, die die Fischer und Bauern für ihre Gäste errichteten.

Tip: Was mit Kindern unternehmen?
Boltenhagen ist ein Familienbad – und die Kurverwaltung tut sehr viel, um diesen Ruf zu fördern. Die Kleinsten vergessen im Kasperl-Theater alles ringsumher. Da gibt es den Bolti-Club am Strand, eine Art Strandspielfest für Kinder mit Wettspielen, Trampolin-Springen und anschließender Preisverleihung. Spiel- und Rateshows werden veranstaltet. Vier Abenteuerspielplätze gibt es, Puppenspiel, Brandmalen und Bastelstunde stehen auf dem Programm. Auch das Pony-Springen im Regenbogencamp hat seine Freunde unter den Kindern gefunden.

Die Flugplatz-Halbinsel

Das Steilufer bei Redewisch begrenzt die Boltenhagener Bucht im Nordwesten. Blickt man nach Südosten ans andere Ende der Bucht, sieht man nur eine flache, grüne Landzunge. Das ist die Flugplatz-Halbinsel. Eigentlich hat dieses Stück Land gar keinen Namen, doch so könnte sie heißen: Flugplatz-Halbinsel. Als 1934 die Seeflugzeug-Erprobungsstelle Travemünde zu klein geworden war, suchte man ein neues Gelände zum Test neuer Bordwaffen. Die Huk bei Tarnewitz schien geeignet zu sein – ebenes Land, davor eine Untiefe und ein Riff. Man deichte das Gelände ein und gewann 150 Hektar Festland hinzu. Auf der neuen Halbinsel entstanden Start- und Landebahnen, Flughallen, Verwaltungsgebäude und das eigentliche Testgelände. Munitionsbunker wurden in die Tarnewitzer Steilküste gebaut. Im Südosten, zur Wohlenberger Wiek hin, legte man einen kleinen Hafen mit einer Slipanlage an, auch für Wasserflugzeuge. Für Offiziere, Mannschaften und Techniker wurde in Tarnewitz eine Neubausiedlung errichtet, die heutige Albin-Köbus-Siedlung an der Tarnewitzer Chaussee. Ab 1935 begannen das Zielschießen und der akkurate Bombenabwurf vom Flugzeug. Der Zeite Weltkrieg warf seine Schatten voraus.

Die Gebäude wurden nach dem Ende des Weltkriegs gesprengt, anschließend richtete sich die Grenzbrigade Küste auf dem Gelände ein. Heute ist dort fast alles mit Gras überwachsen. Von Wald- und Gebüschstreifen umgeben, liegen im Innern die großen Betonflächen, zwischen deren Fugen allerlei Sträucher wachsen.

Das Gelände war lange Zeit ein Geheimtip für Badelustige, die gern allein sein wollen. Besonders der kleine Hafen an der Ostseite war sehr beliebt, konnte man doch von dort die ganze Wohlenberger Wiek überblicken. Aufgrund der Unfallgefahr ist das riesige Gelände seit Ende 1995 abgesperrt und wird bewacht. Die Frage der Nutzung im Sinne weiterer Badefreuden oder des Naturschutzes ist offen.

An der Wohlenberger Wiek

Die Wohlenberger Wiek ist Teil der Wismarbucht. Wiek bedeutet flaches Gewässer – was man gut an den Fischern und Anglern erkennen kann, die weit draußen im Wasser in ihren Anglerhosen stehen. Insofern ist die weite Bucht für Kinder ideal. Die Wohlenberger Wiek ist ein bedeutendes Winterquartier für Wasservögel, so daß ein Ausflug auch in der kalten Jahreszeit lohnend ist. Längs der Uferstraße liegen zahlreiche Parkplätze, von denen aus man den langen Strand erkunden kann. Vom Ufer erkennt man links die Halbinsel Tarnewitz mit dem kleinen Hafen, der Landvorsprung rechts ist die Huk bei Hohen Wieschendorf. Man kann auch auf den Landungssteg gehen und den Fischern bei ihrem Handwerk zusehen oder am Strand entlang in Richtung

Steilküste bei Boltenhagen

Tarnewitzer Halbinsel wandern (das Gelände unmittelbar vor der Halbinsel ist Privateigentum). Nur eines sollte man nicht tun: Die stark befahrene Landstraße mit dem Fahrrad entlangradeln, vor allem nicht mit Kindern.

Wo sich die Landstraße nach Wismar vom Strand der Wohlenberger Wiek entfernt, liegt der Campingplatz Wohlenberger Wiek. Von dort bietet sich eine gute Gelegenheit, das alte Fischerdorf **Hoben** bei Wismar zu besuchen. Man radelt an der Jugendherberge Beckerwitz vorbei und erreicht über Beckerwitz, Landstorf und Zierow das Museumsdorf Hoben. Der Radweg hat stellenweise beträchtliche Steigungen (Hinweg von der Wohlenberger Wiek: 8 km).

Einkehren kann man im Landhaus Wohlenberg (Restaurant und Terrassencafé) in Wohlenberg (Tel. 038825/223 26), wo man auch Fahrräder ausleihen kann. Siehe auch das Kapitel »Wismar«.

Wanderung zur Steilküste bei Redewisch und nach Großklützhöved

Die Steilküste bei Redewisch ist dem Badegast in Boltenhagen stets vor Augen, was wohl jeden auf die Idee bringt, dort einmal zu spazieren. Man geht von der Seebrücke auf der Strandpromenade und weiter auf der Dünenstraße nach Redewisch. Wo die Dünenstraße links nach Redewisch abbiegt, heißt es sich entscheiden: Wer lieber am steinigen Strand geht, setzt den Weg geradeaus fort. Gutes Schuhwerk sollte man allerdings tragen, der Strand ist reich an großen Geschieben. Man kann so ganz um **Großklützhöved**, wie der Landvorsprung genannt wird, herumgehen. Das nächste Dorf längs dieser Tour ist Steinbeck (6 km).

Wer sich für den **Weg auf dem Hochufer** entscheidet, geht ein Stück nach Redewisch hinein und biegt rechts zur Steilküste ab. Der Weg führt über Privatgelände und ist durch kein Geländer gesichert, so daß man nicht zu nah an die Kante herantreten sollte, zumal der Boden stellenweise überhängt. Von der 38 m hohen Steilküste aus sieht man nur wenig von Boltenhagen, das fast ganz von Bäumen verdeckt wird. Dagegen kann man die Halbinsel von Tarnewitz gut erkennen. Am äußersten Ende von **Großklützhöved** wird man nach Süden geleitet. Bei der Dreiwegekreuzung halte man sich links, ebenfalls an der T-Kreuzung in Redewisch. Bald ist die Dünenstraße wieder erreicht (gesamter Rundweg: 6 km).

RADTOUREN

1. Badeausflug nach Steinbeck (5 km) und Brook (12/13 km)

Ist's in Boltenhagen eng und laut, empfiehlt sich ein Ausflug an einsame Strände. Das Steilufer von Redewisch mit dem steinigen Strand eignet sich da weniger gut. Am besten, man packt sich was zum Essen und kalte Getränke in die Kühltasche und radelt nach Steinbeck oder Brook. Da ist man zwar nicht allein, aber es sammeln sich dort Badegäste, die Ruhe suchen und den Sandstrand nicht missen möchten. Für die recht hügelige Fahrt wird man durch die Ruhe am Strand belohnt.

Man startet in Boltenhagen auf der Ernst-Thälmann-Straße, biegt beim lauten Strandquarree in den schattigen Dünenweg ein und fährt gemächlich durch Alt-Boltenhagen. Die Strandpromenade vereinigt sich mit dem Dünenweg – eng wird's trotzdem nicht, es gibt einen Radweg. Man überquert den Redewischer Bach und folgt der Dorfstraße links durch **Redewisch**. Bei einem Abstecher zur Steilküste sollte man sich nur zu Fuß bewegen: Der Weg ist eng, der Abgrund nah. Bei jedem Sturm bricht die Küste hier ein Stück weg.

Zurück in Redewisch, biegt man nach 700 m rechts ab (nach Nordwest), nach gut 1200 m erreicht man eine Dreiwegekreuzung: Hier sollte man sich links halten (nach Südwest). Der Weg nach rechts führt zur Steilküste, die man auch hier am besten zu Fuß aufsucht. Wir fahren also links weiter, bei einigen neuen Backstein-Wohnhäusern biegen wir rechts ab. Unterwegs sollte man gelegentlich zurückschauen: Die Boltenhagener Bucht liegt dem Radfahrer sozusagen zu Füßen. Man erreicht das malerische **Steinbeck** mit dem ersten Strand. Zu DDR-Zeiten endete dort der Kolonnenweg, der östlich des Priwalls die Küste sicherte. Seine Umwandlung in einen Radweg steht hier aufgrund von Eigentumsfragen noch aus. Sollte der Radwanderweg bereits bei Steinbeck gebaut sein, kann man von hier aus nach **Brook** radeln (7 km entfernt). Ist das nicht der Fall, bleibt nur der kleine Umweg auf der wenig befahrenen Landstraße von Steinbeck über Elmenhorst (man beachte die Kirche mit der schiefen Bischofsmütze) und Warnkenhagen. In Brook rechts zum Strand abbiegen (8 km).

2. Nach Klütz (3 km)

Man erreicht das Städtchen Klütz über die Landstraße, die bei der Kirche nach Süden in Richtung Grevesmühlen führt. Die zeitweise stark befahrene Straße führt leicht bergan und verfügt über einen sicheren Radweg. Schon von weitem sieht man die Klützer Mühle (Restaurant) auf dem Mühlenberg halbrechts, geradeaus erhebt sich die Kirche. Das kleine Türmchen links daneben gehört zum Bothmerschen Mausoleum. Mehr über die Grafen Bothmer und ihr imposantes Schloß, zu Kirche und Mühle steht im Kapitel »Klützer Winkel«. Das Restaurant in der Mühle ist sehr zu empfehlen: Mecklenburgische Küche und Fischgerichte stehen auf der Speisekarte (Tel. 038825/225 53, kein Ruhetag).

3. An die Wohlenberger Wiek (7 km)

Man fährt auf der Ernst-Thälmann-Straße durch Boltenhagen, folgt der Tarnewitzer Chaussee an der Albin-Köbis-Siedlung vorbei und erreicht den Ortsanfang von Tarnewitz. Am Tor zur Flugplatz-Halbinsel beschreibt die Straße eine scharfe Kurve nach Süden. Nach wenigen hundert Metern ist das eigentliche Dorf Tarnewitz erreicht. Bei Dorfstraße 18 führt linker Hand ein Radwanderweg in Richtung Wohlenberger Wiek recht steil bergan über den Tarnewitzer Camp. An einem schnurgeraden Knick (einer Wallhecke) entlang erreicht man den Gipfel der Grundmoräne. Jenseits des Knicks verläuft im Abstand von etwa 300 m die Steilküste von Tarnewitz, erkennbar an einer langen Reihe von Pappeln. Der Radwanderweg endet an der stark befahrenen Landstraße nach Wohlenberg. Jenseits von Wohlenberg (nach 800 m Strecke) ist das schlimmste Stück geschafft: Die Wohlenberger Wiek ist nun ganz nah: Man kann nun die Fahrt unterbrechen, das Rad abstellen, auf den Landungssteg gehen und den Fischern bei ihrem Handwerk zusehen. Das Wasser der Wiek ist hier weit hinaus sehr flach, daher ist das Baden für Kinder ungefährlich. Siehe auch den Abschnitt »An der Wohlenberger Wiek«

4. Nach Grevesmühlen

Die Radtour nach Grevesmühlen folgt auf den ersten Kilometern der Tour 3. An der Landstraße längs der Wohlenberger Wiek angekommen, biegt knapp 2 km hinter dem Landungssteg rechts der Weg nach Niendorf ab. Über **Wahrstorf** kommt man nach **Groß Walmstorf**. Etwa 1 km südlich des Dorfes biegt links der Weg nach **Everstorf** ab. Man erreicht den **Sühnestein** und kann – als Abstecher – die Nordgruppe der Großsteingräber im **Everstorfer Forst** besuchen. Man sollte die B 105 unbedingt meiden und am Sühnestein rechts nach **Hamberge** weiterfahren. Am Nordufer des **Ploggensees** entlang trifft man in **Grevesmühlen** ein. Siehe auch das Kapitel »Im Klützer Winkel«.

3. HANSESTADT WISMAR

»Man friert«, schrieb einst Alfred Kerr über das alte Wismar. Vermutlich war der Arme bei Schneegestöber durch die Stadt gegangen. Ein Fehler, meine ich: Wismar hat es verdient, in der schönsten Jahreszeit besucht zu werden. Für das »erstummte, schwindsame, fahlstarre Buchtnest« konnte sich der Publizist denn auch nicht erwärmen. Man muß ihm zugutehalten, daß Wismar üble Zeiten durchgemacht hat, in denen alles darniederlag: die Menschen, der Handel, der ganze Lebensmut. Auch heute hat es die Stadt, die so sehr vom Seehandel und der Schiffahrt lebt, nicht leicht. Aber das ist nur *eine* Etappe im geschichtlichen Auf und Ab: Wismar ist stets wieder auf die Beine gekommen. Die Mühsal ging, die Spuren aber blieben. Was kann es Interessanteres geben, als das historische Zentrum einer solchen Stadt mit sehenden Augen zu erkunden?

INFORMATION

Telefon-Vorwahl Wismar: 03841

ANFAHRT

Mit dem Auto: von Hamburg über Lübeck – auf der A 1 bis AB-Dreieck Bad Schwartau, A 226 in Richtung Rostock, B 104 bis Selmsdorf, B 105 über Dassow und Grevesmühlen; von Hamburg auf der A 24 bis Abfahrt Talkau, B 207 bis Ratzeburg, B 208 über Gadebusch; von Rostock über Bad Doberan auf der B 105; von Schwerin auf der B 106
Mit der Bahn: von Lübeck, Schwerin, Güstrow und Rostock über Bad Kleinen; von Rostock auch über Neubukow

AUSKÜNFTE

Wismar-Information, Stadthaus, Am Markt 11, 23952 Wismar, Tel. 03841/28 29 58
Amt Dorf Mecklenburg, Am Wehberg 17, 23972 Dorf Mecklenburg, Tel. 03841/79 80
Amt Bad Kleinen, Fremdenverkehrsstelle, Gallentiner Chaussee 5, 23996 Bad Kleinen, Tel. 038423/502 78

BAHNHÖFE UND BUSSE

Bahnhof Wismar, Tel. 3 89
Bahnhof Bad Kleinen, Tel. 038423/433

CAMPING

Ostsee-Camping Ferienpark Zierow,
Am Strand 19 c, Zierow, Tel. 03841/64 23 77

JUGENDHERBERGE

JH Beckerwitz, Haus Nr. 21, 23968 Beckerwitz,
Tel. 038428/362

BADEN

Bewachte Strände: Wendorfer Strand und
Timmendorf/Strand (Insel Poel). Weitere Bade-
strände: Wieschendorfer Bucht bei Hohen
Wieschendorf (FKK), Hinterwangern (FKK) und
Gollwitz (Insel Poel).

STADTFÜHRUNGEN

Mai bis Sept. tägl. 11 Uhr (Treffpunkt: Wismar-
Information)

MUSEEN

Stadtgeschichtliches Museum Wismar
»Schabbellhaus«, Schweinsbrücke 8, geöffnet:
1. Mai - 30. Sept. Di-So 10-20 Uhr, 1. Okt. - 30. Apr.
Di-So 10-16.30 Uhr, Tel. 28 23 50
Museum Dorf Mecklenburg, Rambower Weg,
Tel. 03841/79 00 20, Öffnungszeiten: April-Okt.
tägl. 10-16 Uhr, Nov.-März Mo-Fr 10-16 Uhr.
Führungen nach Anmeldung

FESTE

Mai: Hansetage; Juni: Hafenfest, Folklorefestival;
Sept.: Altstadtfest

FREIZEIT, SPORT

Bootsfahrt auf dem Mühlenteich; Surfen in der
Wismarbucht (bei Zierow, Pepelow); Besuch des
Fischmarkts im Alten Hafen (samtags ganztägig);
Golfen in Hohen Wieschendorf; Minigolf im See-
bad Wendorf und am Mühlenteich; Rundflüge
vom Flugplatz Wismar-Müggenburg

THEATER

Theater Wismar, Philipp-Müller-Straße (Theaterkasse: Tel. 70 72 06); Kammer- und Puppentheater

KONZERTE

Wismar, Philipp-Müller-Straße (Theaterkasse: Tel. 70 72 07/08)

SCHIFFSFAHRTEN

Die Heiligen-Geist-Kirche in Wismar ist Aufführungsort der Festspiele Mecklenburg-Vorpommern. Kontakt: Festspiele Mecklenburg-Vorpommern, Beim Schlump 27/9, 20144 Hamburg, Tel. 040/410 79 29, Fax 410 79 59; Orgelkonzerte in der St. Nikolai-Kirche; Kammermusik im Rathaus

TIERPARK

Es existiert keine regelmäßige Fährverbindung zur Insel Poel. Reisegruppen können Schiffsfahrten nach Poel chartern. In der Saison morgens (9 Uhr) Schiffsfahrten von Kirchdorf (Insel Poel) nach Wismar (Alter Hafen), abends (17 Uhr) zurück. Hafen- und Seerundfahrten mit Ausblick auf die Inseln Walfisch und Poel, Abendfahrten. Abfahrt: Alter Hafen, Wismar. Kontakt: Reederei Clermont, Tel. 038425/206 89; Reederei Böttcher, Tel. 04503/10 24 und 03841/28 24 00 (ab 19 Uhr).

FÜR KINDER

Tierpark Wismar, Am Tierpark 5, Tel. 70 73 38, Öffnungszeiten: tägl. 9-19 Uhr, Mitte Okt. – Mitte März bis zur Dämmerung.

RUNDFLÜGE

Mai – Okt.: Feriendorf am Bachlauf der Köppernitz im Tierpark Wismar (mit historischen Planwagen, Ponyreiten, Bootsfahrten); Kammer- und Puppentheater Wismar

FAHRRADVERLEIH

Hanseatischer Luftsportverein, Flugplatz Wismar-Müggenburg, Tel. 28 38 80. Anfahrt: in Richtung Poel, hinter Aldi rechts halten.

Zweirad-Center, Rabenstr. 2, Wismar, Tel. 28 48 93
Bahnhof Wismar, Tel. 389 (Aufsicht an Bahnsteig 1)

BAHNFAHRT VON BAD KLEINEN NACH WISMAR

Ungefähr auf halber Strecke zwischen Schwerin und Wismar liegt **Bad Kleinen** am Nordufer des Schweriner Sees. Über den Ort ist wenig erwähnenswert; ein Bad ist er auch nicht: Der einzige Badebetrieb, den es gibt, ist der im Freibad am Ufer des Schweriner Sees. Man kennt Bad Kleinen von einem tragischen Ereignis her: 1993 fanden im Bahnhof von Bad Kleinen – vermutlich aufgrund stümperhafter Leitung der Polizeiaktion – ein Polizist und ein RAF-Terrorist den Tod. Der genaue Hergang der Ereignisse wurde nie ganz geklärt.

Am Bahnhof steigen wir in den Zug nach Wismar. Die Strecke, die nur 16 km lang ist, offenbart mehr über die Landschaft als es während einer Fahrt mit dem Wagen möglich wäre – vor allem, wenn man mit dem Bummelzug unterwegs ist, der an jedem Bahnhof hält. Da es nur drei Stationen sind, fällt der Zeitverlust kaum ins Gewicht.

Bad Kleinen hat dem wesentlich größeren Wismar den Bahnknotenpunkt voraus. Die bedeutende Bahnlinie Lübeck-Stettin führt am Nordufer des Schweriner Sees entlang, Wismar aber liegt abgeschieden an der Küste. Als die Strecke im 19. Jh. geplant wurde, war Wismar aufgrund der rigiden Zollpolitik des Schweriner Großherzogs von seinem traditionellen Hinterland immer noch abgeschnitten.

Der Zug verläßt Bad Kleinen und tritt ein in eine sanfthügelige, von der letzten Eiszeit geprägte Landschaft. Die bis zu 70 m hohen Erhebungen sind Endmoränen, die in Wahrheit gar nicht so sanft sind, wie man bei einer Wanderung oder Radtour zu spüren bekommt. Zu beiden Seiten erstreckt sich Laubmischwald, der in Mecklenburg-Vorpommern nicht gerade häufig vorkommt. Rechts blinkt der langgestreckte Lostener See in einer eiszeitlichen Schmelzwasserrinne durch die Bäume. Zu DDR-Zeiten wurden dort Forellen gezüchtet, die in einem Gehege bei der Insel Walfisch bis zur Verzehrgröße gemästet wurden; 100 000 Jungforellen setzte man zusätzlich jedes Jahr frei in der Wismarbucht aus, zur Freude der Freizeit-Angler.

Der Zug hält am winzigen Bahnhof des ebenso winzigen **Moidentin**. Ein Stück weiter nördlich überquert der Zug zweimal den **Wallensteingraben**, einen fast vergessenen historischen Kanal. Den nur 5 bis 8 m breiten, sehr flachen Wasserlauf über-sieht man allerdings leicht zwischen den Bäumen. Güter aus Wismar auf dem Wasserweg nach Süden zu transportieren, war ein alter Traum der Kaufleute und Landesherren. 1582, nach jahrzehntelangen Bauarbeiten, war der Kanal endlich fertig: Die Schiffe konnten von Wismar den Schweriner See erreichen und fuhren auf dem Störkanal und der Elde zur Elbe und weiter bis nach Böhmen. Ganze acht Jahre war der Kanal in Betrieb, dann begann der Verfall der 12 Schleusenstufen. Letzten Endes scheiterte der

Bei Dorf Mecklenburg

kühne Plan an dem großen Gefälle von 37 m zwischen dem Schweriner See und der Wismarbucht.

Petersdorf ist erreicht; über den Ort läßt sich beim besten Willen nichts sagen. Der Name »Wallensteingraben« kam erst im 19. Jh. auf, führt also historisch in die Irre. Wallensteins Truppen eroberten 1628 die Stadt, der Feldherr wohnte im Schabbellhaus und hegte große Pläne über die Ostsee und die Schiffahrt. Eines seiner Projekte war die Wiederbelebung des Kanals. Zwei Jahre hatte *WALLENSTEIN* Gelegenheit, von Güstrow aus das rückständige Mecklenburg zu reformieren. Sogar die mächtige Ritterschaft duckte sich unter seiner strengen Herrschaft.

Wer aber zu lange über Wallenstein und Mecklenburg nachdenkt, verpaßt das Beste der ganzen Fahrt, den Burgwall der Michelenburg. Wenn vor **Dorf Mecklenburg** die Bremsen kreischen, ist es höchste Zeit, links aus dem Fenster zu sehen: Der freistehende, etwas höher aufragende Wald inmitten einer weiten Wiesenlandschaft – das ist der Burgwall. Er wurde im 19. Jh. mit Bäumen bepflanzt und ist von weitem nur schwer zu erkennen. Dieser Burgwall, in dem sich heute ein Friedhof befindet, gab Mecklenburg den Namen: Am 10. September 995 stellte König Otto III. im Burgwall vor dem Dorfe eine (an sich unbedeutende) Schenkungsurkunde aus, auf der der Name ebenjenes Burgwalls geschrieben steht: Actum Michelenburg. Genau genommen wurde 1995 Dorf Mecklenburg tausend Jahre alt, nicht Mecklenburg, schon gar nicht Mecklenburg-Vorpommern.

Die zwischen Kiel und Rostock herrschenden slawischen **Obodriten** unterhielten im Burgwall bei Dorf Mecklenburg ihren Hauptsitz. 1160 anerkannte Obodritenfürst Niklot die Herrschaft des Sachsenkönigs Heinrich des Löwen, wodurch das mecklenburgische Fürstengeschlecht begründet wurde. Es geht somit auf die Slawen zurück und herrschte bis 1918. Die mecklenburgischen Fürsten und Herzöge kommen gewissermaßen alle von diesem Burgwall bei Dorf Mecklenburg her.

»Dorf Mecklenburg« klingt wie ein Titel, wie eine Auszeichnung. Der hellbraune Scherenzaun huscht vorbei, der Zug hält quietschend an. Was steht am Bahnhofsgebäude? »Mecklenburg« (groß), darunter (klein) »Dorf«. So äußert sich lokaler Patriotismus. Der Zug ruckt an, Wismar ist ganz nah. Linker Hand taucht die Mühle auf, ein beliebtes Ausflugsrestaurant. Nun ist es höchste Zeit, nach rechts zu sehen. In der Senke südlich von Rosenthal entsteht die **Ostsee-Autobahn**. Sie beginnt mit den Brücken, der Rest kommt später. Die Städte und Dörfer entlang der Bundesstraße 105 werden aufatmen, wenn sie fertig ist.

Rechts kommt das **Naturschutzgebiet »Teichgebiet Wismar-Kluß«** ins Bild. An seinem Nordende fließt der Wallensteingraben vom Viereggenhöfer Teich (links der Bahn) zum Teichgebiet (rechts) herüber, ohne die Gewässer zu berühren. Er durchströmt dann den Mühlenteich, durchquert als »Grube« die Altstadt von Wismar und mündet im Hafen – nach 37 km Länge und über 50 m Gefälle – in die Wismarbucht.

Nun ist der kleine Bahnhof von Wismar erreicht: Vor dem Reisenden liegt eine der schönsten Altstädte Norddeutschlands.

GESCHICHTE

Wismars erste Erwähnung fällt in das Jahr 1229, die Gründung war wohl 1225 oder 1226. Vermutlich schon vor 1200 ließen sich Siedler aus Friesland, Westfalen, Holstein, Lauenburg, Holland und Dänemark in der weiten Mulde am Südende der Wismarbucht nieder. Sie mieden die alte slawische Siedlung östlich des Baches Wissemer – heute zum Mühlenteich gestaut – und errichteten ihre Hütten ein Stück weiter westlich auf einer flachen Landzunge, etwa am Ort der heutigen Nikolai-Stadt, nördlich der Grube. Die weite Mulde im Süden der Wismarbucht, umgeben von 60 bis 100 m hohen Endmoränen, bot einen von der Natur begünstigten Platz, der sich für Siedlung und Handel gleichermaßen eignete. Von dem einzigen Nachteil des Ortes – dem fehlenden größeren Wasserlauf – später mehr.

Marktplatz und St. Marien, die Ratskirche, wurden zum Mittelpunkt der Stadt, ab 1250 kam die Neustadt um die St. Georgenkirche hinzu. Wismar entwickelte sich ausgesprochen rasch: Bereits 1279 konnte der Rat die Siedlung mit einer Stadtmauer umgeben. Mit Lübeck und Rostock unterhielt

Wismar rege Handelsbeziehungen: 1259 schlossen Wismar und Rostock ein Bündnis gegen die Landräuberei, das später auch gegen Seeräuberei erweitert wurde und zum Kern eines Handelsbundes mit Lübeck und Hamburg wurde. Dieses Bündnis ist der Vorläufer der 1358 gegründeten **Hanse**, in deren Wendischem Kontor Wismar eine nicht unbedeutende Rolle spielte.

Weitreichende **Handelsbeziehungen** der Wismarer Fernhandelskaufleute brachten großen Reichtum in die Stadt. Wismar lebte vom Handel mit Waren zwischen westeuropäischen Städten und Skandinavien bzw. dem Baltikum, ferner vom Handel mit Lüneburger Salz. Wichtige Exportartikel waren ferner Wollstoffe und Bier. Über 120 Brauereien gab es in der Stadt. Zeitweise mußte Lübeck die Einfuhr des Wismarschen Biers verbieten. Es war sehr stark und schmeckte wohl doch zu gut. Vom Reichtum der Stadt zeugen neben den gotischen Giebelhäusern die drei riesigen Pfarrkirchen St. Marien, St. Nikolai und St. Georgen – bei gerade mal 5000 Einwohnern eine gewaltige Leistung.

Wie in allen Hansestädten der Ostseeküste hatten die Fernhandelskaufleute **die städtische Macht** in der Hand. Sie bildeten das Patriziat und stellten den Rat. Gegen ihre Macht liefen die übrigen Kaufleute und die Handwerker mehr als einmal Sturm. 1427 brach ein Aufstand aus: Handwerker unter Führung des Wollenwebers Claus Jesup stürzten den Rat und richteten einen Bürgermeister und einen Ratsherrn auf dem Marktplatz mit dem Schwert hin. Noch heute kündet eine Granitplatte im Pflaster von der Bluttat. Erst als um 1500 durch die Entdeckung Amerikas der Handel in der Ostsee allmählich zurückging, die Macht der Hanse somit zerfiel, änderten sich die Machtverhältnisse: Da kamen auch die kleinen Kaufleute in den Rat der Stadt.

Wer soviel Macht hat, läßt sich nicht bevormunden, auch nicht vom Landesherrn. Der aber hatte an der blühenden Handelsstadt einen Narren gefressen, vielleicht wurde er auch nur vom Geruch des Geldes angelockt. Jedenfalls verließ Heinrich, der Landesherr, 1256 den engen Burgwall bei Dorf Mecklenburg und ließ sich in Wismar auf dem Weberkamp in einer Burg nieder. Als er nach einem Kreuzzug für verschollen erklärt wurde, nutzten die Wismarer die Gunst der Stunde, zogen eine Mauer rings um ihre Stadt – und ließen die Burg draußen. Es war der Beginn eines langwierigen Konflikts.

Heinrich der Pilger kehrte nach 26 Jahren aus der Gefangenschaft zurück und war verärgert. Die Wismarer mußten die Burg abreißen und dem Fürsten in der Mecklenburger Straße, also innerhalb der Stadtmauer, ein unbefestigtes Haus bauen. 1310 wurde es abgerissen. Am selben Ort errichtete der Fürst ein Schloß, den Mecklenburger Hof, wobei er frech die Stadtmauer durchbrechen ließ. Bei der erstbesten Gelegenheit – Mecklenburger Herrscher waren immer knapp bei Kasse – kaufte der Rat das Schloß. Dann trat mit Herzog Johann Albrecht I. ein kunstsinniger Herrscher auf den Plan: Er baute 1553-56 neben St. Georgen den Fürstenhof im Stil der italienischen Renaissance. Bei so viel

Portal des »Alten Schweden« in Wismar

Kunstverstand gaben denn auch die selbstbewußten Wismarer Kaufleute klein bei, und fortan war der Herrscher in der Stadt etwas besser gelitten.

Mit dem Dreißigjährigen Krieg begann der **Niedergang** Wismars, der bis ins 19. Jh. anhalten sollte. 1626 kamen Wallensteins Truppen und plünderten die kampflos übergebene Stadt. Ein Jahr darauf blockierten die Dänen den Hafen, 1632 belagerten die Schweden die Stadt. Die Pest brach aus, die Bürger flohen, sofern sie konnten, Zwangsarbeit und Plünderungen waren an der Tagesordnung. 1632 eroberten die Schweden die Stadt – Gustav Adolf wollte die südliche Ostseeküste in seine Hand bekommen. Im Westfälischen Frieden von 1648 kamen Wismar, Insel Poel und Neukloster zu Schweden – »zu unmittelbarem ewigem Recht«, wie es im Vertrag etwas großspurig hieß. Wismar war von seinem Hinterland abgeschnitten.

Die Schweden richteten sich in Wismar ein, als wollten sie ewig bleiben. Die schwedischen Besitzungen waren eine Art Protektorat, Ziel war die wirtschaftliche Ausbeutung. Die Stadt wurde zur **stärksten Festung** Nordeuropas ausgebaut, sogar auf dem Inselchen Walfisch vor der Stadt standen schwedische Kanonen. Poel wurde zur waffenstarrenden Festung ausgebaut, wie man noch heute rings um die Kirche sehen kann.

Über 150 Jahre blieb Wismar schwedisch. Wer aufmerksam durch die Altstadt geht, sieht die Spuren jener Zeit: die Schwedenköpfe, die Inschrift Kaiser Karls XII. am Zeughaus, dem bedeutendsten Bau der Schwedenzeit, den Lindengarten, das Provianthaus. Erst 1803 verließen die Schweden Wismar

– für 1 250 000 Taler, die der mecklenburgische Herzog zahlen mußte. Im »Jahrhundertvertrag« behielt sich Schweden vor, Wismar, Poel und Neukloster binnen hundert Jahren zurückzukaufen. Demnach wurde Wismar erst 1903 rechtsgültig Teil Mecklenburg-Schwerins. Um die hohe Summe wiederzubekommen, belegte der Landesherr den Wismarer Hafen mit hohen Zöllen, wodurch die Stadt weiterhin wirtschaftlich vom Hinterland abgeschnitten blieb. Die großen Entwicklungen des 19. Jh. gingen denn auch an Wismar vorüber: Die Bahnlinie von Lübeck über Rostock nach Stettin wurde über Kleinen am Nordufer des Schweriner Sees geführt. Das Umland – Gadebusch, Grevesmühlen, Klütz – orientierte sich nach Lübeck. In Uwe Johnsons »Jahrestagen« kann man nachlesen, daß in den Weimarer Jahren die Junker des Klützer Winkels nach Lübeck zu fahren pflegten – und eben nicht nach Wismar.

RUNDGANG

Betrachtet man Wismar auf einem guten Stadtplan, so wird die Anlage der Stadt schnell deutlich. Kern der ersten (deutschen) Besiedlung war die Gegend um die Nikolaikirche, die von der Grube, einem vom Mühlenteich zum Hafen führenden Wasserlauf, nach Süden abgegrenzt wird. Das Zentrum Wismars entwickelte sich jedoch um den Markt, das Rathaus und die Ratskirche St. Marien. Wie schnell die Stadt wuchs, kann man daran erkennen, daß Wismar nur einen einzigen großen Platz hat. Er mißt etwa 100 mal 100 m und ist damit einer der größten Marktplätze Norddeutschlands. Quer durch die Altstadt läuft die Lübsche Straße, die wichtigste Handelsstraße, die Wismar mit Lübeck und Rostock verband. Die Straßen rund um die Altstadt lassen den Verlauf der alten Stadtmauer erkennen, von den fünf Toren steht nur noch eines – das kleine Wassertor am Alten Hafen.

Der **Marktplatz** ist Ausgangspunkt der folgenden Stadterkundung. Einen guten Überblick kann man sich auf den Stufen des Rathauses verschaffen: Alle drei Seiten

Das Wassertor

des beeindruckend großen Platzes zeigen historische Bebauung, die allerdings sehr uneinheitlich ist. Waren die Häuser am Markt im Mittelalter im gotischen Stil erbaut, so herrschen heute alle möglichen Bau-stile vor: Gotik, Renaissance, Barock, Klassizismus, Historismus, gar kein Stil usw. Der Eindruck des Alten täuscht: Leider sind nur wenige Bauten original erhalten, fast alle Gebäude sind relativ neu.

Es lohnt sich, eine Weile am Markt stehenzubleiben. Hier haben sich im Laufe der Jahrhunderte zwei Meter Kulturschicht abgelagert, z.B. von den Ritterturnieren, die der Fürst abhalten ließ. 1512 kamen bei einem solchen Turnier 1800 Pferde, die nötige Anzahl Pferdeknechte, die kämpfenden Ritter und deren Knechte sowie zahlreiche Zuschauer auf dem Markt zusammen. Damit die Ritter beim Lanzenkampf nicht zu hart fielen, wurde eine dicke Sandschicht aufgetragen, von der wohl ein Teil liegenblieb. Nicht der Fürst, die Stadt hatte die Kosten der Turniere zu tragen, was ein Grund mehr war, den teuren Gast loszuwerden. Der Fürst brachte kein Geld in die Stadt, er kostete nur.

Im Süden des Marktes steht das im Stil der holländischen Renaissance errichtete **Doppelgiebelhaus des schwedischen Stadtkommandanten**, heute ein Bankgebäude. An der Westseite, hinter den beiden Linden, erhebt sich das neoklassizistische **Stadthaus**, die sogenannte Hauptwache von 1858. Dort finden Besucher die **Wismar-Information**. Im Mittelalter stand dort der Pranger. Auch die Linden erinnern an den Ort der Rechtsausübung. Am Fuß der rechten hohen Galgenlaterne findet man eine Granitplatte im Pflaster, die an den Aufstand der Handwerker 1427 unter dem Wollenweber Klaus Jestrup erinnert: Bürgermeister Johann Banzkow und Ratsherr Hinrik von Haren wurden dort mit dem Schwert hingerichtet.

Das 1817-19 errichtete klassizistische **Rathaus** – das vierte an dieser Stelle – paßt zwar zum Sammelsurium der Baustile am Platz, wirkt aber angesichts der wohlgestalteten historischen Bebauung doch etwas breit dahingelagert. Es beherrscht den gesamten Platz. Im Westflügel findet man eine Rarität: die **gotische Gerichtslaube**, die gegen Anfang des 15. Jh. an das dritte Rathaus angebaut wurde. Sie war früher nach drei Seiten offen und ist in originalgetreuer Ausmalung in Rotbraun, Schwarz und Gold erhalten. An einer Säule wurde ein gläserner Boden angebracht, unter dem man die beleuchtete Säulenbasis so tief wie annodazumal sieht. Die mittelalterliche Stadt lag also erheblich tiefer als das heutige Wismar.

Von den einstmals gotischen Häusern am Markt blieb nur der **Alte Schwede** an der Ostseite (in Wismar sagt man »Ostfront«) erhalten: Um 1380 als Handelshaus erbaut, ist das ehrwürdige Gemäuer mit dem backsteinernen Treppengiebel das älteste Wohnhaus Wismars. Wo heute die Gäste Seelachs und Heilbutt verzehren, befand sich früher die hohe Diele, der Verkaufs- und

Wasserkunst

Gewerberaum. Die Waren wurden in den drei Speichergeschossen über der Diele gelagert, die Kaufmannsfamilie wohnte weiter hinten im Kemladen, einem schmalen, zweigeschossigen Anbau aus Fachwerk. Über dem Eingang prangt die Nachbildung eines grimmigen Schwedenkopfes, der hier wohl nicht der Abschreckung dient.

Gegenüber dem Alten Schweden steht Wismars eigenwilligstes Bauwerk, die **Wasserkunst**. Der von dem Utrechter Baumeister Philipp Brandin entworfene und 1580 bis 1602 errichtete Renaissance-Pavillon war über Jahrhunderte der Mittelpunkt der Wismarer Wasserversorgung. Daher der Name: Es war eine Kunst, das Wasser auf den Markt zu bekommen. Bereits 1570 hatte der sächsische Baumeister Johann Fritzsche von den etwa 7 km südlich von Wismar sprudelnden Metelsdorfer Quellen hölzerne Wasserröhren in die Stadt verlegt. Das Wasser floß am Markt in ein Reservoir und wurde von einem Wassermeister durch ein unterirdisches Röhrensystem an 220 Stellen verteilt. Im Stadtgeschichtlichen Museum findet der Besucher einen recht komplizierten Plan sämtlicher Wasserleitungen und Empfänger der Stadt. Man war zurecht stolz auf dieses System, wovon der schöne kupfergedeckte Pavillon über dem Hauptreservoir zeugt. Die unteren Inschriftplatten zwischen den Sandsteinsäulen beziehen sich übrigens auf wassertechnische Details. Wie bei jedem großen Werk hatte es auch hier öffentliche Proteste gehagelt: Im 19. Jh. schlugen Kunstbanausen vor, die Wasserkunst zum Pissoir zu degradieren.

Eingang zum Schabbellhaus

Wir gehen nun von der Wasserkunst rechts am Rathaus vorbei und biegen nach rechts in die Straße Hinter dem Rathaus ein. Das **Restaurant Zum Weinberg** besteht seit 1648 und war als beste Weinhandlung der Stadt häufig Träger des Weinkranzes, woran Weingott Bacchus über der Tür erinnert. Erhalten blieb die sehenswerte Renaissancediele (Hinter dem Rathaus 3, tägl. geöffnet, Tel. 28 35 50). Hinter dem Restaurant wenden wir uns nach links in die Altböterstraße. Die DDR-Neubauten Nr. 5 und 7, kurz vor der Wende fertiggestellt, zeigen Stilempfinden und Geschmack und passen als Backsteinbauten mit Putzflächen gut in die Altstadt. Am Ende der ABC-Straße erreicht man die Mühlenstraße.

Das Türmchen am Ende der Straße ist der **Wasserturm**, Zentrum der unteren Wasserversorgung. Von den zahlreichen Türmen der Stadt blieb nur dieser erhalten. Wer gern spazierengeht, sollte sich diese Stelle merken: Dahinter beginnt der **Lindengarten**.

Wir gehen noch ein Stück geradeaus: Schweinsbrücke heißt die Straße, an deren Ende die gleichnamige Brücke über die Grube führt. Dies ist ein in mehrfacher Hinsicht interessanter Ort: Linker Hand steht das **Schabbellhaus**, 1569-71 als prunkvoller Renaissancebau errichtet. 1979 wurde in dem Gebäude das Stadtgeschichtliche Museum eröffnet, der Besuch ist ohne Einschränkung zu empfehlen (siehe »Tip«). Hinrich Schabbell, einer der angesehensten und reichsten Brauer und Kaufleute der Stadt und seit 1565 Ratsherr, beauftragte den aus Utrecht stammenden Bildhauer und Baumeister Philipp Brandin mit dem Bau eines Brauhauses zur »Ehre und Zier« der Stadt. Es wurde im Stil der holländischen Renaissance errichtet – unter Verwendung von Backstein des kleinen Formats (hier dachte der Holländer Brandin an seine Landsleute, die ebenjene Steine lieferten) und des Sandsteins, was damals an der Ostsee neu war, unerhört teuer dazu, und den Ratsherrn in den Ruf brachte, Geld für den Hausbau unterschlagen zu haben. Neben dem Alten Schweden ist das Schabbellhaus das bedeutendste Wohnhaus Wismars. (Wer übrigens den Namen Schabbell aus Lübeck kennt, liegt richtig: Die Schabbells waren Brüder – beide Brauer, beide Ratsherren und beide wohl auch gehörig schlitzohrig.)

Die Schweinsbrücke führt über die **Grube**, die die nördlich gelegene Nikolai-Stadt von der übrigen Altstadt trennt. Die Grube gehört zum Wallensteingraben, der vom Schweriner See nach Wismar fließt und in den Hafen mündet. Der Wasserlauf spielte im alten Wismar eine zentrale Rolle: zum Wäschewaschen (die Stufen für die Waschfrauen an der Lindenallee wurden vor wenigen Jahren nachgebaut), als Kloake, als Löschwasser-Reservoir – und als Wasserspender für das berüchtigte Wismarer Bier. Immerhin war es einen Tag, bevor gebraut wurde, bei Strafe verboten, die Nachttöpfe in die Grube zu entleeren.

Gegenüber erhebt sich unübersehbar die **Nikolaikirche**. Da es die

Nikolaikirche

einzige der Wismarer Großkirchen ist, die z.Zt. besichtigt werden kann, sollte man sie sich näher anschauen. Die Nikolaikirche wurde 1380-1510 als dreischiffige Backstein-Basilika mit Chorumgang und Kapellenkranz errichtet. Sie sollte die bereits fertiggestellte Marienkirche übertreffen. Daher wurde das Mittelschiff – bei nur 10 m Breite! – 37 m in die Höhe getrieben, so daß die Nikolaikirche nach dem Kölner Dom, dem Ulmer Münster und der Lübecker Marienkirche das vierthöchste Mittelschiff in Deutschland besitzt. Nur der abgestumpfte Turm paßt nicht ganz zum gesamten Kirchenbau. In einer Sturmnacht 1703 brach die über 100 m hohe Turmspitze ab, durchschlug das Mittelschiff, zerschmetterte das Kreuzrippengewölbe, zerstörte Kanzel, Lettner und Gestühl und beschädigte Altar und Orgel. Lange Jahre wurde nichts repariert, es war Schwedenzeit. Nur der Turm erhielt ein Notdach. Mit den Türmen, das bleibt zu sagen, hat Wismar nie Glück gehabt: Mal brach einer ab, mal fuhr der Blitz in einen hinein. Da gibt es eine Kirche ohne Turm und einen Turm ohne Kirche.

Vor einem Rundgang sollte man den Giebel über dem südlichen Kapellenanbau beachten: Hier hat der Baumeister eine wunderschöne Rosette in Form eines Sonnenrads geschaffen, darunter mehrere Zierfriese aus schwarzglasierten Formsteinen, die Heilige, Fabeltiere und Grotesken darstellen. Der erste Eindruck im Kircheninnern ist überwältigend: Das schmale, ergreifend hohe Mittelschiff ist erfüllt von einem aufgemalten, aber sehr gut getroffenen

Giebelrosette von St. Nikolai

Backsteinton. Die Nikolaikirche nahm bedeutende Kunstwerke der beiden anderen, im Zeiten Weltkrieg zerstörten oder beschädigten Kirchen auf, darunter den Hauptaltar von St. Georgen (spätgotischer Schnitzaltar um 1439, ausgeklappt 10 m lang), das Gestühl von St. Georgen und den Krämer-Altar aus St. Marien (spätgotisch, um 1420). Auch das sagenumwobene bronzene Taufbecken, das von einem schmiedeeisernen Gitter aus dem 16. Jh. umrankt ist, stammt aus St. Marien. Es heißt nach einer bekannten Sage »Teufelsgitter«. In der Nähe des Taufkessels ist ein kleiner Schnitzaltar in die Wand eingearbeitet, der letzte von 38 Exemplaren, die es früher gab. Bei einem Rundgang sollte man in den Turmnebenräumen den spätgotischen Freskenzyklus (um 1450) beachten, den umfangreichsten in Mecklenburg. (Tel. 61 57 39, Öffnungszeiten: Mo-Sa 10.30-12.30, 13.30-17 Uhr, So 13-16 Uhr).

Von der Nikolaikirche geht es weiter in die Blüffelstraße, dann links in die Straße Spielberg. Haus Nr. 50 ist ein **Speicher von 1664** aus unverputztem Backstein mit rundbogigem Portal und Fensterluken, deren Reihen durch Gesimse gegliedert sind. Nun sind es nur noch wenige Schritte bis zum **Wassertor** am Alten Hafen. Es wurde in der zweiten Hälfte des 15. Jh. im spätgotischen Stil errichtet und ist das letzte der ehemals fünf Stadttore. Die schönere Seite mit lebhafter Blendengliederung und einem Staffelgiebel zeigt zur Stadt. Das Wassertor ist das Reich von Kapitän Eisele und seinem **Club Maritim**, der Schiffsmodelle und Möbel zeigt (Öffnungszeit: Do 10-15 Uhr). Neben dem Tor liegen zwei Kanonen, die letzten von 620 Stück. Sie sind im

Am Alten Hafen

Sinne der alten Festung auf den Alten Hafen gerichtet, der außerhalb der Stadtmauer lag. Ein Abstecher zum **Alten Hafen** lohnt fast immer, nicht nur der Schwedenköpfe am Baumhaus wegen.

Über die Straße Am Lohberg mit ihren Restaurants gehen wir in Richtung Ziegenmarkt. Rechterhand fließt die Grube unter dem **Wohnhaus Runde Grube 4**, einem Fachwerkhaus, hindurch und mündet wenige Schritte weiter in den Alten Hafen. Das Haus wurde im späten 17. Jh. errichtet; die beiden Brückenjoche mit Halterungen zum Aufstauen des Gewässers stammen von 1660.

Hinter dem Ziegenmarkt wenden wir uns rechts, um gleich links in die Straße Neustadt einzubiegen. Am Ende der Straße liegt links das **Heiligen-Geist-Spital**. Man sollte unbedingt in den Garten gehen, sich auf eine der Bänke in der Nähe des Brunnens setzen – und sich an der Ruhe und Atmosphäre erfreuen. Das Heiligen-Geist-Spital entstand um 1250 an der Grenze zwischen der Marktstadt und der Neustadt. Die Bauten umfassen im wesentlichen die Heiligen-Geist-Kirche an der Lübschen Straße und das ehemalige Spitalgebäude, das **Lange Haus**, in der Straße Neustadt. Es wurde um 1411 errichtet und zeigt einen schönen Fachwerkerker an der Nordseite. Wie in allen bedeutenden Hansestädten diente auch das Heiligen-Geist-Spital zu Wismar als Altersheim. Die Bewohner litten keinen Mangel; sie erhielten pro Tag 2 3/4 Liter Bier. (Ob von dem starken Bier, für das Wismar berüchtigt war, ist ungewiß.) Die **Heiligen-Geist-Kirche** aus der Mitte des 14. Jh. ist auf den ersten Blick wenig interessant, schließlich wurde sie als einschiffige Saalkirche ohne Turm erbaut und ist nur von einem offenen Dachreiter bekrönt. Die Uhr wurde in eine Fachwerkgaube an der Südseite verbannt. Doch der schlichte Innenraum besticht durch die barocke Balkendecke mit den hölzernen Zugankern. Die Bemalung stammt von 1687 und zeigt in der Mitte Medaillons mit Darstellungen aus dem alten Testament. Bei Restaurierungsarbeiten 1977 legten Fachleute an der Südwand ein magisches Buchstabenfeld aus dem frühen 14. Jh. frei. In einem Kapellenfenster an der Nordseite wurden Glasmalereien aus der Marienkirche eingebaut, die um 1400 in der Art Meister Bertrams angefertigt worden sind. An den Gestühlswangen findet man alte Familien- und Zunftzeichen, u.a. das der Scharfrichter (Führungen: Tel. 28 35 28).

Nun geht es zur St. Georgenkirche. Beim Überqueren der Lübschen Straße, der alten Handelsstraße Lübeck-Rostock, sieht man rechts in der Straßenbiegung einige stattliche Giebelhäuser, genannt **Brauhäuser** (Lübsche Straße 122 bis 128), die ehemals als Salzspeicher dienten. Haus 126 aus dem 15. Jh. zeigt noch weitgehend die ursprüngliche spätgotische Fassade. Durch die Große Hohe Straße erreicht man die **Georgenkirche**. Die im Zweiten Weltkrieg zerbombte Kirche soll wieder aufgebaut werden und ist z.Zt. die prominenteste Baustelle in Wismar. Der spätgotischen, dreischiffigen Backsteinbasilika wurde der späte Baubeginn Anfang des 15. Jh. zum Verhängnis: Nach der Entdeckung Amerikas 1492 ging der Handel auf der Ostsee zurück, der Niedergang der Hanse begann, und das Geld wurde knapp. Wismar konnte noch den sehr massigen Baukörper der Kirche vollenden, doch auf einen repräsentativen Turm mußte man aus Geldnot verzichten. Es reichte nur für ein kurzes Türmchen, das – alte Abbildungen offenbaren es – auf dem riesigen Körper der Kirche geradezu grotesk aussah. Vor dem Ersten Weltkrieg gründeten Bürger der Stadt sogar einen Turmbauverein, um das Versäumte nachzuholen. Ob es diesmal zu einem richtigen Turm reicht, ist ungewiß. Jedenfalls konnte inzwischen u.a. der imposante Giebel über dem südlichen Querschiff vollendet werden, und vor wenigen Jahren wurde auch der Turm über der Vierung mit dem Dachreiter samt goldenem Hahn errichtet.

Georgenkirche, südliches Querschiff

Auf den goldenen Hahn war Wismar mächtig stolz. Im Som-

Hinter dem Rathaus

mer 1994, als er sich oben auf dem Vierungsturm drehte, kam das Fernsehen, es kam die Presse, bei der Feier sagten die Politiker, was sie bei solcher Gelegenheit immer sagen. Am Tag darauf sah die Bürgermeisterin aus ihrem Amtszimmer im Rathaus zur Georgenkirche hinüber - und traute ihren Augen nicht: Der Hahn war weg. Er war ganz einfach weg, spurlos verschwunden. Die Bürgermeisterin alarmierte den Bauherrn, den Architekten, die Polizei, die Feuerwehr: Alle sahen nach oben, aber es half nichts, der Hahn war weg. Am Tag darauf, als Frau Bürgermeisterin morgens aus ihrem Haus ging, fand sie in ihrem Vorgarten ein Bündel. Darin lag, sicher verpackt, der goldene Hahn. Ganz Wismar atmete auf - und lachte. Seither ist er wieder oben, der goldene Hahn, und dreht sich munter im Wind. Man weiß bis heute nicht, wer sein Leben aufs Spiel setzte und den Hahn bei Nacht und Nebel, ohne Gerüst, herunterholte.

Am Chor der Georgenkirche vorbei, erreicht man links den**Fürstenhof**, der im gotischen Viertel Wismars eine Ausnahme darstellt. Das Bauwerk, einer der bedeutendsten Renaissancebauten in Mecklenburg, teilt sich in einen älteren Westflügel von 1512/13 (Altes Haus) und einen neueren Nordflügel (Neues langes Haus) von 1553/56. Dieser Flügel ist dem Palazzo Roverella des Herzogs von Ferrara nachempfunden. Die Gliederung des Gebäudes ist italienische Renaissance, der Schmuck am Gesims, an den Fenstern und am Portal ist (im Ursprung) deutsche und niederländische Renaissance. Bei der umfassenden Restauration des Bauwerks im 19. Jh. blieb zwar der Dekor aus Sandstein und Kalkstuck erhalten, doch die Terrakotten aus der Werkstatt des Lübecker

Turm von St. Marien

Meisters Statius von Düren wurden ohne Ausnahme durch Nachbildungen ersetzt. Durch das sternengewölbte Tor mit Rippen aus Terrakotta kommt man zur Straßenseite des Bauwerks (Vor dem Fürstenhof). Das Sandsteintor ist von Satyrgruppen flankiert, über dem Portal schwebt das mecklenburgische Wappen.

Die **Marienkirche**, das Wahrzeichen Wismars, steht am höchsten Punkt der Altstadt (17 m). Vorbild der einstmals sehr schönen Kirche war – wie so oft an der südlichen Ostseeküste – die Lübecker Marienkirche. Der einst über 100 m hohe Turm diente den Schiffen als Landmarke, der nach einem Blitzschlag verkürzte Turm ist mit seinen 81 m aber immer noch sehr mächtig. Im April 1945 zerbombt, wurde die Ruine 1960 »aus Sicherheitsgründen« gesprengt. Wismarer Bürger sind sicher, daß man die Kirche »bei etwas gutem Willen hätte aufbauen können«. An der Ostseite des Turms sieht man, daß die Kirche – sie war den Wismarern zu klein geworden – aufgestockt und erweitert wurde. Erstaunlich, daß bei soviel Pech mit den Kirchtürmen die mittelalterlichen Glocken Wismars erstaunlich gut erhalten sind: 12 Glocken hängen allein im Turm der Marienkirche: neun innen, die drei Stundenglocken außen. Sie werden gebeiert, d.h. angeschlagen. Wer einen der 14 Choräle hören will, sollte daher nicht allzu weit vom Turm entfernt stehen – geläutet wird um 12, 17 und 19 Uhr eine Minute nach dem Stundenschlag.

Tip: Wismar und die Schwedenzeit

Wismar war über 150 Jahre schwedisch. Insofern ist es nur verständlich, daß im Sommer in Wismar viele schwedische Touristen auf den Spuren ihrer Landsleute unterwegs sind. Mag sein, daß sogar ihre Vorfahren aus Wismar kommen oder lange Zeit hier lebten. Das bedeutendste Gebäude aus der Schwedenzeit ist das **Zeughaus** (Ulmenstr. 15), das zur Zeit restauriert wird und daher geschlossen ist. Von der gegenüberliegenden Straßenseite kann man sich einen guten Eindruck verschaffen. Das wuchtige, breit angelegte Bauwerk wurde nach der Explosion von Pulvertürmen um 1700 gebaut und war Teil der Stadtbefestigung. Gelagert wurden Waffen, Munition und Verpflegung. Schwere Pferdefuhrwerke konnten mit ihrer Ladung an den Schmalseiten auf schiefen Ebenen in das Obergeschoß fahren und das Gebäude an der gegenüberliegenden Seite verlassen. Erforderlich war daher ein säulenfreies Obergeschoß mit einem sogenannten Hängewerk, das den Dachstuhl und die obere Decke stützenfrei trägt. Der Haupteingang mit dem Wappen König Karls XII., einer Nachbildung, liegt auf der Stadtseite des Zeughauses.

Der **Lindengarten** im Osten der Altstadt geht ebenfalls auf schwedischen Einfluß zurück. Man sieht noch Teile der schwedischen Festungsanlagen aus jener Zeit, da Wismar zu einer der stärksten Festungen in Europa ausgebaut wurde. Anfang des 19. Jh. entstand die Parkanlage.

Die Poliklinik unweit des Lindengartens (Mühlenstr. 32) wurde 1698 als **Arsenal** errichtet. Im weitesten Sinn schwedisch ist ferner das **Baumhaus** im Hafen mit den beiden (gußeisernen) Schwedenköpfen. Köpfe dieser Art waren allerdings in Schweden nicht gebräuchlich. Sie standen früher auf Dalben und markierten die äußere Begrenzung des Wismarer Hafens – den Piraten zur Abschreckung.

Karstadt in Wismar

An der Ecke Lübsche Straße/Krämerstraße steht ein sandsteinfarbenes Kaufhaus, das auf den ersten Blick wohl jeder, der nicht gerade einen Einkaufsbummel macht, übersieht. Es ist Karstadt. Was ist das Besondere daran? In Wismar weiß es wohl jeder auf Anhieb: In Wismar trat das bekannte Kaufhaus seinen Siegeszug durch Deutschland an.

Kaufhäuser kamen Mitte des 19. Jh. in Frankreich auf. Das Prinzip: Verkauf von Waren zu festgelegten Preisen und nur bei Barzahlung. Damals wurden Warenpreise nämlich gemäß der Kaufkraft des Kunden kalkuliert – und das recht hoch, weil meist Kredit eingeräumt wurde. Ein schneller Warenumschlag war so nicht möglich, auf Modeentwicklungen konnte der Kaufmann nur schwerfällig reagieren. Pioniere des schnellen Verkaufens waren Abraham Wertheim 1873 und Leonhard Tietz 1879 in Stralsund – und Rudolph Karstadt.

Am 14. Mai 1881 eröffnete Rudolph Karstadt in Wismar in der Krämerstraße ein »Manufactur-, Confections- und Tuchgeschäft«, das er »C. Karstadt & Co.« nannte. Es war sein erstes Geschäft. Aus gesetzlichen Gründen – Rudolph Karstadt war erst 25 Jahre alt, zu jung für einen Unternehmer damals – war es auf den Namen des Vaters Christian eingetragen. Über jene Zeit sinnierte Rudolph Karstadt 50 Jahre später:

Da saßen wir nun in unserem Laden, der nur ein kleines, schmales Schaufenster hatte, mit einem Angestellten und verkauften unsere 'Mantelets', schwarze

Cacheniers, oder gar Mix-Lüstre, der Meter zu fünfunddreißig Pfennig. (...) Die ganze kleine Hafenstadt schüttelte über das neumodische System der Karstadts die Köpfe. Freilich, wir waren billiger als alle andern – dafür mußte man bei uns aber auch gleich bezahlen, und so kamen unsere Monatslosungen im ersten Jahre über einige Tausend Umsatz nicht hinaus.

Klaus Albrecht, Rudolph Karstadt. Ein Kaufmann aus Mecklenburg.
Mecklenburgische Monatshefte 1931

Gearbeitet wurde sehr hart: von morgens 7 Uhr bis abends um 9 Uhr, und das an sieben Tagen die Woche. Nach anfänglicher Skepsis begann dann schnell der Siegeszug der neuen Verkaufsidee. Bereits 1893 besaß

Das alte Wismar

Karstadt sechs Filialen, 1906 waren es bereits 24 Kaufhäuser. Karstadts Schwerpunkt war stets Norddeutschland, vor allem aber Mecklenburg und Vorpommern.

Tip: Essen in Wismar

Restaurants sind nach meiner Erfahrung in Wismar kein leichtes Kapitel. In einer Gaststätte verdarb ich mir den Magen mit fettem Heilbutt in alter Butter; eine wahrhaft schreckliche Pizza wurde mir ebenfalls in Wismar gebacken. Das hinterläßt Spuren, da wird man skeptisch.

Die meisten Touristen speisen am **Markt**. Die Restaurants an der »Ostfront«, wie man die östliche Marktseite nennt, sind beeindruckend: Alter Schwede, Reuterhaus, Seestern, Hotel Stadt Hamburg. Man sitzt im Sommer nach Möglichkeit draußen, hat den bezaubernden historischen Markt vor sich und sieht den Autos beim Einparken zu. Jung-Wismarer führen ihre Kampfhunde aus oder preschen im Golf GTI vorbei, die Musikanlage auf volle Lautstärke gedreht. Mit seinem historischen Ambiente ist der Alte Schwede nicht zu schlagen, unbestreitbar das erste Haus am Platz. Aber auch das Restaurant Zum Weinberg in der Straße Hinter dem Rathaus – die Renaissance-Diele ist original erhalten – wird gern von Freunden historischer Gaststätten besucht.

Am **Lohberg** gegenüber dem Alten Hafen erstreckt sich die zweite Restaurant-Zeile: Im Seelord gibt's Fisch mit Musik, im Eiscafé Bütow Eis, Kaffee und Kuchen, Pier 10 serviert Fisch ohne Musik usw. Zum Alten Hafen geht man nur ein paar Schritte.

Nach einschlägigen Erfahrungen fragte ich einen Wismarer, wohin er denn mit seiner Frau essen gehe. Der Mann dachte zwei Minuten nach – leicht ist die Frage ja nicht zu beantworten – und meinte: »In den Zägenkrog am Ziegenmarkt.« Da hat dann auch alles gestimmt: Der gedünstete Dorsch in Senfsauce war einfach köstlich. Das noch zu DDR-Zeiten eröffnete Gasthaus ist zwar etwas eigenwillig, aber geschmackvoll eingerichtet. Wer auf einen freien Tisch wartet, läßt sich am bestem am kleinen Extra-Tresen neben dem Zapfhahn nieder (»To'n Zägenkrog«, Ziegenmarkt 10, täglich geöffnet, sonntags aber erst ab 18 Uhr, Tel. 28 27 16).

Tip: Schabbellhaus

Nirgendwo kann man sich anschaulicher über Wismar informieren als im Stadtgeschichtlichen Museum im Schabbellhaus gegenüber der Nikolaikirche. Übrigens ist das historische Bauwerk auch innen sehenswert: Der Eingang ist mit alten Holzstämmen gepflastert, die während der Bauzeit im 16. Jh. in den Boden gerammt wurden.

Das Stadtgeschichtliche Museum stellt vor allem die Geschichte Wismars vom 13. Jh. bis zum 15. Jh. dar. Anhand von historischen Karten, Stichen und Skizzen kann man sich ein Bild über die Anlage der Stadt zur Hansezeit verschaffen. Das Poeler Tor ist in einem Modell dargestellt. Wertvolle Ansichten von der Seeseite zeigen das historische Panorama der Stadt. Einige alte Wasserrohre aus Fichtenstämmen veranschaulichen, wie das Wasser in der mittelalterlichen Stadt verteilt wurde. Auch die unvermeidlichen Folterinstrumente sind zu sehen, z.B. der »gespickte Hase«, eine Art Nudelholz mit Eisendornen, und der »spanische Stiefel« aus Leder, der – ebenfalls mit Dornen gespickt – stramm um die Waden gezogen wurde. Ein schweres Richtschwert, scharf und blankgeputzt, hängt an der Wand. Auf einem Teller liegt eine mumifizierte Hand: Sie wurde einem Ermordeten abgetrennt und diente im Prozeß als Beweisstück. Auch ein hölzerner, echter Schwedenkopf ist zu sehen (die gußeisernen, die man in der Stadt sieht, sind Kopien). Die Hanseschiffahrt ist ebenfalls breit dargestellt: Man sieht Schiffswerkzeuge, die gute Stube eines Schiffes und das Kontor eines Reeders.

Der Hafen

Wie vier Finger einer Hand sieht der Hafen von Wismar aus der Vogelperspektive aus. Von der Kleingartenanlage oder von der Seebrücke in Wendorf aus hat man einen guten Blick über die Hafenbecken. In Wendorf stand bis 1992 die große Kabelkrananlage, eines der Wahrzeichen Wismars. Mit der neuen Kompakt-Werft, die zur Zeit gebaut wird, entsteht eine neue markante Landmarke. Von Wendorf aus sieht man links den Kalihafen, zu DDR-Zeiten von bemerkenswerter Kapazität. Es folgt das Becken des Überseehafens, der Alte Hafen – hier legen die Fahrgastschiffe an, hier liegen die Segel- und Motorjachten – und der Werfthafen. Im Werfthafen und im Überseehafen sieht man die größten Pötte mit bis zu 10 000 Bruttoregistertonnen. 1500 Menschen arbeiteten früher im Hafen, heute sind es noch 70 bis 80.

Ein Bummel durch den Alten Hafen lohnt fast immer, sei es samstags zum Fischmarkt oder um sich an der Aussicht am Ende der Kaimauer zu erfreuen. Unterwegs kommt man am Baumhaus vorbei, wo früher der Hafenmeister den Hafen am Abend mit einem dicken »Baum« abriegelte, um ungebetene Gäste fernzuhalten. Vor dem Portal fallen zwei gußeiserne, grimmige Köpfe auf. Es sind Schwedenköpfe, die früher auf Duckdalben die äußere Hafenein- fahrt markierten. Man hat lange gerätselt, warum sie dort standen, denn in Schweden sind Köpfe dieser Art ganz unbekannt. Der Zweck ist einfach: Sie sollten Piraten davon abhalten, in den Hafen zu fahren. Ein Kopf auf einem Pfahl, das hat noch jeder Pirat verstanden.

RADTOUREN

1. Über Hoben an die Eggers Wiek (9 km)

Die Radtour führt von Wendorf über Hoben, Fliemstorf und Zierow an die Eggers Wiek am westlichen Rand der Wismarbucht.

Vom Lübschen Tor radelt man auf dem Radweg der verkehrsreichen B 105 stadtauswärts in Richtung Grevesmühlen. Hinter der Aral-Tankstelle zweigt rechts der Schwarze Weg durch die Kleingärten nach **Wendorf** ab (unterwegs rechts halten). Die Kräne, die großen Pötte am Kai und die Kirchtürme der Altstadt kann man von dort aus gut erkennen.

Der Asphaltweg mündet in die Ernst-Scheel-Straße, eine Wohnstraße. Hinter einigen Villen fährt man rechts in den **Kurpark** und radelt auf die **Seebrücke** des Seebads Wendorf zu, von der man eine gute Aussicht auf Wismar, die Insel Walfisch gegenüber und die Insel Poel halblinks hat. Mit einem Fernglas kann man vor allem im Herbst die in der Wismarbucht rastenden Wasservögel beobachten.

Auf dem strandnahen Weg fährt man durch den Wendorfer Kurpark, einen stattlichen Buchenwald. An einem Spielplatz lädt der Strandkaten zur Einkehr ein. Unmittelbar am Steilufer verläuft der Teerweg nach Hoben. Unterwegs findet man Bänke zum Rasten (mit Abgang zum Strand). Nach 1,5 km ist **Hoben** erreicht. Das malerisch gelegene Dorf wurde erst im 18. Jh. von Büdnern (Kleinbauern) gegründet, die im Sommer auch Fischfang betrieben. Die zwölf niederdeutschen Hallenhäuser aus dem 18. und frühen 19. Jh. stehen unter Denkmalschutz. Einem Brand 1779 fielen fast alle Häuser zum

Bauernhof in Hoben

Opfer, nur die Häuser Nr. 10 und Nr. 12, das älteste Haus, blieben stehen. Mit seinen nach außen gewendeten Pferdeköpfen auf dem Giebel, den tiefen Rohrdächern mit dem hohen Tor und den gepflasterten Dielen-Einfahrten ist Hoben eines der schönsten Dörfer der mecklenburgischen Küste.

Steil führt der Weg durch das Dorf. Auf einer schmalen Straße mit wenig Verkehr erreicht man **Fliemstorf**, am Ortsbeginn führt ein Weg hinunter zum einem wilden Strand. Hinter Fliemstorf erreicht man nach kurzer Strecke **Zierow**. Der direkte Weg zum Strand wäre die Fliemstorfer Straße geradeaus bis zur Strandstraße (dort rechts halten) – wäre da nicht die Einbahnstraße, die man nach links in einem Bogen umfahren kann. Um den lauten Campingplatz zu meiden, radelt man am besten an der Strandstraße vorbei und biegt erst bei der Wendeschleife der Busse rechts in die alte Eichenallee ab. Liebhaber einsamer Strände finden links im Verlauf der weiten Eggers Wiek stille Badeplätze. Lauter zu geht's auf der anderen Seite, auf dem Campingplatz: Hier werden Tennis, Volleyball und Sauna geboten – hier findet man Gaststätten einfacher Art, z.B. die Strandperle.

Zierow ist ein typisches mecklenburgisches Gutsdorf. In der Lindenstraße sieht man einige Alleebäume mit einem Umfang von mehreren Metern. Am Ende der Hauptstraße stößt man auf das 1820 errichtete **Herrenhaus**, heute als Berufsschule genutzt. Der englische Landschaftspark ist größtenteils erhalten. Rechts neben dem Herrenhaus ist das **Dorfmuseum** in einer alten Scheune

Landschaft bei Zierow

untergebracht (Dorfmuseum Zierow, Öffnungszeiten: Di, Do, Sa und So 15-17.30 Uhr, Tel. 03841/630 00).

2. Über Dorf Mecklenburg am Wallensteingraben entlang nach Bad Kleinen (18 km)

Die Radtour beginnt an der Dr.-Leber-Straße (B 105) und führt auf der Kanalstraße in südliche Richtung über die Arndtstraße (links einbiegen) bis zum Klußer Damm, in den man links einbiegt (nach Süden). Am Bahnübergang fährt man rechts auf dem schmalen Asphaltweg Am Gröningsgarten und radelt – links verläuft der Bahndamm – in Richtung Dorf Mecklenburg. Hier taucht erstmals die Wegmarkierung auf, der blaue Querstrich. An der T-Kreuzung links halten. Unterwegs kreuzt die Route in der Höhe des Viereggenhöfer Teichs den Wallensteingraben zum ersten Mal, der hier allerdings wenig ansehnlich ist.

Hinter einem Hügel trifft man auf einen Brückenbau der A 20, der neuen Ostsee-Autobahn. Wegen der Bauarbeiten kann hier der Radweg zeitweise behindert sein oder umgeleitet werden. (Aufgrund der Bahnlinie Wismar-Bad Kleinen wird es hier vermutlich entweder eine Unterführung oder eine Brücke geben, die hoffentlich auch den Radweg berücksichtigen wird. Kurz vor Dorf Mecklenburg teilt sich der Weg: Wir halten uns links und fahren bergab nach **Dorf Mecklenburg**. Rechts auf dem Hügel tauchen die Flügel der **Erdholländermühle** von 1859 auf, in der das Restaurant Mecklenburger

Am Wallensteingraben

Mühle (Tel. 03841/79 02 10) zu finden ist. Man erreicht die Mühle durch das Kleingartenviertel (unterwegs rechts halten).

Geradeaus fährt man zum Bahnhof. Von dort geht es links in die Dorfstraße bis zur **Kirche**. Die barocke Ausstattung vom Beginn des 17. Jh. gehört zu den wichtigsten Zeugnissen sakraler Kunst jener Zeit in Mecklenburg. Vor allem die reich verzierte hölzerne Kassettendecke, der Altaraufsatz und die Kanzel mit Aufgang und Schalldeckel sind beeindruckend (Besichtigung möglich nach Anmeldung beim Pfarrer, Tel. 03841/79 59 17). Gegenüber steht das **Pfarrgehöft** von 1767 mit Krüppelwalmdach und einer Scheune vom Anfang des 18. Jh. Auch das **Agrarmuseum** Dorf Mecklenburg im Rambower Weg ist einen Besuch wert.

Auf der Straße Am Burgwall erreicht man nach etwa 500 m die ehemalige **slawische Festung**, Machtzentrum der slawischen Obodriten. Am 10. September 995 stellte König Otto III. in diesem Burgwall eine Schenkungsurkunde aus, auf der der Name Actum Michelenburg auftauchte. Man könnte den Wall von weitem für ein normales Waldgebiet halten, wäre da nicht der Durchgang ins Innere: Der etwa 10 bis 12 m hohe Wall umschließt ein Oval von etwa 150 mal 200 m, in dem heute ein Friedhof mit Kapelle zu finden ist. Ein Weg führt rings um den Wall herum.

Der **Wallensteingraben** kündet vom alten Traum der Fernhandelskaufleute, Wismar mit dem Schweriner See und der Elbe zu verbinden. Der Kanal war 1582 fertiggestellt und konnte acht Jahre lang von kleinen Schiffen mit geringer Transportkapazität befahren werden. Um 1590 brachen die Schleusen zusammen. Der Weg nach Bad Kleinen führt vom Burgwall schräg über die Wiese auf ein Haus am Bahndamm zu. Wer in einer Landschaft lesen kann, wird in dem Wiesengrund mit den sanft ansteigenden Rändern eine eiszeitliche Gletscherabflußrinne erkennen. Die Fließrichtung war nach Süden, also umgekehrt zum Wallensteingraben.

Parallel zum Bahngleis verläuft der schmale Radweg durch verschilftes Gelände, auf den ersten 500 m sicherlich eine schwierige Strecke. Es geht durch Endmoränengebiet, wie man schnell an den heftigen Steigungen bemerken wird. Der steile Weg führt durch einen Buchenwald. Am Haltepunkt **Petersdorf** fährt man 20 m links auf einen Asphaltweg, dann geht es rechts weiter. Der Weg führt unmittelbar neben dem Bahndamm weiter. Es folgt ein steiler Abhang, man bewältigt ihn nur mit guten Radbremsen, andernfalls sollte man absteigen.

Nun beginnt die schönste Strecke am Wallensteingraben, die über mehrere schmale Eisenbrücken führt. Hinter dem Rastplatz **Brusenbek** fährt man links an einer Koppel entlang. Am Bahnhof **Moidentin** überquert die Route den unbeschrankten Bahnübergang hinter dem Gebäude. Jenseits der Gleise halten wir uns in Richtung Lostener See. Auf diesem Abschnitt muß man mit Sandstrecken rechnen. Unterwegs passiert man einen **Ehrenfriedhof**, auf dem Flüchtlinge und Vertriebene aus Ostdeutschland begraben liegen, die 1945 und 1946 im Auffanglager Losten verstarben. Kurz darauf erreicht man das Ostufer des **Lostener Sees**, der aus einem eiszeitlichen Toteisblock entstand. Bald ist die Landstraße erreicht, die rechts nach Bad Kleinen führt. Nach etwa 500 m, an der Bahnüberführung, liegt links der Straße die **Schwedenschanze**, 1638 zum Schutz der Kaufleute errichtet. Im Innern der Wallanlage stehen Bänke und Tische zur Rast bereit, die Aussicht auf den **Schweriner See** ist bezaubernd. Am Seeufer entlang erreicht man **Bad Kleinen**. Am Bootsanleger und der Badestelle vorbei fahren wir bis zum Eier-Tunnel, über die Gallentiner Chaussee dann zum Bahnhof zurück. Im Restaurant Seeblick (Uferweg 24 a, Tel. 038423/442) kann man gut einkehren.

4. INSEL POEL

»Poel ist im deutschen Vaterland
fast ganz und gar noch unbekannt«

... schrieb um die Jahrhundertwende ein Urlauber ins Gästebuch des Kurhauses Am Schwarzen Busch. So ganz unbekannt ist die Insel zwar nicht mehr, doch das »landtlein zu Pöle« liegt immer noch ziemlich abseits. »Poel? Nie gehört«, wird so mancher sagen. Die Anekdote vom ahnungslosen Besucher, der in Fährdorf auf Poel fragte, wo denn nun die Insel sei, er habe auf der Fahrt kein Meer gesehen, wird von den Insulanern immer wieder gern erzählt, die dann – da gilt die Wette – betonen, daß Poel *wirklich* eine Insel sei, weil der Damm vom Festland seit Menschengedenken eine Brücke habe. Wenn man das akzeptiert und obendrein noch weiß, daß man »die« Kirchsee sagt, hat man von Poel und den eigensinnigen Poelern schon eine ganze Menge begriffen. Übrigens hat man früher denen, die aus »Dütschland« kamen, erstmal tüchtig die Hucke vollgehauen, gewissermaßen prophylaktisch. Aber das ist schon eine Weile her. Kurz gesagt, Poel als drittgrößte Insel Mecklenburg-Vorpommerns verdient etwas mehr Beachtung – was im folgenden geschehen soll.

INFORMATION

Telefon-Vorwahl: 038425
Postleitzahl: 23999

ANFAHRT

Mit dem Wagen: Von Wismar auf der alten Bäderstraße in Richtung Neubukow; von Rostock auf der B 105 bis Neubukow, dann auf der alten Bäderstraße nach Poel
Mit dem Bus: Von Wismar (Großschmiedestraße) mehrmals täglich Busse bis Kirchdorf, Timmendorf und Gollwitz, im Sommer auch bis zum Schwarzen Busch

AUSKÜNFTE

Fremdenverkehrsamt Insel Poel,
23999 Kirchdorf/Poel, Wismarsche Straße 22,
Tel. 038425/203 47

FAHRRADVERLEIH

Köhn, Ernst-Thälmann-Str. 8, Kirchdorf,
Tel. 200 36

CAMPING

Campingplatz Zum Leuchtturm, Timmendorf/Strand, Tel. 202 24

UNTERKUNFT

Pension Schwartz, Gollwitz, Tel. 203 12
Pension Zur Seemöwe, Möwenweg 7, Kirchdorf, Tel. 205 80

SEHENSWERTES

Kirchdorf: Kirche, alter Friedhof, Wallanlagen, Heimatmuseum und Hafen; Timmendorf/Strand: Hafen, Leuchtturm und Steilküste; Am Schwarzen Busch: Gedenkstätte »Cap Arkona«; Gollwitz: Leuchtturm

KIRCHE

Öffnungszeiten: Mo-Fr 10.30-12 und 14-16 Uhr, Sa 10-12 Uhr, Führungen: Sa 17 Uhr (30 Minuten Orgelspiel, dann Führung), So 11 Uhr. Pfarrhaus: Möwenweg 9, Kirchdorf, Tel. 202 28

MUSEUM

Heimatmuseum Insel Poel, Kirchdorf, Möwenweg 4, Öffnungszeiten: 15. Mai-15. Sept. Di-Fr 9-12 Uhr, 14-16 Uhr, Sa und So 9.30-11.30 Uhr. übrige Jahreszeit: Di-So 10-16 Uhr, Tel. 207 32

SCHIFFSFAHRTEN

Es existiert keine regelmäßige Schiffsverbindung von Poel nach Wismar. In der Saison touristische Schiffsfahrten von Kirchdorf (morgens 10 Uhr) nach Wismar (Alter Hafen), abends (17 Uhr) zurück. Schiffsfahrten von Timmendorf/Strand nach Wismar, Alter Hafen. Seerundfahrten, Abendfahrten in See. Kontakt: Reederei Clermont, Tel. 2 06 89; Reederei Böttcher, Tel. 04503/10 24 und 03841/28 24 00 (ab 19 Uhr)

KONZERTE

Musiksommer Mecklenburg-Vorpommern in der Kirche, Kirchdorf

FÜR KINDER

Inselfestspiele im Juli; Bibliothek (Kirchdorf, Verbindungsstraße 3)

FREIZEIT

Segeln, Baden, Surfen (Hinterwangern,

BADEN

Timmendorf/Strand), Minigolf am Schwarzen Busch, Inselführungen auf Anfrage, Reiten, Kremser- und Kutschfahrten, Konzerte in der Kirche

Bewachte Badestrände: Am Schwarzen Busch, Timmendorf/Strand.
Unbewachte Badestrände: Gollwitz, Hinterwangern (FKK).
Strände Am Schwarzen Busch und Gollwitz sind sehr flach, daher für Kinder gut geeignet.

FESTE UND TERMINE

Ende Juni, Anfang Juli: Inselfestspiele (»Poeler Ball«, Fußballturnier, Motor-Kinder-Cross, Aalräuchern u.a.); Ende Juli: Internationales Folklorefest; Mitte August: Poeler Sommerfest

ANKUNFT MIT DEM SCHIFF

Nach dem Ersten Weltkrieg beschrieb Walter Zander eine Schiffsfahrt von Wismar nach Poel, die auch heute, könnte man sie denn so ohne weiteres unternehmen, der Anfahrt mit dem Wagen vielleicht vorzuziehen wäre:

'Insel Poel' ist zur Abfahrt bereit. Schwarze Rauchwolken entquellen dem Schornstein. (...) Ein kurzer Ruf des Kapitäns ins Sprachrohr zum Maschinenraum hinauf – die Schraube beginnt zu arbeiten, das Heckwasser schäumt auf, und wir gleiten hinaus; vorüber an Holzstapeln, Speichern, Schuppen. Kohlenberge und die hohen Eisengerüste der elektrischen Kohlenentlader bleiben hinter uns zurück; jetzt sind wir am Lotsenhaus, nun werden die beiden 'Schwedenköpfe' passiert – dann sind wir in der offenen Bucht. (...) An der Küste tauchen Fischerdörfchen auf und weit draußen der Fliemstorfer Baum. Jetzt passieren wir den Walfisch, ein Inselchen aus steinigem Geschiebemergel; es trägt eine Leuchtbake, verschwindet aber jedes Jahr ein wenig mehr in der Flut.
Immer kräftiger hebt sich das saftige Grün der Insel aus dem Meer. Einen herrlichen Anblick gewährt sie, wenn der Raps blüht; man glaubt, es seien schwere golddurchwirkte Decken über das Eiland gebreitet, und Wolken süßen Honigduftes lagern dann über dem Wasser. In Jahren, wo der Feuermohn die Herrschaft über das Getreide an sich reißt, hat man den Eindruck, als bluteten die dunkelgrünen Felder aus tausend Wunden. – Klar tritt die Küstengliederung

hervor: in der Mitte die tiefeinschneidende Kirchsee, der Faule See bei Bran-
denhusen, rechts der 'Breitling', der Poel vom Festland trennt. Siehst du die lange
Holzbrücke, die zur Insel hinüberführt? Bei Fährdorf erheben sich malerische
Reihen von Spitzpappeln, die auch sonst charakteristisch sind für die Poeler
Landschaft. – Wir laufen in die Kirchsee. Die Niendorfer Mühle erscheint zum
Greifen nahe, die alten Festungswälle bei der Kirche tauchen auf. Zahlreiche
Fischerboote ankern in der Kirchsee.»Stopp!« - »Rückwärts!« Bald liegen wir an
der Brücke fest.

Walter Zander, Insel Poel und die Wismarsche Wasserkante. Mecklenburgische
Monatshefte 1925

ÜBERBLICK

Vielleicht haben Sie Glück und sind im Besitz der
schönen Inselkarte, die es beim Fremdenverkehrsverein gratis gibt. Darauf erkennt man die eigenartige
Form Poels aus der Vogelperspektive mit einem Blick: Zangenartig umschließt das Land die Kirchsee, die tief in die Insel hineinragt. Die Insel liegt
keineswegs isoliert: Langenwerder und Wustrow im Norden, der zerlappte
Breitling im Osten, die Insel Walfisch, die Huk bei Hohenwieschendorf und
die Halbinsel Tarnewitz bei Boltenhagen mit der vorgelagerten Sandbank
Lieps im Süden sind Reste ursprünglicher **Landverbindungen**. Man kann sich
gut vorstellen, daß hier vor 7000 Jahren, vor dem Anstieg des Litorina-Meeres,
einmal Festland war. Wie ein Walrücken wölbt sich die wenig bewaldete Insel,
im Süden und Osten flach auslaufend, im Norden und Westen abrupt in einer
bis zu 12 m hohen Steilküste endend. »Pole« oder »polan«, flaches Land,
nannten die slawischen Bewohner ihre Insel. Im Osten erstrecken sich am
Rand des Breitlings Salzwiesen und Schlickflächen – ein buchtenreicher, zer-
lappter Bodden, der westlichste der mecklenburg-vorpommerschen Ostseeküste. Der Norden und Nordwesten hat unter Sturmfluten besonders zu
leiden, wie man an den zahlreichen vorgelagerten Geschieben erkennen kann,
die wie eine Herde buckliger Tiere im flachen Wasser aufragen: Die Steine
waren einmal Teil der Steilküste und wurden bei Sturmflut aus dem
Geschiebemergel herausgespült.

Der **Geschiebemergel** ist Poels großer Reichtum. Er entstand infolge der
Eiszeiten, als bis zu 1000 m hohe Gletscher aus Skandinavien Steine, Schutt-
und Erdmassen vor sich herschoben und unter sich zermalmten. Riesige
Granit-, Gneis-, Diasbas- und Kalkbrocken wurden dabei zerkleinert und
gespalten, abgerundet, abgeschliffen oder einfach nur zerschrammt; kleine
Steine wurden zu Kieselsteinen abgerundet, Kies wurde grober Sand, aus
grobem Sand entstanden feine Sandkörnchen, die weiter zu Steinstaub zer-
mahlen wurden. Die Schmelzwasser der Gletscher spülten die feinen Sedimente, Sand und Kies fort und lagerten sie je nach Strömungsgeschwindigkeit

Fährdorf am Breitling

»sortiert« nach Größe wieder ab. Poel bekam dabei die feineren und feinsten Sedimente ab, die zu Geschiebemergel wurden, bestem Ackerboden. Relikt der letzten Eiszeit sind ferner die zahlreichen **Sölle** – runde, tümpelartige, von Bäumen umstandene Gewässer, von denen es auf Poel noch mehrere Dutzend gibt. Sie entstanden durch abgebrochene Eisbrocken, die von Erdmassen überlagert wurden und erst spät schmolzen.

Poel liegt im Windschatten Schleswig-Holsteins und des Klützer Winkels, so daß mit relativ geringen Niederschlägen zu rechnen ist. Stürme aus West und Südwest können der Insel wenig anhaben, doch wenn der Wind aus Nord oder Nordost kommt, hat Poel sehr zu leiden. Auch auf Poel richtete die Sturmflut des Jahres 1872 größten Schaden an, wie ein Zeitgenosse beschrieb:

An den Ufern der Golwitz, bei Kaltenhof, Neuhof und Oertzenhof sind Flächen von 15 bis 20, ja, stellenweise bis 30 Meter Breite losgerissen, im ganzen gingen viele tausend Quadratmeter mit Wintersaaten verloren oder sind versandet.

Vor allem an den Steilküsten im Westen ist der **Landverlust** erkennbar. Bei starken Stürmen gehen der Insel oft Landstreifen von ein, zwei Metern Breite verloren. Der schöne Waldweg vom FKK-Strand Hinterwangern nach Timmendorf/Strand, der heute streckenweise hart an der **Steilküste** entlangführt, lag in den 60er Jahren 30 m vom Kliff entfernt. Im Durchschnitt verliert Poel also einen Meter Küste im Jahr.

Steilküste auf Poel

Doch Land geht nicht nur verloren, Land entsteht auch neu. Auf Poel kann man gut verfolgen, wie der Prozeß der **Ausgleichsküste** vor sich geht: Der an den Steilküsten im Westen und Nordwesten abgetragene Geschiebemergel wird im Süden am Rustwerder und am Brandenhuser Ort, im Norden an der Insel Langenwerder angelandet. An der Nordermole im Hafen Timmendorf/Strand lagert die Strömung Sand ab, der zu einem dünenartigen Wall aufgeweht wurde und das ehemalige Moorgebiet, heute fast ganz verlandet, von der See abschirmt.

Poels fruchtbarer Boden, feiner Geschiebemergel, hat einen Nachteil: Er liegt staubfein auf den Feldern und Wegen und wird an trockenen Tagen von Treckern, Autos, ja selbst von Fahrrädern zu langen Staubfahnen aufgeweht. Fast jeder Winkel wird von der **Landwirtschaft** genutzt; angebaut werden Getreide, Zuckerrüben, Raps und Kohl, der berühmte »Poeler Kohl«. Da der Boden hohe Erträge abwirft, ist es verständlich, daß die Bauern auch die letzten **Waldgebiete** abholzten. Im 19. Jh. verschwanden der Mittelbusch und der Gollwitzer Busch, nur den Schwarzen Busch, einen Eichenhain, ließ man als Landmarke für die Fischer stehen. In den 60er und 70er Jahren hat man aber von Hinterwangern bis Gollwitz einen breiten Küstenschutzwald angepflanzt.

Tip: Heimatmuseum

Wer Poel eingehend kennenlernen will, der besuche das Heimatmuseum in der alten Kirchdorfer Schule am Möwenweg, eine der ältesten Dorfschulen Mecklenburgs. Die wichtigsten Themen sind Geologie und Geographie, Volkskunde, Fischfang und die Geschichte der Insel. Wer schon immer wissen wollte, woher die einzelnen **Geschiebe** am Strand kommen – hier kann er es erfahren: Ein rötlichschwarzer Granitbrocken stammt aus Schweden, grauer Kalkstein kommt von Gotland, pechschwarzer Basalt wurde von der schwedischen Südostküste hergeschoben, der farbenfrohe Rapakiwigranit lag einst in Finnland. Manche der Steine tragen Schrammen, sogenannten

»Gletscherschliff«. Eine Karte gibt an, daß bei Timmendorf/Strand eine Strömung auf die Insel trifft und in nördliche bzw. südliche Richtung parallel zur Küste weitergeleitet wird. Die südliche Strömung lagert Sand am Rustwerder ab, der dadurch immer länger wird und den Faulen See abzuschneiden droht. Auch zum **Fischfang** wird viel Interessantes gezeigt, etwa ein hölzernes Trinkmaß für etwa einen Drittel Liter Wasser, Tagesration für einen Fischer auf See, oder das Modell eines jener Zeesboote, die bis 1960 im Einsatz waren. Das »Zeesen« – das Fischen mit Grundschleppnetz – erlernten die Poeler Bauern von Fischern vom Greifswalder Bodden, die um das Jahr 1875 nach Poel kamen und den Fischfang als Haupterwerb einführten. Um 1900 gab es bereits 100 selbständige Fischer auf Poel, alle fischten mit Zeesbooten. Weiterhin findet man ein schönes **Modell der Poeler Festung** mit Kirche, Schloß, Nebengebäuden und Wallanlagen, die Poeler Tracht, Arbeitsgeräte, alte Fotos, Zeichnungen, Hausgeräte. Außerdem kann man etwas über Hans Lembke und seine weltbekannte Saatzucht in Malchow/ Poel erfahren. Auch an die Versenkung der »**Cap Arkona**« und weiterer zwei Schiffe im Jahre 1945 wird erinnert: Bei der vielleicht größten Schiffskatastrophe in der Geschichte der Seefahrt fanden über 7000 KZ-Häftlinge den Tod.

GESCHICHTE

Im Jahre 1163 wurde Poel erstmals urkundlich erwähnt. Es war die Zeit der **Ostkolonisation**, Lebenswerk Heinrichs des Löwen. Das Domkapitel in Lübeck bekam damals in einem Dokument den Zehnten und den Zins von Poel zugesprochen. Da die Besiedlung aber kaum vorankam, schickte Obodritenfürst Heinrich Borwin Werber aus, sogenannte Lokatoren, die aus Dithmarschen und Holstein mit landhungrigen, jungen Bauern zurückkehrten. Wasmudus hieß einer dieser Lokatoren, er gründete Wasmodesdorp, das spätere Westergolwitz. Auf den Lokator Konrad Berkhan geht Timmendorf zurück, Heinrich von Brandenhusen legte das Dorf Brandenhusen im Süden an. Die wenigen Slawen, die es noch gab, verloren sich in der anbrechenden Zeit und hinterließen nur Familiennamen wie Went und Slavus.

Um die Herrschaft über die Insel hat es viel Streit gegeben. Das Domkapitel und das Heiligen-Geist-Hospital in Lübeck konnten Ende des 14. Jh. zahlreiche Dörfer erwerben. Um 1530 war Poel fest in **Lübecker Hand**, wenn die mecklenburgischen Herzöge auch die Oberherrschaft innehatten. Man stritt um die Bede (Abgabe an den Landesherrn, Vorläufer der direkten Steuer) und um die Gerichtsbarkeit. Größter Streitpunkt war das Dorf Gollwitz im Norden, wo der mecklenburgische Adel, dem Marktzwang der Hansestädte Wismar und Rostock zum Trotz, Getreide in einem **Klipphafen** nach Lübeck verschiffte. Wismar brachte einige Getreideschiffe auf und unterband 1527 vollends den illegalen Handel. Auch Störtebeker und seine »Likedeeler«

sollen in der geschützten Bucht des Breitlings Schiffen der Hanse aufgelauert haben.

Des Herzogs Stunde kam mit der Reformation, als die kirchlichen Güter zur Disposition standen. Nach 1555 nahm er die Inseldörfer in Beschlag und forderte von den Bauern den Zins. Nur die vier »lübischen« Dörfer Brandenhusen, Weitendorf, Wangern und Seedorf (mit Neuhof) blieben beim Lübekker Heiligen-Geist-Hospital. Herzog Johann Albrecht I., der Erbauer des Fürstenhofs in Wismar, errichtete bei Kirchdorf auf Poel 1562-68 ein bescheidenes **Jagdschloß**. Es zerfiel, woraufhin Herzog Adolf Friedrich 1610 den Emdener Baumeister Ghert Evert Piloot ins Land rief, der die neue **Festung** bauen sollte. Um die Kirche – Piloot wollte sie zeitweise als Speicher benutzen – entstand daraufhin ein Doppelwall von 5 m Höhe, dazwischen wurde ein mit Palisaden gespickter, tiefer Graben ausgehoben, der mit der Kirchsee Verbindung hatte. Eine Brücke führte hinüber zum zweiten Teil der Wallanlagen, in dem das Schloß errichtet wurde. Dreiunddreißig Mann zählte die Besatzung der Feste, auf der Kirchsee dümpelten zwei kleine Kriegsschiffe. Poel war für den Dreißigjährigen Krieg gerüstet, dachte zumindest der Herzog.

Zuerst zogen die Dänen durchs Land, dann kamen die Kaiserlichen, die Truppen Wallensteins. Der Herzog, obwohl Protestant, wollte sich mit ihnen gut stellen, was ihm nichts einbrachte. Wallenstein versprach ihm vieles – und ließ Wismar besetzen, weil er befürchtete, daß König Gustav Adolf Mecklenburg als Sprungbrett benutzen wollte. Poel wurde Garnison, der Herzog höchstselbst übergab seine Festung an Wallensteins Truppen. Über die harten Jahre, die nun folgten, schrieb Meyer-Scharffenberg:

Den Poelern standen Schanzarbeiten, Brückenbau und Karren für Verteidigungszwecke schon lange bis an den Hals. Doch jetzt wurde alles noch übertroffen. Der neue Beherrscher Mecklenburgs wollte aus der Insel eine waffenstarrende Festung machen. Die von den Dänen aufgeworfenen Schanzen wurden verbessert, die Besatzung wurde verstärkt, und die Bauern mußten gehorchen. Wehe, wenn einer aufbegehrte, er brachte sich um Kopf und Kragen. Bisher waren die Poeler nur auf ihrer Insel eingesetzt worden, doch nun wurden sie des Morgens zusammengetrommelt, in Schuten verladen und zum Schanzen nach dem Walfisch gefahren; auch bei den Befestigungsanlagen Wismars mußten sie helfen. Piloot, dem die neuen Herren ein Greuel waren, hatte sich leise davongemacht. Er war gestorben.

Fritz Meyer-Scharffenberg: Wismar, die Insel Poel und der Klützer Winkel

1630 wurden Wallensteins Befürchtungen wahr: Gustav Adolf landete mit einem starken Heer in Pommern. Wallensteins Truppen zogen im Oktober von Poel ab, das Schloß ließen sie verwüstet zurück. Ende des Jahres 1631

Am Breitling

stand der schwedische König vor Wismar, im Januar 1632 kapitulierte die Stadt. Im **Westfälischen Frieden** 1648 fielen Wismar, Poel und das Amt Neukloster an Schweden – mit Ausnahme der vier »lübischen Hospitaldörfer«, von denen noch die Rede sein wird. Die skandinavische Großmacht konzentrierte sich zunächst auf die Hafenstadt, Poel ging als Pfandbesitz von einer Hand in die andere.

Die Zeiten blieben hart für Poel: 1675 besetzte Brandenburg die Insel, 1676-79 kamen die Dänen, 1710-16 wechselten sich Dänen, Schweden, Russen, Preußen und Hannoveraner in der Herrschaft ab, 1756-63 schließlich waren die Preußen da. Bis Ende des 17. Jh. wurde Poel vom Amt Kaltenhof wie ein schwedisches Gut mehr schlecht als recht verwaltet, was nur im Sinne der Bewohner war: Sie konnten ihr Leben wieder selbst in die Hand nehmen. Vom Schloß, das sie mühsam und in schlecht entlohnten Hand- und Spanndiensten für ihren Herzog errichtet hatten, holte sich jeder, was er brauchte: Der eine nahm eine Karre voll Steine, der nächste ein paar Holzbalken, die waren ja rar auf der Insel. Nicht wenige der alten Poeler Bauernhäuser sind mit den Ziegelsteinen des Schlosses gebaut worden; man erkennt sie am wuchtigen »Klosterformat«. So hatten die Poeler wenigstens einen geringen Nutzen von jenem glücklosen Bauwerk, das sie in ihrem Schweiß errichtet hatten. Man half sich selbst, verteilte die brachliegenden Äcker – und betrachtete sich als Herr über Grund und Boden. Als gegen Ende des 17. Jh. Poel wieder an die schwedische Krone kam, war das **Selbstbewußtsein der Poeler** so groß, daß Schweden deren Gewohnheitsrechte anerkennen mußte. Im 18. Jh. wurde schließlich offensichtlich, daß die Poeler sich in ihren Rechten und Gebräuchen, ihrer Sprache und Tracht stark vom Festland unterschieden. Poel war frei, und vom Festland flohen viele Leibeigene auf die Insel – zum Ärger der Obrigkeit.

Im Jahre 1803 schlossen Mecklenburg-Schwerin und Schweden den **Pfandvertrag von Malmö**, in dem Wismar, der schwedische Teil Poels und das Amt Neukloster gegen 1 250 000 Reichstaler zu Mecklenburg zurückkehrten. Zwei Jahre zuvor waren bereits die lübischen Hospitaldörfer Brandenhusen, Weitendorf, Wangern und Seedorf durch den Reichsdeputationshauptschluß im Austausch gegen den Priwall bei Travemünde zu Mecklenburg-Schwerin gekommen. Die eigene Rechtsform, die diese Dörfer über fünfhundert Jahre bewahrt hatten, wirkte nun im Rahmen der fast überall in Mecklenburg herrschenden Leibeigenschaft wie ein unerhörtes Kuriosum: Die Poeler Bauern waren frei, sie konnten gehen, wohin sie wollten, und heiraten, wen sie wollten. Sie nannten den Hof, auf dem sie lebten, ihr eigen und zahlten an das Heiligen-Geist-Hospital nur eine geringe, gleichbleibende Pacht. Es versteht sich, daß der Herzog den Bauern großzügig die Sonderrechte garantierte, und es versteht sich, daß die Obrigkeit kurz darauf versuchte, ebenjene Rechte allmählich zu beschneiden. Man zog vor Gericht und klagte. Erst 1877, nach über siebzig Jahren Streit, wurde den standhaften Bauern von Poel im Fürstensaal von Wismar Recht gegeben.

VON KIRCHDORF ZUM SCHWARZEN BUSCH

Wer Poel besucht, biegt in Groß Strömkendorf von der alten Bäderstraße ab und fährt durch eine Pappelallee auf dem 1,5 km langen Damm in Richtung **Fährdorf**. Links breitet sich ein Ausläufer der Wismarbucht aus, im Hintergrund erkennt man deutlich den Turm der Marienkirche in Wismar und die Hafenkräne. Rechter Hand liegt der **Breitling**, ein flaches Boddengewässer mit einigen zerlappten Inseln. Dort gründeln immer einige Schwäne, im Herbst ist das Gewässer zeitweise mit hunderten von Höckerschwänen weiß gemustert. Halbrechts steigt das Land hinter einigen Salzwiesen leicht an und bietet wohl eine der schönsten Ansichten Poels. Hinter Fährdorf in Richtung Niendorf öffnet sich links der Straße unverhofft die Landschaft: Man sieht den Hafen von **Kirchdorf**, die Werft, dann wird auch der Blick auf die Kirche frei, deren sogenannte Bischofsmütze die Linden der Wallanlagen weit überragt. Man erreicht den Hafen am besten links durch den Möwenweg, vorbei am Heimatmuseum und am Restaurant »Zur Seemöwe« (Möwenweg 7, Tel. 205 80).

Kirchdorf ist von den 14 Dörfern Poels (Gesamteinwohnerzahl: etwa 3000)

Im Hafen von Kirchdorf

heute das größte. Hafen, Kirche, Wallanlagen, die Kirchsee und das Heimatmuseum sind die bedeutendsten Sehenswürdigkeiten. Die kleine Werft am **Hafen**, 1991 als Poeler Bootsbau GmbH neu gegründet, hat sich auf den Umbau von Holzschiffen spezialisiert, auch ein Wikingerschiff für einen Lübekker Liebhaber wurde hier auf Kiel gelegt. Bei der Werft mündete der Wallgraben des sogenannten Hornwerks, der vorderen Festung mit der Kirche, in die Kirchsee. Die Fischerboote täuschen eine lange Tradition des Fischfangs vor, die aber nur kurze Zeit zurückreicht: Die Poeler waren vor allem Bauern, Fischen gingen sie nur in Ufernähe als Nebenerwerb. Erst nach 1875 kam Fischfang als Haupterwerb auf. Am Hafen gibt es einige Fischrestaurants, fangfrischer Fisch steht hier auf jeder Speisekarte. Im Sommer herrscht am Hafen immer buntes Treiben: Segeljachten aus Holstein legen für einige Tage an, der Ausflugsdampfer kommt von Wismar herüber, Fischer unternehmen mit Feriengästen eine Fahrt in die Wismarbucht.

Die beste Aussicht auf den Hafen hat man oben auf den **Wallanlagen**. Man betritt die vordere Festung durch die mit Linden bestandene Wallanlage: Hier befanden sich früher eine Holzbrücke mit zwei Zugbrücken und ein Torhaus. Dahinter liegt der **Friedhof**. Die alteingesessenen Poeler Familien tragen so denkwürdige Namen wie Kowarsch und Swinkoben, Langbeen, Holtfreter, Hinkfuß und Babendererde.

Die **Kirche** mit dem wuchtigen Turm wurde 1210-58 erbaut. Vom ersten, 1228 fertiggestellten romanischen Kirchengebäude ist der Turm erhalten, der

später aufgestockt wurde. An seiner Ostseite ist noch eine romanische Fenster-
form mit Bogenfries erhalten. Das Langhaus wurde im 14. Jh. errichtet. Die
wertvollsten Ausstattungsstücke sind zwei Schnitzaltäre aus dem 15. und 16.
Jh. Unter dem Modell eines Zeesbootes steht geschrieben:»Herr, segen uns dei
Seefohrt, stüer uns dei Lewensfohrt, schenk uns dei Himmelfohrt.«

Bevor man zum Hauptteil der Festung weitergeht, sollte man noch die
Aussicht von der **Kirchsee-Bastion** – ein Weg führt oben auf dem Wall entlang
– auf die Hafenanlagen genießen. Hinter der Kirche geht man durch eine mit
Schilfrohr bewachsene Senke – hier verliefen der mittlere und der innere
Graben – hinüber in den **Hauptteil der Wallanlagen**. Der ehemalige Schloß-
hof ist überraschend klein, man käme nicht auf den Gedanken, daß auf dem
mit Gras spärlich bewachsenen Platzrund – der Ort ist durch eine kleine Erhebung erkennbar – einmal ein Schloß gestanden haben könnte. Hinten links
kann man auf den Wall hochgehen, wo Bänke zum Verweilen einladen. Es ist
einer der schönsten Plätze auf Poel: Vor dem Betrachter liegt die stille Kirchsee, im Schilf sind kleine Boote verborgen, die üblichen Enten nehmen Reiß-
aus. Gegenüber sieht man Niendorf, wo einst die Mühle stand. Man schaut
genauer hin – und begreift allmählich, daß der Schilfgürtel rund um die Wallanlagen exakt im inneren Wallgraben wächst. Die Festungsanlagen mögen
zum Teil zugeschüttet, verfallen oder unkenntlich sein, doch die Buschreihen
und Schilfzonen lassen sie recht genau erkennen.

Von Kirchdorf verlaufen sternförmig Straßen nach Timmendorf, Gollwitz
und zum Schwarzen Busch. Die Allee zum **Schwarzen Busch** wurde 1909
angepflanzt, ein Jahr vor dem Bau des Kurhauses des Unternehmers Fanter.
Gemächlich fährt man auf der holprigen Straße die kurze Strecke von Kirchdorf hinüber. Die Wochenendhaussiedlung Schwarzer Busch ist vermutlich
nach dem Eichenhain benannt, der sich hinter dem Parkplatz erstreckt: Auf
See ist der unter Naturschutz stehende Wald als dunkle Landmarke zu erkennen. Am Parkplatz ist Endstation, den Weg zum Strand muß man zu Fuß
zurücklegen. Im Schwarzen Busch findet man eine **Gedenkstätte**, die an eines
der tragischsten Ereignisse in der Geschichte der Seefahrt erinnert: Kurz vor
Ende des Zweiten Weltkriegs trieben SS-Leute Häftlinge aus dem KZ Neuen-
gamme bei Hamburg auf mehrere Schiffe, die in der Lübecker Bucht versenkt
werden sollten. Am 3. Mai 1945 bombardierten britische Flugzeuge vor
Neustadt/Holstein die»Cap Arkona«, das größte der Schiffe, die»Thielbeck«
und die »Deutschland«. Über 7000 Menschen kamen dabei ums Leben. Jene
127 namenlosen Toten, die auf Poel angetrieben wurden, hat man hier bestattet. Die Inschrift macht sie zu »Widerstandskämpfern«; es waren wohl eher
Menschen, die nur leben wollten.

Die Stimmung am Schwarzen Busch ist ausgesprochen familiär. Am
Strand hat man die Wahl: Rechts vom Platz vor dem Strandabgang, hinter dem

Badepartie am Schwarzen Busch

leerstehenden Kurhaus, zu DDR-Zeiten FDGB-Ferienheim »Freundschaft«, liegt der ruhigere Teil des Strandes. Linker Hand, hinter dem Gasthaus »Seeblick« (große Terrasse, Tel. 202 38), erstrecken sich der adrette Kurgarten und einige manierliche Wochenendhäuschen. Der **Strand** ist ausgesprochen flach, daher für Kinder gut geeignet.

VON KIRCHDORF NACH TIMMENDORF

Im Herbst, wenn die Felder abgeerntet sind, sollte man es nicht versäumen, den **Kickelberg** bei Kirchdorf-Neuhof aufzusuchen, mit 25 m die höchste Erhebung Poels. Man fährt vom Hafen auf dem Krabbenweg in Richtung Neuhof. Kurz vor der Linkskurve liegt rechter Hand die Hügelkuppe. Von der Anhöhe hat man eine ausgezeichnete **Aussicht** nach Nordosten zur Halbinsel Wustrow, man erkennt die alte Reriker Kirche, sieht den Bastorfer Leuchtturm und recht nah den Kirchturm von Dreveskirchen. Im Süden zeichnen sich die Kirchtürme und Hafenkräne von Wismar ab, im Westen sind die Tarnewitzer Halbinsel und die Redewischer Steilküste bei Boltenhagen zu sehen. Und ganz im Westen und Nordwesten zeichnet sich die schleswig-holsteinische Küste bei Neustadt und Grömitz ab. Bei klarer Sicht soll sogar Fehmarn im Norden zu erkennen sein.

Wir fahren von Kirchdorf nach Süden entlang der Kirchsee und erreichen **Weitendorf** und **Wangern**, zwei der früheren lübischen Hospitaldörfer. Rund

Steilküste bei Timmendorf

fünf Jahrhunderte gehörten die Siedlungen dem Heiligen-Geist-Hospital in Lübeck. Die Bewohner lebten frei und hatten geringe Abgaben, was wieder einmal den Spruch bestätigt: »Unterm Krummstab ist gut wohnen.« Die Straße führt durch Timmendorf und erreicht **Timmendorf/Strand**.

Im **Hafen** gibt es immer Interessantes zu sehen – Segeljachten legen an, Motorboote ziehen Wasserskiläufer hinaus auf die See. Oder man geht auf die Nordermole hinaus und schaut den Möwen zu, die hier ständig sitzen. In Timmendorf/Strand gibt es keinen Mangel an Eiscafés und kleinen Imbiß-ständen. Auf der Terrasse des Restaurants »Am Leuchtturm« (Tel. 202 51) ißt man gut, mit Blick auf den Hafen.

Noch vor wenigen Jahrzehnten war Timmendorf/Strand wenig mehr als eine kleine Lotsenstation mit Leuchtturm. 1657 ordnete der schwedische König an, daß fortan Lotsen die Schiffe durch das schwierige Fahrwasser nach Wismar leiten. Seit etwa 1700 versehen Lotsen auf Poel ihren Dienst, seit 1751 sind sie sogar seßhaft. Nach dem Brand des alten Lotsenhauses wurde 1872 ein massiver **Leuchtturm** mit Lotsenhaus errichtet, der 1930 auf seine jetzige Feuerhöhe von 21,10 m über Normalwasser aufgestockt wurde. Auf eine Ent-fernung von 15,3 Seemeilen übernehmen die Lotsen heute jedes Schiff, das den Hafen von Wismar anläuft oder verläßt. Der Leuchtturm, zweifellos eine Sehenswürdigkeit, kann leider nicht bestiegen werden.

Sehr zu empfehlen ist ein Spaziergang nach Süden an die **Steilküste**, die mit 12 m Höhe geradezu dramatische Züge annimmt. Besonders bei Sonnenuntergang, wenn die Farben des Kliffs im warmen Licht erstrahlen, ist eine Wanderung reizvoll. Man kann direkt am Ufer entlanggehen und das Kliff von unten ansehen, oder man spaziert zuerst ein Stück am **Küstenschutzwald** entlang und erreicht auf einem der Durchgänge die Steilküste von oben. Man sollte nicht zu nah an den Kliffrand herantreten, denn es gibt kein Geländer und der Boden hängt zum Teil über. Im Kliff leben Tausende Uferschwalben, die mit unglaublicher Sicherheit pfeilschnell »ihre« Niströhre anfliegen. Wenn man zu nah herankommt, bleiben sie den Fluglöchern fern, um ihre Brut zu schützen. Unten am Strand liegen entwurzelte Bäume und zum Teil recht große Geschiebe, stellenweise herrscht die reine Wildnis.

Wer ein Faible für FKK-Strände hat, sollte in Wangern oder Timmendorf nach Hinterwangern fahren (keine Restauration). Auch von dort kann man die Steilküste leicht aufsuchen. Auf der andern Seite des Parkplatzes liegt der **Rustwerder**, ein Nehrungsarm, der mit dem **Faulen See**, einer ehemaligen Meeresbucht, unter Naturschutz steht. Ein Rundwanderweg zum Rustwerder, den es früher gab, existiert nicht mehr. Wer mit dem Fernglas Vögel beobachten will, sollte sich neben einen Busch stellen: Die Distanz ist so gering, daß sich die Tiere sonst bedroht fühlen und fortfliegen. Das Gewässer ist als Brutplatz gefährdeter Schnepfenvogelarten bekannt. Von Brandenhusen, über Weitendorf zu erreichen, hat man den besten Blick in das Naturschutzgebiet.

VON FÄHRDORF ÜBER MALCHOW NACH GOLLWITZ

Der ostfriesische Baumeister Piloot, Erbauer des Schlosses in Kirchdorf, ließ kurz vor Beginn des Dreißigjährigen Krieges zwei Holzbrücken bei **Fährdorf** bauen, die durch Schanzen gesichert waren. Seither ist Poel ans Festland angeschlossen, blieb aber bis heute eine Insel. Die Sturmflut des Jahres 1872 zerstörte auch die lange Holzbrücke bei Fährdorf, Trümmer fand man sogar bei Zierow. Der Fährmann setzte damals eine Fahne und gab Notschüsse ab, bis man ihn rettete. 1927 wurde die Brücke durch einen Fahrdamm mit kleiner Brücke ersetzt, auf deren Existenz die Poeler großen Wert legen.

In Fährdorf biegen wir rechts ab und erreichen **Malchow**. Das Straßendorf wurde berühmt durch die Pflanzenzucht des Poeler Bauern Hans Lembke (1877-1967), der nach der Jahrhundertwende winterfeste Arten züchtete, vor allem Winterraps, Winterweizen, Rotklee und Hafer. Sie wurden in der ganzen Welt angebaut. 1946 von der Universität Rostock zum Professor berufen, konnte Lembke seine Tätigkeit im Volkseigenen Gut Malchow fortsetzen.

Hinter Malchow führt die Straße durch **Vorwerk** – man beachte die stattliche Scheune mit Blechdach – nach **Gollwitz**. Dort sollte man vor dem Dorf links parken. Der kleine Gollwitzer Dorfteich muß schon Jahrhunderte

Blick auf Langenwerder

alt sein, sind doch alle Häuser, sogar die alten Scheunen, im Kreis drumherum errichtet. Auf der sandigen Drift, einer Allee mit uralten Weiden, geht man hinunter zum **Sandstrand**. Eine Tafel informiert über die gegenüberliegende Insel Langenwerder.

Im Wasser liegen auffallend viele Geschiebe, die wie kleine Buckel aufragen. Sie waren alle einmal Teil der Insel, steckten im Hochufer, das nach und nach von den Sturmfluten zerstört wurde.

Zu Fuß kommt man gut durch das knietiefe Wasser hinüber zur **Sandbank**. Man watet dabei nicht durch Sand, sondern durch Schlick, das sind feinste Sedimente, die von der ufernahen Strömung hier abgelagert wurden.

Langenwerder steht unter Naturschutz und darf nicht betreten werden; man sollte stets einen Abstand von 200 m zur Insel einhalten. Das 1910 gegründete Vogelschutzgebiet ist das älteste seiner Art in Mecklenburg. Wissenschaftler der Universität Rostock betreuen die Feldstation: In Netzen werden Zugvögel gefangen, untersucht, beringt – und wieder freigelassen. Etwa 50 000 Vögel waren es seit 1976. Durch die Rückmeldungen, vor allem aus Afrika, erhält man Aufschluß über den Vogelzug.

Auf Langenwerder gibt es die in Mecklenburg-Vorpommern **größte Brutkolonie der Sturmmöwe** (3000-4000 Paare). Man trifft dort ferner die Küstenseeschwalbe an, die an der mecklenburg-vorpommerschen Küste sonst nur auf Walfisch brütet (100 Paare), sowie die seltene Zwergseeschwalbe (30 Paare). Mit einem Fernglas kann man das Geschehen auf der Insel verfolgen,

Der kleine Gollwitzer Leuchtturm

am besten vom Hochufer, das man von der Weidenallee nach Osten erreicht. (Führungen sind außerhalb der Brutzeit möglich. Kontakt: Prof. Dr. U. Brenning, Maxim-Gorki-Str. 4, 18106 Rostock.)

Langenwerder, rund 1000 m lang und zwischen 250 und 400 m breit, besteht aus gestaffelten Strandwällen, die von Norden nach Süden verlaufen. Sie sind nur etwa 2,30 m hoch. Am Nordwestufer wird ständig Sand abgetragen, der im Süden abgelagert wird, wobei Haken und Buchten entstehen. Die von kleineren Brackgewässern unterbrochenen Strandwälle bieten seltenen Pflanzengesellschaften Lebensraum. Strandhafer und Strandroggen sind dort zu finden, auf der Salzbinsenwiese wachsen u. a. Strand-Tausendgüldenkraut und Sand-Rotschwingel. Besonderheit auf den flachen Strandwällen ist der seltene Grasnelkenrasen.

Gollwitz heißt nicht nur das Dorf, sondern auch das flache Gewässer östlich des Ortes. Störtebeker und seine »Likedeeler« sollen hier und in der geschützten Bucht des Breitlings Schiffen der Hanse aufgelauert haben. Im 16. Jh. verschiffte der mecklenburgische Adel in einem Klipphafen bei Gollwitz Getreide nach Lübeck. Wismar sah sich um seinen Vorteil geprellt und brachte einige Getreideschiffe auf.

Strandleben macht durstig. Sehr zu empfehlen ist da ein Besuch des **Leuchtturms** am Hochufer westlich des Dorfes, den man durch den Küstenschutzwald nach 750 m erreicht. Im Garten des Imbißlokals »Am Leuchtturm« sitzt man sehr gemütlich.

RADTOUREN

1. Von Kirchdorf nach Timmendorf/Strand (Hinweg: 8 km)

Gegenüber dem Parkplatz hinter der **Kirche** in Kirchdorf führt ein breiter Feldweg nach Timmendorf. Dort fahren wir links ab nach Süden und erreichen über **Hinterwangern** den FKK-Strand. Linker Hand liegt das **Naturschutzgebiet Rustwerder und Fauler See**. Vom FKK-Strand bis Timmendorf/Strand erstreckt sich die schönste **Steilküste**, die Poel zu bieten hat. Wenn die untergehende Sonne das Kliff anstrahlt, tritt der ockerfarbene Mergel am schönsten hervor. Tausende Uferschwalben bewohnen das Kliff in tiefen Niströhren, am Strand liegen entwurzelte Bäume und große Geschiebe kunterbunt durcheinander. Auf der Feldseite des **Küstenschutzwaldes** verläuft der Radweg bis Timmendorf/Strand (den schmalen Pfad längs der Küste sollte man mit dem Rad meiden). Um die Steilküste auch von oben zu sehen, kann man unterwegs durch einen der Seitenwege an das Kliff herantreten. In **Timmendorf/Strand** fahren wir nach Timmendorf, von dort auf dem Feldweg zurück zur Kirche.

2. Von Kirchdorf über den Schwarzen Busch nach Gollwitz (Hinweg: 6 km)

Beginn der Radtour ist der **Hafen** von Kirchdorf. Über die Wismarsche Straße radeln wir durch den Ort und biegen links in die Strandstraße ein, die am Sportplatz durch **Oertzenhof** hindurchführt. Um nicht auf dem uralten Pflaster zu fahren, kann man auf die schmale Lindenallee der Fußgänger ausweichen. Nach 1 km ist die Wochenendhaussiedlung Am Schwarzen Busch erreicht, benannt nach dem Eichenhain, der sich hinter dem Parkplatz erstreckt. In diesem naturgeschützten Wald mit uralten Eichen befindet sich die **Gedenkstätte »Cap Arkona«**. Vor dem Strandabgang führt ein breiter Weg durch den Küstenschutzwald nach Norden. Unterwegs hat man mehrmals die Möglichkeit, zum **Strand** hinunterklettern. Unten liegen Geschiebe, deren größtes der Blaue Stein ist, der um 1870 aus der Steilküste herausgespült wurde. Neben einer Bake, einem Zeichen für Schiffe, steht der kleine **Gollwitzer Leuchtturm**. Er ist wesentlich kleiner als sein Kollege von Timmendorf/Strand. Am Imbißstand mit dem einladenden Garten sollte man sich stärken, denn am Strand von Gollwitz gibt es keine Gaststätten. Etwa 750 m weiter erreicht man den Gollwitzer Strand. Gegenüber liegt **Langenwerder**, eine nur 2,30 m aus der See ragende Insel (siehe S. 84). Fast jeder Besucher watet nach einem Sonnenbad mal kurz zur Sandbank hinüber; die Insel Langenwerder ist jedoch als Vogelschutzgebiet gesperrt.

Der Rückweg führt auf der alten Weidenallee durch das Dorf. Auf der wenig befahrenen Landstraße erreicht man über Vorwerk Kirchdorf.

5. AM SALZHAFF

Von Groß Strömkendorf bis Rerik erstreckt sich eine Landschaft, die keinen Namen hat, der so recht paßt. Man sagt zwar »Land am Salzhaff«, doch das Haff beginnt erst am Boiensdorfer Werder. Die Region hat keinen größeren Ort, der als ein Zentrum die Besucher anlocken könnte, sondern viele kleine Dörfer, die sich durchaus sehen lassen können. Kurzum, das Gebiet ist schwer zu fassen, obwohl es reich an kleineren Sehenswürdigkeiten ist. Drei Gegebenheiten erleichtern das Kennenlernen: Das hohe Ufer, die alte Bäderstraße und die schönen Ausblicke auf Breitling und Salzhaff. Das Wasser erscheint, je nach Sonnenstand und Wetter, mal blau, dann eher grün oder silbern glänzend.

ANFAHRT

Mit dem Wagen: von Wismar auf der alten Bäderstraße in Richtung Insel Poel und Blowatz; von Rostock auf der B 105 bis Kröpelin, auf der Landstraße bis Rerik, von dort nach Süden Richtung Poel (über Roggow, Teßmannsdorf)
Mit der Bahn: bis Neubukow oder Kröpelin, anschließend per Bus. (Bahnhöfe der Linie Wismar-Rostock bis Bad Doberan: Wismar, Hornstorf, Kartlow, Steinhausen-Neuburg, Hagebök, Teschow, Neubukow, Sandhagen, Kröpelin, Reddelich, Bad Doberan)

AUSKÜNFTE

Fremdenverkehrsverein »Salzhaff« e.V., Dorfstr. 24, 23974 Stove, Tel. 038427/266 und 29 16
Meeresbiologische Station der Universität Rostock, Werder, 23974 Boiensdorf, Tel. 038427/53 22
Naturkundliche Führungen für Gruppen aller Art, nur nach Anmeldung. Schulungs- und Gästehaus Strandgut, Am Werder, 23974 Boiensdorf, Tel. 038427/29 20
Tourist-Information Neubukow, Mühlenstr. 7, 18233 Neubukow, Tel. 038294/523

ÜBERNACHTUNG

Hotel-Restaurant Schäfer Eck,
23974 Groß Strömkendorf, Tel. 038427/29 10
(am Abzweig der Bäderstraße zur Insel Poel)
Pension Bauernhaus, Dorfstr. 5, 23974 Boiensdorf,
Tel. 038427/317
Pension Rohde, Dorfstr. 15, 23974 Boiensdorf,
Tel. 038427/237

MUSEEN

Windmühle in Stove, südlich von Stove gelegen,
Öffnungszeiten: Mai-Sept. tägl. 10-17 Uhr,
Mi Mahltag
Dorfmuseum Stove, Öffnungszeiten: tägl. 10 Uhr
bis abends (außerhalb der Saison nur am
Wochenende)
Kontakt Windmühle und Dorfmuseum Stove:
s. Auskünfte, Fremdenverkehrsverein »Salzhaff«
Heinrich-Schliemann-Gedenkstätte, Mühlenstr. 7,
18233 Neubukow, Öffnungszeiten: Mo 10-12,
13-17 Uhr, Di und Do 13-17 Uhr, Fr 10-12 Uhr,
Tel. 038294/523

CAMPING

Campingplatz Möwe, Werder, 23974 Boiensdorf,
Tel. 038427/219
Campingplatz Pepelow, Seeweg, 18233 Pepelow,
Tel. 038294/825

ERHOLUNG, SPORT, FREIZEIT

Baden, Segeln, Rudern, Surfen, Tauchen (Rerik),
Angeln, Radwandern, Wandern, Reiten,
Kutschfahrten, Fallschirmspringen und Rundflüge
(Flugplatz Zweedorf bei Rerik, Tel. 038294/393)

FÜR KINDER

Mai-Okt. (Mi 10 Uhr): Schaumahlen in der Stover
Mühle; Ostern: Osterfeuer in Stove und Ostereier
suchen (Mühlenberg in Stove); Anfang Juni:
Kindertagsfest in Stove; Anfang Oktober: Drachen-
fest bei der Stover Mühle; Kinderfeste zu allen
Volksfesten (Reitplatz Blowatz)

TERMINE

Der Fremdenverkehrsverein »Salzhaff« gibt jährlich
einen aktuellen Veranstaltungskalender heraus

BADEN

Stove, Boiensdorfer Werder, Pepelow, Teßmannsdorf. Siehe auch »Wege und Wanderungen am Salzhaff«. Flach, brandungsarm und damit für Kinder gut geeignet ist der Strand am Boiensdorfer Salzhaff

FAHRRADVERLEIH

Hartmut Drygalla, Am Haff, 18230 Rerik, Tel. 038296/442
Stove, Haus 8

ÜBERBLICK

Was der Autofahrer kaum wahrnimmt, muß der Radfahrer mühsam überwinden: Die Wismarbucht ist klammerartig von Höhenzügen umgeben, die in größerem Abstand parallel zur Uferlinie verlaufen. Es handelt sich um Endmoränen der letzten Kaltzeit, der Weichsel-Eiszeit. Wissenschaftler sprechen da etwas genauer von Jungmoränen der **Rosenthaler Staffel des Pommerschen Stadiums**, des letzten großen Eisvorstoßes während der Weichsel-Kaltzeit. Anders gesprochen: Das Gletschereis schuf die hohen Endmoränen der Kühlung, zog sich dann zurück, um in einem erneuten Vorstoß die kleineren Jungmoränen des Buk mit dem Bastorfer Signalberg (Rosenthaler Staffel) zu bilden.

Während sich in der westlichen Hälfte der Wismarbucht ausgedehnte Sandstrände erstrecken, findet man am östlichen Teil binnengewässerartige Buchten, die geschützt im Wind- und Strömungsschatten von Insel Poel und Wustrow liegen. Es herrschen Salzwiesen und Feuchtgebiete vor, Strände sind dort nicht gar so häufig. Die Halbinsel Wustrow mit ihrem weit in Richtung Poel ragenden Nehrungsarm Kieler Ort sowie der Boiensdorfer Werder bilden das **Salzhaff**, eine schlauchartige Brackwasser-Bucht. Obwohl sich das Salzhaff geographisch genau eingrenzen läßt, setzt sich die Landschaft gewissermaßen »salzhaffähnlich« jenseits des Boiensdorfer Werders mit der Großen Wiek, der Zaufe und dem Breitling fort.

Vor über 7000 Jahren, vor dem Anstieg des Litorina-Meeres, war hier überall Land. Auf einer Landkarte kann man leicht erkennen, daß von Wustrow im Norden über Kieler Ort, Boiensdorfer Werder, Langenwerder und Insel Poel bis zur Huk bei Hohenwieschendorf und zur Halbinsel Tarnewitz bei Boltenhagen eine Landverbindung bestand. Vermutlich verlief die Küstenlinie sogar längs der vorgelagerten Sandbänke Jäckelberg, Hannibal und Lieps.

Da das Salzhaff in einem Bereich ständiger Absenkung liegt, steigt der Meereswasserspiegel allmählich an – in den letzten 400 Jahren um etwa 1 m. Fritz Meyer-Scharffenberg sprach in diesem Sinne von einer »ertrunkenen Landschaft«.

Die Fläche des Salzhaffs beträgt etwa 20 bis 22 qkm, die Nord-Süd-Länge 12 km. Als durchschnittliche Tiefe werden 2,3 m angegeben, als Maximaltiefe 10 m. Durch die Fahrrinne sowie den rinnenartigen Ellbogen findet ein ständiger Wasseraustausch mit der Ostsee statt, doch wird das Salzhaff durch die einmündenden Bäche, u.a. den Hellbach, ständig aufgesüßt. In dem relativ gut abgeschirmten, boddenähnlichen Salzhaff konnte sich eine einzigartige **Unterwasserflora** mit entsprechender Brackwasserfauna herausbilden. Man trifft große Bestände von Gemeinem Seegras, Kamm-Laichkraut und Teichfaden sowie Rotalgen und Braunalgen an. Sandstrände gibt es in dieser Landschaft nur wenige, Wanderwege am Ufer werden zur Zeit noch angelegt. Die Uferränder tragen breite Schilfgürtel, hinter denen sich Feuchtwiesen erstrecken.

In dem beschriebenen Gebiet liegen mehrere **Naturschutzgebiete** mit reicher Vogelfauna. Auf dem Südteil der **Halbinsel Wustrow** mit dem Nehrungsarm Kieler Ort, der Bucht Kroy und dem Kap Kirchmesse fanden dank der Stationierung der Sowjet-Armee, die die Insel bis 1993 völlig abschirmte, seltene, andernorts fast völlig ausgestorbene Pflanzen ein Nischendasein. Kormorane suchen im Sommer den Kieler Ort in Koloniestärke auf. Ebenfalls unter Naturschutz steht der **Boiensdorfer Rustwerder** auf der Südhälfte der Halbinsel, ein Küstenüberflutungsmoor mit Wasser- und Schlickflächen, Standort seltener salzverträglicher Pflanzen. Dort brüten und rasten zahlreiche Wasservögel, u.a. Säbelschnäbler und Strandläufer. Beide Naturschutzgebiete, für die Betretungsverbot besteht, werden von der Meeresbiologischen Station auf dem Boiensdorfer Werder betreut. Auf **Insel Langenwerder** besteht eine Feldstation der Universität Rostock, die Zählungen, Beringungen und Untersuchungen von Zugvögeln durchführt. Die Insel, vom Gollwitzer Hochufer auf Poel mit einem Fernglas gut einsehbar, darf nur außerhalb der Brutzeit im Rahmen angemeldeter Führungen betreten werden (siehe Kapitel »Insel Poel«). Zu allen Naturschutzgebieten ist vom See ein Abstand von 200 m einzuhalten. Der **Breitling** im Süden mit seinen Salzwiesen und Schlickflächen darf dagegen mit Booten befahren werden. Das buchtenreiche, zerlappte Gewässer ist der westlichste Bodden der mecklenburg-vorpommerschen Ostseeküste.

Tip: Meeresbiologische Station Boiensdorfer Werder

Die Wissenschaftler der Feldstation der Universität Rostock veranstalten Tagungen und Projektwochen zum Thema Fauna und Flora des Salzhaffs. Für Umweltschützer, Schülergruppen und Bildungsurlauber ist das Angebot ideal. Zum Beispiel fahren die Forscher mit den Teilnehmern auch mal mit dem Kutter auf das Salzhaff und werfen das Netz aus: Der Fund wird anschließend wissenschaftlich ausgewertet. Das Angebot richtet sich nicht an Touristen, die »gerade mal eben vorbeigekommen sind«, sondern an Naturfreunde, die einen Aufenthalt langfristig planen können. Die Teilnehmer der Lehr-, Forschungs- und Umweltschutzstation wohnen im Schulungs- und Gästehaus Strandgut (siehe »Auskünfte«).

FAHRT VON WISMAR ÜBER BLOWATZ UND STOVE NACH RERIK

Viele Urlauber und Ausflügler meiden hinter Wismar die vielbefahrene B 105 und wählen **die alte Bäderstraße** (Ausschilderung: Insel Poel), die über Groß Strömkendorf und Stove in Richtung Rerik führt. Diese Route ist wesentlich schöner als die Bundesstraße, wenn auch schmaler und kurvenreicher.

Die kleinen Ortschaften hinter **Wismar** heißen Eiserne Hand und Redentin Dorf (Fischkaten). In **Groß Strömkendorf** biegt die Straße links zur Insel Poel ab. Wir halten uns geradeaus – es sei denn, man kehrt im Hotel-Restaurant Schäfer Eck an der Abzweigung ein. An der Straße in Richtung Poel steht noch das alte Zollhaus aus der Mitte des 19. Jh.

Auf dem Weg nach Rerik folgen **Neu Wodorf** und **Wodorf**, zwei unauffällige Dörfer. In Wodorf lebt der Maler und Grafiker Rolf Möller in seinem rohrgedeckten »Malerhus«. Im benachbarten Ort **Heidekaten** (über Wodorf zu erreichen) wirkte lange Jahre der mecklenburgische Maler Carl Hinrichs. In der alten Schule von 1870 richtete er ein Kunsthaus ein, das heute als Galerie und Werkstatt dient.

Wir erreichen **Blowatz**, wo man links in Richtung Damekow recht nah an den Breitling herankommt. Auf der Insel Poel gegenüber ist hinter breiten Salzwiesen der Ort Malchow zu erkennen.

Auf der Bäderstraße ist bald **Dreveskirchen** erreicht. Schon von weitem sieht man die Kirche auf dem Hügel liegen. Das Gotteshaus, bereits 1229 als Tochterkirche des großen Kirchspiels Neuburg genannt, wurde oft als »Ödeskerken« bezeichnet, Kirche in der Einöde. So trist sieht die heutige, nach 1250 errichtete Kirche aber gar nicht aus, vor allem die Außenwand des Chores ist reich geschmückt. Der barocke Altaraufsatz mit einem Christusbild stammt von Carl Andreae, die Orgel wurde 1754 angefertigt. An der Ostwand des Kirchenschiffs fällt eine Ritterrüstung mit »Trabharnisch« auf, um 1700 hergestellt. Gegenüber hängt über den Köpfen der Gläubigen die Patronatsloge mit einer großen Wappenkartusche.

Die Windmühle von Stove

Die Bäderstraße verläuft hinter Dreveskirchen auf einer Art Damm, das Ackerland zu beiden Seiten liegt etwa 6-7 m tiefer. Kurz vor Stove bietet sich ein schöner Blick über die etwa 2 km entfernte Küste.

In **Stove** sollte man unbedingt eine Rast einplanen: Die Ständerholländermühle von 1889 (s. »Mahltag in der Stover Mühle«) und das Dorfmuseum wollen besichtigt sein. Das Museum in einer alten Scheune zeigt landwirtschaftliche Maschinen und Geräte, u.a. eine »Rummel« zum Sortieren von Kartoffeln, sowie Hausrat und Geräte vieler Handwerke. Auch ein Lehmbackofen wurde neben der Scheune errichtet. Im Juli und August kann man auch die Sommergalerie der Künstlerin Lilian Bremer besichtigen (nicht Mo und Di). Gegenüber dem Dorfmuseum lädt das Mühlencafé zur Rast ein (auch kleinere warme Speisen; montags Ruhetag). Von dort führt links eine Straße zur 2,5 km entfernten Küste hinunter. Man kann den Abstecher auch gut zu Fuß unternehmen. Am Strand – hier ließen Poeler Fischer ihre Zeesboote bauen – führt ein Wanderweg entlang. Im Norden von Stove findet man den Fremdenverkehrsverein »Salzhaff« e.V., der Zimmer vermittelt und Auskünfte erteilt.

In **Boiensdorf** entdeckt man mehrere rohrgedeckte Hallenhäuser vom Ende des 18. Jh. Eines der Gebäude wurde auf vorbildliche Weise zu einem modernen Wohnhaus umgebaut: Wo das große Dielentor war, hat man, des Lichtes wegen, eine große Glastür eingebaut. Im Ort kann man in der Gaststätte »Zum Salzhaff« einkehren (Dorfstr. 20, Tel. 038427/205) – oder einen Abstecher zum **Boiensdorfer Werder** unternehmen. Dort stehen Camping,

Baden, Segeln und Surfen auf dem Programm. Die Aussicht auf das Salzhaff, auf Kap Kirchmesse und Kieler Ort der Halbinsel Wustrow sowie die Insel Langenwerder vor Poel zieht viele Besucher an. Alles liegt recht nah beieinander, mit einem guten Fernglas hat man ausgezeichnete Einblicke. Der südliche Teil des Boiensdorfer Werders ist als **Naturschutzgebiet Rustwerder und Große Wiek** dem Zutritt entzogen. Das Gebiet wird wissenschaftlich betreut von der Meeresbiologischen Station, die am Werder links der Straße liegt. In kalten Monaten rasten hier bis zu 800 Singschwäne, 25 Zwergsäger, rund 10 000 Bleß- und Saatgänse, 200 Mittelsäger und bis zu 300 Schellenten. Die Flora setzt sich u.a. aus Strandaster und Strandflieder, Meerstrand-Dreizack, Salzmilchkraut, Salzmiere und Strand-Wermut zusammen – also salzverträgliche Arten, die z.T. recht selten sind. Um den Kornwerder – er liegt heute nördlich der Halbinsel im Salzhaff – entbrannte im 16. Jh. ein heftiger Streit zwischen dem Ritter Mathias von Oertzen auf Wustrow und dem Kloster Doberan, das den Werder »lenger denn yemandts dencken mag« besessen haben wollte.

Hinter Boiensdorf geht es bergauf zum 54 m hohen **Scharberg**: Die Aussicht von dort auf das nahe Salzhaff ist wunderschön, sogar Rerik und Wismar sind zu erkennen. Kurz darauf folgt **Klein Strömkendorf**, wo Familie Elischier zum Besuch ihrer Galerie einlädt. Im Ort kann man einen Abstecher zum nahen Ufer des Salzhaffs unternehmen. Weiter nördlich sollte man gelegentlich anhalten und den Blick auf das Salzhaff und die Halbinsel Wustrow genießen.

In **Pepelow** laden der stattliche Dorfanger und alte Fachwerkhäuser zur Außenbesichtigung ein. An der Dorfstraße liegt eine rohrgedeckte Büdnerei, eine Handwerkerkate mit Toreinschnitt im tief heruntergezogenen Walm. In dem niederdeutschen Hallenhaus aus der 2. Hälfte des 18. Jh. unterrichtete im 19. Jh. der Schneider die Dorfkinder. Im 19. Jh. wurde ein Wohnhaus aus Backstein angefügt. In Pepelow kann man im Gasthof »Zum Seehund« einkehren (Tel. 03 82 94/3 39) oder einen Abstecher zum Strand unternehmen, zum Baden und Surfen. Fast vergessen ist heute, daß in Pepelow die Poeler Fischer ihre Zeesenboote bauen ließen.

Von Pepelow fährt man ein Stück nach Osten, nach **Rakow**. Im Ort halten wir uns links und verlassen die alte Bäderstraße in Richtung Norden, nach **Teßmannsdorf**. Die Straße wird meist nur bis Rerik befahren. Nördlich des winzigen Dorfes fließt der Hellbach, ein stilles, ansehnliches Gewässer, das zu einem Spaziergang einlädt. Hellbach bedeutet übrigens nicht heller Bach, sondern bezeichnet einen Bachlauf an einem Hang.

Kurz darauf ist **Roggow** erreicht, wo ein slawischer Wall an die frühe Besiedlung durch die Obodriten erinnert. Rechts der Straße sieht man ein herrenhausähnliches Gebäude, umgeben von alten Scheunen. Über **Blengow** und **Gaarzer Hof** erreicht man das Zentrum von **Rerik**.

MAHLTAG IN DER STOVER MÜHLE

Manch einer hat noch nie eine Windmühle in Tätigkeit gesehen – was ja kein Wunder ist, nach dem großen Mühlensterben um die Jahrhundertwende. In Stove kann man alles nachholen: Die schindelgedeckte, achteckige Erdholländermühle von 1889 auf der Anhöhe südlich des Dorfes war bis 1977 in Betrieb und ist voll intakt: Von der Königswelle über das Stirnrad bis zum Mahlgang ist alles erhalten. Nach vierzig arbeitsreichen Jahren verkaufte der Müller Hans Mirr 1978 seine Mühle an den Rat des Kreises Wismar. Mit seinen plattdeutschen Führungen – »Hier kummt dat Kuurn rin, un dor kummt dat Mähl rutt« – erfreute er viele Besucher. So leicht, wie es sich anhört, war des Müllers Arbeit aber nicht: 15 Zentner Weizenmehl brauchten 10 Stunden Mahlarbeit. Und trotzdem war man ringsum am Salzhaff mit dem Müller in Stove nie so recht zufrieden. Warum nicht?

Für die Erhaltung der Mühlen und als Entlohnung für den Müller wurde den Mahlgästen ein Teil des Getreides – die Metze oder Matte – abgenommen. Für das Entnehmen der Metze vor dem Mahlen gab es strenge Vorschriften. Trotzdem wurden den Müllern umfangreiche Betrügereien nachgesagt.

Ganz allgemein standen die Müller in einem sehr schlechten Ruf. Dies hatte seine Ursache wohl nicht allein in der angeblichen Unehrlichkeit der Müller. Durch ihr besonderes Abhängigkeitsverhältnis von der feudalen Obrigkeit und ihre bessere rechtliche Stellung waren sie bei den übrigen Dorfbewohnern unbeliebt. Der Müller mußte große technische Fertigkeiten besitzen und eine komplizierte Technik beherrschen. Er mußte mit den Naturkräften – Wasser und Wind – umgehen, die mit manchem Aberglauben behaftet waren und den einfachen Menschen unheimlich erschienen. Oft wurde den Müllern ein Bündnis mit dem Teufel unterstellt. Dazu kam noch, daß die Mühlen meistens etwas außerhalb der Ortschaften lagen und somit die Müllerfamilien selten ganz in die Dorfgemeinschaft integriert waren. Viele Spottverse, Neckreime und Spukgeschichten aus vergangener Zeit künden von dem schlechten Ansehen der Müller.
Aus: Helmut Berendt, »Die Windmühle in Stove«

Zum Beispiel folgende Sprüche: »Metzen und Kehren muß den Müller ernähren« oder »'t is gaud vör'n Möller, dat dei Säck nich spräken könn'n.«
    Wenn der Mühlenwächter bei Laune ist, klappt er die hölzernen Jalousien auf, daß sich das mächtige Flügelkreuz fauchend dreht. Die Leistung bei Windstärke 4 bis 5 liegt bei 25 PS. Unter den sausenden, knarrenden Flügeln zu stehen, ist ein Erlebnis für sich. Wenn der Wind plötzlich dreht, richtet die Windrose selbsttätig das große Flügelkreuz – Durchmesser 22 m – entsprechend neu aus. Das könne bis zu einer halben Stunde dauern, berichtet der

An der Mühle in Stove

Mühlenwächter: »Immerhin wiegt das gesamte drehbare Oberteil vierzig Tonnen.« Am besten, man kommt mittwochs, dann ist Touristen-Mahltag. Mancher faßt am Ende der Besichtigung gute Vorsätze und kauft Roggenmüsli, feine Weizengrütze oder Weizenbackschrot für zu Hause. Öffnungszeiten: Di-So 10-17 Uhr, Mi Mahltag (bei gutem Wind).

Wege und Wanderungen am Salzhaff

Nicht überall kommt man von der Bäderstraße an das nahe Ufer des Salzhaffs heran: Salzwiesen und Feuchtgebiete ohne feste Wege verhindern, daß man »mal eben« hinunter ans Ufer geht. Man muß die Stellen kennen, wo man baden, wandern oder in der Sonne liegen kann.

• Bei **Groß Strömkendorf** hat man Gelegenheit, auf den **Poeler Damm** zu fahren. Unterwegs kann man den Breitling rechts der (zeitweise stark befahrenen) Straße gut einsehen. Für ein Bad ist der Breitling kaum geeignet. In kalten Monaten hat man aber Gelegenheit, zahlreiche Entenarten, Höckerschwäne, Blessrallen und Zwergtaucher zu beobachten. Zeitweise gründeln auf dem Bodden bis zu 10 000 Reiherenten und 1000 Höckerschwäne.

• In **Blowatz** führt eine Allee nach **Damekow**. Aussicht auf den Breitling im Süden und die Zaufe im Norden.

• Vom Mühlencafé in **Stove** führt eine Straße zum Strand hinunter, der etwa 2,5 km entfernt ist. Man kann den Abstecher auch gut zu Fuß unternehmen; am Strand führt ein Wanderweg entlang. In dieser Gegend sollen Störtebeker und seine »Liekedeeler« Hanseschiffen aufgelauert haben.

• In **Boiensdorf** sollte man einen Abstecher zum **Boiensdorfer Werder** unternehmen. Am Haffstrand liegen Fischer- und Segelboote, viele Surfer finden sich hier im Sommer ein. Ein Stück weiter, in der Rechtskurve der Straße, stößt man auf die Meeresbiologische Station. Über die schmale Landverbindung betritt man den Boiensdorfer Werder. Linker Hand erstreckt sich das Naturschutzgebiet Rustwerder und Große Wiek mit Strandwällen und und Salzwiesen (kein Zutritt). Bei einem Wäldchen liegt der Campingplatz Möwe, dahinter erreicht man den Strand.

Obwohl das bis zu 8 m hohe Steilufer durch einen Küstenschutzwald gesichert ist, wurden im Herbststurm 1995 etwa 10 m Land abgetragen. Von dort hat man eine gute Aussicht auf das Salzhaff, auf Kap Kirchmesse und Kieler Ort der Halbinsel Wustrow sowie die Insel Lan-genwerder vor Poel. Alles liegt nah beieinander und ist mit einem Fernglas gut zu beobachten. Am weglosen Strand des Nordufers entlang erreicht man wieder das Festland. Der Weg führt weiter am Hochufer entlang nach Norden. Bei einem Gehöft kann man rechts in einen Feldweg einbiegen, der zur Bäderstraße und zum Scharberg führt. Oder man setzt den Uferweg bis nach Klein Strömkendorf und Pepelow fort.

• Beim **Scharberg** (54 m), wo man eine ausgezeichnete Fernsicht hat, kann man auf einem breiten Feldweg von der Bäderstraße zum Hochufer hinuntergehen. Links erreicht man den Boiensdorfer Werder, rechts geht's zum Campingplatz bei Pepelow.

• In **Klein Strömkendorf** und in **Pepelow** bietet sich ein Abstecher auf dem Rundwanderweg (blauer Querstrich) zum Campingplatz Am Salzhaff (Rudern, Segeln, Surfen, Badestrand) an. Fast vergessen ist heute, daß in Pepelow die Poeler Fischer ihre Zeesboote bauen ließen. Von Pepelow führt ein Rad-/ Wanderweg durch offene Wiesen, vorbei an zwei Windrädern, nach Teßmannsdorf.

• Auch in **Teßmannsdorf** gibt es einen Badestrand, der vor allem von Surfern aufgesucht wird.

• An der Brücke über den **Hellbach** kann man gut parken, um auf dem Rundwanderweg durch die Bachniederung zum Ufer des Salzhaffs zu gehen. Der Hellbach fließt in einem eiszeitlichen Schmelzwassertal. Eine Informationstafel weist auf die Naturgegebenheiten hin.

• In **Roggow** empfiehlt sich für Botaniker ein Feldweg durch die Salzwiesen zum Haffufer.

Fahrradtour vom Boiensdorfer Werder nach Neubukow (11 km)

Vom Boiensdorfer Werder fahren wir auf der Straße über Werder bis Boiensdorf. Dort biegen wir links in die Bäderstraße in Richtung Pepelow ein und fahren die Steigung hoch zum **Scharberg** (54 m, schöne Aussicht). Über Klein Strömkendorf erreichen wir **Pepelow**, wo man ebenfalls eine schöne Aussicht auf das Salzhaff und die Halbinsel Wustrow hat. Über Rakow und Buschmühlen fährt man durch eine schöne Allee bis **Neubukow** am Hellbach.

1822 wurde in Neubukow Heinrich Schliemann als Sohn des Pfarrers geboren. Am Neubau des Pfarrhauses prangt seit 1990, dem 100. Todestag des Altertumsforschers und Entdeckers von Troja, eine Bronzetafel. Nur wenige Schritte weiter, in der Mühlenstraße 7, findet man die **Heinrich-Schliemann-Gedenkstätte** mit Fotos, Schriftstücken, Originalzeugnissen und Nachbildungen von Ausgrabungsstücken aus Troja. Zum Leidwesen der Neubukower trat Schliemanns Vater, als sein Sohn gerade mal 16 Monate alt war, eine Pfarrstelle in Ankershagen bei Neustrelitz an. Gut einkehren kann man im Gasthof »Zur Windmühle« (Mühlentor 8 c, Tel. 038294/351). Wer die **Holländer-Windmühle** von 1910 besichtigen will, fragt die Inhaberin, Frau Blohm, nach einem Termin am Wochenende.

6. RERIK UND WUSTROW

Wer das Ostseebad Rerik kennenlernen will, steige am besten auf den Schmiedeberg neben der Seebrücke. Vor dem Besucher breitet sich eine Landschaft von ungewöhnlicher Gestalt aus: In weitem, sanften Bogen verläuft der Strand nach Nordosten, begleitet von der bewachsenen Steilküste, und entzieht sich erst am Riedensee dem Blick des Betrachters. In der entgegengesetzten Richtung erstreckt sich die Halbinsel Wustrow, die das stille Salzhaff mit dem Fischerei- und Seglerhafen abschirmt. In der Ferne zeichnen sich Insel Poel und Wismar ab. Und über dem Ort erhebt sich die alte Fischerkirche, eine der schönsten der mecklenburgischen Ostseeküste. Manch einer, der nur für einen Ausflug nach Rerik gekommen war, beschloß beim Anblick der Landschaft, längere Zeit hier zu verbringen.

INFORMATION

Telefon-Vorwahl Rerik: 03 82 96
Postleitzah Rerikl: 18230

ANFAHRT

Mit dem Wagen: von Wismar auf der B 105 bis Neubukow, auf der Landstraße bis Rerik; von Rostock auf der B 105 bis Kröpelin, auf der Landstraße bis Rerik
Mit der Bahn: bis Neubukow oder Kröpelin, anschließend per Bus bis Rerik

AUSKÜNFTE

Kurverwaltung Ostseebad Rerik, Dünenstraße 10, 18230 Ostseebad Rerik, Tel. 038296/429 und 294

SCHIFFSAUSFLÜGE

Schiffsausflüge in die Ostsee, auf das Salzhaff und zur Insel Langenwerder bei Poel mit der MS »Möwe« (Kontakt: Never, Rerik, Tel. 13 06) und der »Cremon VIII« (Kontakt: Kurverwaltung)

FÜHRUNGEN

Heimatmuseum, Kirche, Stadtführungen sowie Führungen zu den Großsteingräbern. Auf Wustrow zur Zeit keine Führungen.

TERMINE

Pfingstregatta auf dem Salzhaff; Juni: Kinderfest; Juli: Haff-Festtage

ERHOLUNG, SPORT, FREIZEIT

Segeln, Surfen, Tauchen (Ostseecamp Seeblick, Tauchbasis Baltic), Angeln, Radwandern, Wandern, Fallschirmspringen und Rundflüge (Flugplatz Rerik-Zweedorf, Tel. 038294/393), Reiten, Rudern, Beach-Volleyball bei Kägsdorf, Besuch eines Konzerts der »Reriker Heulbojen« (Shanty-Chor)

MUSEUM

Heimatmuseum, Am Haff 2, Öffnungszeiten: Mitte Mai-Mitte Sept. Di-Fr 14-17 Uhr, Sa 15-17 Uhr, So 15.30-17 Uhr, Mitte Sept.-Mitte Mai Führungen Sa und So 15 Uhr, Tel. wie Kurverwaltung

ST. JOHANNES KIRCHE

Gottesdienst: So 10 Uhr; Führungen im Sommer Mo und Do 10-12 Uhr, So 13-15 Uhr, im Winter Do 10 Uhr; Pfarrhaus: Liskowstr. 3, Tel. 236

CAMPING

Ostseecamp Seeblick, Rerik, Ortsteil Meschendorf, Tel. 480 und 490

FAHRRADVERLEIH

Hartmut Drygalla, Am Haff, Rerik, Tel. 442
Ebert, Dünenstr. 6, Kühlungsborn, Tel. 038293/232

BADEN

FKK-Strand bei Meschendorf und am Rieden

RERIK FÜR KINDER

Abenteuerspielplätze, Badewannenrallye (August), Kinderfeste, Haff-Festtage (Juli), Spielstuben, Tretbootfahren, Kraxeln auf dem Schmiedeberg, Reiten, Kutschfahrten, Bastelnachmittage

GESCHICHTE

Rerik hieß früher **Alt Gaarz**, was »alte Burg« bedeutet und auf slawische Besiedlung schließen läßt. Der Ort wurde erstmals 1267 in einer Stiftungsurkunde des Klosterbesitzes Neukloster erwähnt. Im Mittelalter war Alt Gaarz ein reiches Bauern- und Fischerdorf, dessen Äcker und Fischgründe hohen Ertrag abwarfen.

Wo das Steilufer sich senkt und in die schmale Landzunge übergeht, die Wustrow mit dem Festland verbindet, liegt der **Schmiedeberg**, benannt nach einer Schmiede an seinem Fuße. Über diesen gerade mal 16 m hohen Hügel und sein Geheimnis haben sich die Bauern und Fischer schon immer Gedanken gemacht. Eine alte Mecklenburger Volkssage erzählt von einer goldenen Wiege im Schmiedeberg und daß vor langer, langer Zeit ein blonder Junge namens Frieder aus Alt Gaarz beschloß, dem Geheimnis auf den Grund zu gehen:

Der Winter zog ein, und die Neujahrsnacht war heran. Schnee lag auf den Dünen und widerspiegelte glitzernd das Mondlicht. Frieder stand am Schmiedeberg. Einmal hatte er nach einer Sturmnacht im Berg eine Höhle entdeckt. Dort mußte es sein! Hastig begann er an dieser Stelle zu graben. Plötzlich erhob sich ein gewaltiges Grollen und Krachen. Erschrocken sank Frieder auf die Knie. Da öffnete sich vor ihm der Berg, und er blickte geradewegs in eine glitzernde Grotte. Eine Frau in prächtigem Gewand saß in einem hohen Stuhl. Leise bewegte ihre Hand eine goldene Wiege, in der ihr Knabe lag. Sie waren beide vor langer Zeit von Raubrittern überfallen, ermordet und hier vom Gatten und Kindesvater bestattet worden. Mit zarter Stimme sang die Frau ein schönes Wiegenlied. Frieder lauschte wie verzaubert. Als ihn die Frau freundlich ansah, wollte er sich erheben und auf sie zugehen. Aber da schloß sich der Berg schon wieder. Alles war verschwunden, und Frieder vergingen die Sinne.

Walter Nachtigall/Dietmar Werner: Der schweigsame Fischer und andere Volkssagen um Stände und Berufe, Berlin 1988

Der Hügel hieß am Anfang Burgberg, dann Schloß- und später Schmiedeberg. Er birgt ein Geheimnis: Die große Sturmflut von 1872, die an der ganzen mecklenburgischen und vorpommerschen Küste immense Schäden anrichtete, versetzte auch die Bauern und Fischer von Alt Gaarz in Angst und Schrecken. Sie berichteten, daß die tobenden Wellen damals schwarze Bohlen aus dem Hügel rissen, Reste eines Burgwalles. Kurz nach der Jahrhundertwende stellte ein Archäologe die Hypothese auf, neben dem Burgwall bei Alt Gaarz habe das in den Lorscher Annalen Karls des Großen genannte **Emporium Reric** der Obodriten gelegen, das 808 von den Dänen zerstört wurde. Dort heißt es über den Handelsplatz Reric:

Bevor Gottfried heimkehrte, zerstörte er den Handelsplatz, der, am Ufer des Meeres gelegen, in der Sprache der Dänen Reric genannt wurde und seinem Reiche einen großen Nutzen durch Zahlung von Abgaben brachte.

Die Archäologen vermuteten, daß das Emporium Reric östlich des Schmiedebergs auf jener Fläche gelegen habe, die sanft zum Salzhaff hin abfällt. Die slawische Burg soll den Hafen geschützt haben, dessen Einfahrt unmittelbar

Der Schmiedeberg von Rerik

unterhalb der Festung lag. Der Wustrow mit dem Festland verbindende Dünenwall entstand später durch den Prozeß der Ausgleichsküste. Grabungen ergaben, daß es im Burgwall einen Wehrgang und eine Bastion nach Südwest gab, zum Hafen hin. Dem verantwortlichen Archäologen, Professor Robert Beltz, schwebte damals so etwas wie ein slawisches Haithabu in Mecklenburg vor, also ein Haupthandelsplatz wie jener der Wikinger an der holsteinischen Ostseeküste. Der Burgwall soll, meinte der Forscher, zwanzigmal größer gewesen sein als heute.

1935 leitete Beltz mehrere Grabungen – mit enttäuschendem Ergebnis. Man stieß auf Tierknochen, Keramik, Hausgerät und Fundamentreste von Häusern, also Funde, wie man sie in und bei jedem slawischen Burgwall antreffen würde. Die Forscherwelt, ohnehin skeptisch gestimmt, begrub daraufhin die großen Hoffnungen des Professor Beltz. Emporium Reric müsse woanders gelegen haben, vielleicht an der Mündung der Schwartau in die Trave oder bei Dorf Mecklenburg. Man gab Beltz insofern recht, als das alte Reric im Herrschaftsbereich der slawischen Obodriten gelegen haben müsse, mithin zwischen Trave und dem Fulgenbach bei Kühlungsborn. Was Beltz ausgrub, ist zu einem Großteil im Heimatmuseum Rerik ausgestellt.

Wir sind nun mit Professor Beltz unverhofft ins 20. Jh. geraten, wobei wir die Neuzeit ausgelassen haben. Im 18. Jh. nämlich betrieb der mecklenburgische Adel das **Bauernlegen** mit großer Sorgfalt, was das Land lähmte und in den Ruf der Zurückgebliebenheit und Rückständigkeit brachte. Rings um Alt Gaarz begann das Bauernlegen in der Mitte des 16. Jh., als ein Strauchdieb, der als sangesfroher Küster beim Pfarrer untergekommen war, aus Rachegelüsten das ganze Dorf in Brand steckte. Daraufhin kassierte der Herzog das Land der Bauern und vergrößerte damit seinen Gaarzer Hof. Die Bauern auf Wustrow kamen 1793 an die Reihe: Damals verlegte der Gutsherr die letzten Bauern, die noch Land hatten, nach Klein Wustrow; von elf Vollbauern, zwei Halbbauern und vier Kossaten blieben nur vier Hofstellen übrig. 1838 wurde wiederum ein Bauer auf Wustrow gelegt, den verbliebenen drei wurde das Land bis auf ein Viertel genommen. Die wenigen Halbbauern von Neu Gaarz wurden 1801 zu Kätnern und landlosen Bauern gemacht.

So ging das durch die Jahrhunderte: Die Ritter wurden zu Großbauern, die ihren Landbesitz auf Kosten der Bauern vermehrten, die ihrerseits verjagt wurden und fortan entweder ein Leben als Kätner, Tagelöhner oder Kossate fristen mußten oder zu Leibeigenen gemacht wurden. Gegen diesen Landraub waren die Betroffenen so gut wie machtlos, denn Herzog Christian Ludwig hatte der Ritterschaft, also dem Landadel, im Landesgrundgesetzlichen Erbvergleich von 1755 folgendes garantiert:

Mithin ist und bleibt die Verlegung und Niederlegung einem jeden Gutsherrn dergestalt frei und unbenommen, daß er den Bauern von einem Dorf zum andern zu setzen und dessen Ackerwerk zum Hofacker zu nehmen oder sonst dasselbe zu nützen, Fug und Macht haben soll.

Das Bauernlegen beherrschte das gesamte 18. Jh. und brachte – bei aller Härte für die betroffenen Bauern – große Güter hervor, die bei kluger Leitung hohe Erträge erwirtschaften konnten. Der Ruf Mecklenburgs als Kornkammer Deutschlands gründet mithin auf Leibeigenschaft und Ausbeutung. Eine Chance, wirtschaftlich wieder auf die Beine zu kommen, bot sich für die Bauern erst ab Mitte des 19. Jh., als **die ersten Badegäste** in Rerik eintrafen. Was die Bewohner überall an der Ostseeküste taten, geschah auch hier: Man baute seine Kate aus, erweiterte sie oder baute neu. Im Sommer zog man in den Schweinekoben, mochten sich die Badegäste in der Kate wohl fühlen. So lange die Tage sonnig waren, hat sich keiner an der Enge gestört.

Mitte der 30er Jahre veränderte Rerik sein Gesicht: Offiziere und Angestellte der **Flakartillerie-Schule auf Wustrow** mußten in Alt Gaarz untergebracht werden. Eine rege Bautätigkeit begann. Im Jahre 1938 wurde Alt Gaarz mit den Ortschaften Neu Gaarz, Garzer Hof, Blengow und Wustrow zur **Stadt Rerik** zusammengeschlossen: Der markante historische Name, der in den Augen der Nazis vom »Kampf zweier Kulturen« kündete, paßte allzu gut in die NS-Propaganda.

RERIK HEUTE

Gewöhnlich kommt man auf der Kröpeliner Straße in Rerik an. Die beiden großen Parkplätze rechts der Straße sollte man nutzen, denn danach wird's eng. Man ist sowieso schon mitten im **Zentrum** der »Stadt«. Geradeaus kommt man zur evangelischen Kirche und zur Kurverwaltung, dahinter führt die Dünenstraße in der Verlängerung zum Schmiedeberg, zur Seebrücke, zum Badestrand und zum Hafen. Links vor der Kirche verläuft die Haffstraße in sanftem Bogen zum Heimatmuseum und zur Promenade, die in Rerik nicht an der Ostsee verläuft, sondern am Salzhaff. Mehr braucht man eigentlich nicht zu wissen, um sich zu orientieren.

Es existiert keine angemessenere Beschreibung Reriks als die von Fritz Meyer-Scharffenberg. Sie gibt zwar einen Zustand des Seebads zur DDR-Zeit wieder, ist aber so treffend, daß sie an dieser Stelle zitiert sei:

Der Ort ist weder Stadt, noch Badeort, noch Dorf, er ist in reizvoller Weise alles zusammen. Er zeigt eine Reihe hübscher, von Gärten umgebener Häuser. An der hochgelegenen Straße liegt die Post, am tief hinunter führenden Weg ein Restaurant, dazwischen ein Bauernhof und vor den zum Haff absteigenden Terrassen das Kurhaus. In seinem Garten versteckt wohnt der Bäcker, weit von der Straße entfernt liegt die Schule, es gibt ein HO-Warenhaus, eine Buchhandlung und was ein kleines Gemeinwesen sonst noch benötigt. Sie sorgen für die Bedürfnisse der Einwohner. Es ist alles da, doch nichts drängt sich auf.

Fritz Meyer-Scharffenberg, Zwischen Strom und Haff, Rostock 1959

Es ist alles da, doch nichts drängt sich auf – dies könnte man auch heute über Rerik sagen. Es macht die Stadt, die nach dem Augenschein eigentlich gar keine ist, ausgesprochen sympathisch: Bäderarchitektur oder protzige Hotels und Pensionen sucht man vergebens, als wollten die Bewohner sagen: Wir kommen auch ohne aus, wir mögen unser Städtchen nun mal so, wie es ist.

Natürlich hat sich seit der Wende vieles verändert in Rerik. Der **Schmiedeberg** hat einen Aussichtspavillon bekommen, unten gibt's das neue Café am Schmiedeberg, wo man draußen in der Sonne sitzen kann, auch die 170 m lange **Seebrücke** ist neu. Dort steht der hölzerne Eric aus Rerik, das Maskottchen der Stadt. Vertraut geht's im **Hafen** auf der Haffseite zu: Einige Fischerboote dümpeln im leichten Wellenschlag, Segelboote und Surfer bestimmen das Bild. Große Segeljachten sucht man hier vergebens, auch bei der Pfingstregatta ist man unter sich.

Unten am Hafen, fast am Ende der Promenade, steht das **Heimatmuseum**. Es wurde in der ehemaligen Gaststätte »Zum alten Seebär« untergebracht. Dort kann man sich über Reriks Geschichte informieren, als der Ort noch Alt Gaarz hieß. Großes Thema: der Schmiedeberg, sein slawischer Burgwall, die

Die St. Johannes Kirche in Rerik

Ausgrabungsfunde und was es mit dem »Emporium Reric« auf sich hat. Auch die Ur-Dolmen der näheren Umgebung werden gewürdigt, vor allem der Übergang vom Ur-Dolmen zum Ganggrab und zum Hügelgrab. Weiterhin findet man Schiffsmodelle (Zeesboot), altes Fischergerät, die Arbeitsplatte eines Goldschmieds um 1250, Waffen, slawische Krüge aus Reriker Ton, das Reriker Wappenschiff, eine amerikanische Ernteuhr und Bilder des Reriker Malers Ernst Schriever.

Bedeutendste Sehenswürdigkeit Reriks ist die **St. Johannes Kirche**. Ihr Turm mit der landestypischen »Bischofsmütze« diente den Fischern auf See als Landmarke und ist in Rerik von fast überall gut zu sehen. Die Backsteinhallenkirche wurde in der 2. Hälfte des 13. Jh. errichtet, also noch in der Frühzeit der Christianisierung, und zeigt frühgotische Stilmerkmale in einer wuchtigen, derben Variante. Warum sie als eine der schönsten Bauernkirchen der mecklenburg-vorpommerschen Ostseeküste gilt, zeigt sich im Innern: Der 1668 von Hinrich Greve aus Wismar einheitlich im barocken Stil ausgemalte Kirchenraum konnte bei der Restaurierung 1969-74 freigelegt werden. Qualität und Vollständigkeit der Malerei gelten als einmalig an der Ostseeküste. Auch die zum größten Teil barocke Einrichtung der Kirche ist außergewöhnlich reich, z.B. der aufwendig verzierte Altaraufsatz von 1754/55, die prunkvolle Kanzel mit Portal, Aufgang und Schalldeckel (1751/52), die 1780 von Kolbow gefertigte Orgel, der Beichtstuhl (Mitte des 18. Jh.), die Kalkstein-Taufe aus dem 13. Jh. und der Schrein eines Schnitzaltars mit Kreuzigungsgruppe (15. Jh.). Von den Pastorengemälden fällt besonders das von Christian Liskow (1614-82) ins Auge, unter dem Alt Gaarz nach dem Dreißigjährigen Krieg wieder aufblühte. Während seiner Pastorenschaft wurde die Pfarrkirche im barocken Stil eingerichtet. In der Kirchengruft wurden mehrere Ritter und Gutsbesitzer von Wustrow bestattet.

Besichtigungen und Stadtbummel machen hungrig, wir schlagen das Restaurant-Café Zur Linde vor (Leuchtturmstr. 7, Tel. 252). Man ist auf fangfrischen Fisch eingestellt, wie sich das an der Küste gehört. Vielleicht wird dem einen oder anderen bei Dorsch oder Zander bewußt, daß Rerik mit seinen 2100 Einwohnern eine der kleinsten Städte Mecklenburg-Vorpommerns ist. Ob der Bürgermeister schon an eine Partnerschaft mit Schnackenburg an der Elbe gedacht hat?»Bund der Kleinen mit Pfiff« kommt einem da in den Sinn.

WUSTROW

Über vierzig Jahre war die Halbinsel Wustrow als militärisches Übungsgelände für sowjetische Panzerverbände jeglichem Zutritt entzogen. Nach dem Abzug der Sowjet-Truppen entdeckte man vergrabene Munitionsreste, vor allem im Norden der Halbinsel und an der Küste. Im Wasser wurden die betreffenden Gebiete sogar mit Bojen gekennzeichnet. Bis zur Bergung der Altlasten darf Wustrow nicht betreten werden.

Aufgrund der langen Sperrung der Insel ist heute nur wenigen bewußt, daß das abgeschiedene »Ländchen Wustrow« über Jahrhunderte ein ganz normales Gut war, das nur bei wenigen historischen Anlässen von sich reden machte. Der slawische Name »Wozstruywe« erschien erstmals 1273 im Wismarschen Stadtbuch und wurde in der Folgezeit zu »Wostrowe« und »Wozstrowe« abgewandelt. Er bedeutet nichts anderes als »Insel«. Unter den Eigentümern Wustrows waren bedeutend **Vicke von Oertzen**, der 1465 als Landrat starb und in der Alt Gaarzer Kirche begraben wurde, und sein Sohn **Mathias von Oertzen**, der in der Politik Mecklenburgs keine unbedeutende Rolle spielte. Er besiegelte 1523 als einer der Bevollmächtigten der Ritterschaft die Union der Landstände, die »Geburtsurkunde der mecklenburgischen Ständeverfasssung« (Alexander Schacht). Sie galt bis in unser Jahrhundert als eine Art »Verfassung« Mecklenburgs. Für seine Verdienste wurde Mathias von Oertzen 1524 in den Ritterstand erhoben. Er war der letzte, dem diese Ehre zuteil wurde. Von Oertzen erwarb für Wustrow u.a. die freie Schiffereigerechtigkeit, um von einem Klipphafen im Salzhaff Getreide nach Lübeck zu verschiffen. Die Hansestädte Wismar und Rostock sahen sich um ihre Privilegien und Vorkaufsrechte gebracht und bekämpften wiederholt den in ihren Augen illegalen Handel, auch mit kriegerischen Mitteln.

Am 10. Februar 1625 ging eine furchtbare Sturmflut über Wustrow hinweg. Die Bewohner der Dörfer Wustrow, Klein Wustrow und Neu Wustrow retteten sich mit knapper Not auf das Hochufer. Zum Dank ihrer Rettung spendete der Gutsherr einen Dankgottesdienst, der bis in unser Jahrhundert am Sonntag nach dem »Wustrowschen Wassertag«, dem 10. Februar, in der Alt Gaarzer Kirche abgehalten wurde. 1820 gelangte Wustrow in den Besitz der Rostocker Familie Stever, die um 1850 ein **Herrenhaus** errichtete. Im Jahre 1908, als das Gut mal wieder zum Verkauf stand, hieß es in einer Annonce im »Rostocker Anzeiger«:

Hochrentables Rittergut in herrlicher Lage an der Ostsee und dem Salzhaff in der Nähe stark besuchter Badeorte. Nach vollständiger Herrichtung wird nunmehr unser Allodial-Rittergut Wustrow bei Alt Gaarz, auf der Halbinsel Wustrow (...) zum Verkauf gestellt. Gesamtgröße, einschließlich der Erbpachthufen, 1053 ha, davon ca. 662 ha Acker von vorzüglichster Güte, größter Gleichmäßigkeit, in leichtem Südhang, mit höchsten Erträgen, in Qualität den Hildesheimer, Braunschweiger und Magdeburger Börde-Böden durchaus gleich zu achten. Eigene Hafenanlage am Haupthof. Schönes Herrenhaus in großem alten Park am Salzhaff. Großartigste Gelegenheit zum Wassersport jeder Art.

Nach Hitlers Machtergreifung wurde Wustrow für 1 400 000 Reichsmark an die Reichswehr verkauft, die auf der Halbinsel zügig eine **Flakartillerie-Schule** gründete. Die Baumaßnahmen umfaßten Kasernengebäude, ein Heizwerk, Wasserwerk, Wirtschaftsgebäude, Maschinenhallen, Werkstätten, ein Flugfeld, Flugzeughallen, Lazarett – insgesamt 314 Gebäude. Sogar eine Schule, eine Schwimmhalle und eine Post, ferner Gaststätten und Geschäfte gab es auf Wustrow. Der gewaltige Militärkomplex wurde bei einem Besuch Hitlers und Mussolinis im September 1937 von der Presse als »Soldatenstadt an der Ostsee« groß gefeiert.

Viele der Gebäude wurden nach dem Zweiten Weltkrieg gesprengt. Die Sowjet-Armee okkupierte die Halbinsel und ließ ihre Truppen das Panzerschießen üben, später kamen Raketenstellungen und Abhöreinrichtungen dazu. Mit ihrem Abzug im Oktober 1993 endete die militärische Nutzung der Halbinsel, die 60 Jahre gedauert hatte. An das »Ländchen Wustrow« erinnert heute nur noch die Ruine des Herrenhauses.

Tip: Schiffsfahrt rund um Wustrow

Wustrow ist durch eine stacheldrahtbewehrte Betonmauer mit Metalltor abgesperrt. Wortkarges Wachpersonal, von Schäferhunden unterstützt, verweigert jeden Zutritt. Um das Betretungsverbot zu untermauern, zeigt einer der Wachmänner auch mal den Metallmantel einer Handgranate, die in einer Kaserne gefunden wurde – »auf einem Dachboden«.

Darf Wustrow auch nicht betreten werden, mit dem Schiff kann man sich

Blick auf Wustrow

der Halbinsel durchaus nähern, sofern man einen Abstand von 200 m einhält. Mit dem Fernglas hat man einen recht guten Einblick in diese sonderbare Insel, die heute große Umweltschäden aufweist, zugleich seltenen Pflanzen und Tieren ein Nischendasein ermöglicht.

Die Halbinsel Wustrow ist etwa 10 km lang und 2 km breit. Der slawische Name bedeutet »Insel«, was erkennen läßt, daß die knapp 1 km lange, nur 100 m breite und 2 m hohe dammartige Landverbindung erst recht spät von der Strömung der Ostsee gebildet wurde. Im Nordwesten erstreckt sich eine **Steilküste**. Das Gelände fällt zum Salzhaff sanft ab und endet in Salzwiesen. Auffallend ist das Südende der Insel: Weit ragt der etwa 4 km lange, seit etwa 1987 bei einem Sturm durchbrochene Nehrungsarm **Kieler Ort** in Richtung Boiensdorfer Werder. Kieler Ort bildet mit dem kleineren Kap Kirchmesse gegenüber die lagunenartige, fischreiche Bucht Kroy.

Große Teile der südlichen Halbinsel Wustrow bestehen aus Dünen. Die Flora setzt sich entsprechend aus sandliebenden Arten wie Strandhafer und Strandroggen zusammen. Sogar die Stranddistel soll am Kieler Ort noch zu finden sein. In der Nähe des Salzhaffs liegen Salzwiesen mit salzwassserverträglichen Pflanzen. Am Kieler Ort haben sich Kormorane niedergelassen. Auch ein Seeadlerpaar wird gelegentlich auf Nahrungssuche gesichtet. Das südliche Drittel der Halbinsel mit Kieler Ort, Kroy und Kapmesse steht unter Naturschutz. Ein Abstand von 200 m vom Naturschutzgebiet ist einzuhalten.

RADTOUREN

1. Rundtour von Rerik über Kägsdorf und Bastorf (18 km)

Die Radtour führt recht nahe an der Küste entlang bis Meschendorf, von dort über Kägsdorf und Bastorf zurück nach Rerik.

Beginn der Radtour ist die **Seebrücke**. Auf der Dünenstraße radelt man in Richtung Kirche und weiter auf der Leuchtturmstraße aus dem Ort in Richtung Meschendorf. Die Schillerstraße führt an Neu Gaarz vorbei. Auf der guten Asphaltstraße ist rasch die Feldmark erreicht. Rechter Hand liegen zwei **Dolmen** – Großsteingräber oder Hünengräber aus der Jungsteinzeit. In einem weiten Bogen nach halblinks führt die Asphaltstraße hinunter nach **Meschendorf**. Hinter der Siedlung sieht man rechts des Weges eine **Ilex-Hecke**, naturgeschützte Stechpalmen, die an diesem Standort die ungewöhnliche Höhe von 5 m erreichen. Geradeaus kommt man zum **Riedensee**, einem Strandsee, der nur durch einen flachen Dünenwall von der See getrennt ist. Der Weg dorthin empfiehlt sich als Abstecher zu Fuß. Wir fahren hinter der Ilex-Hecke rechts steil bergan nach **Kägsdorf**, einem typischen mecklenburgischen Gutsdorf.»Der Ort entwickelte sich vom großen Bauerndorf zum ritterlichen Landgut« heißt es beschönigend in einer Broschüre über die Landschaft am Salzhaff. Das bedeutet im Klartext, daß die Bauern von Kägsdorf »gelegt« wurden: Die Ritter (der Landadel) hatten von ihrem Landesherrn das Recht erhalten, die Bauern von ihrem Land zu verjagen oder zu Leibeigenen zu machen und den Boden selber zu bewirtschaften.

Der Radweg führt unmittelbar am **Gutshaus** vorbei, einem in der 2. Hälfte des 19. Jh. errichteten Gebäude mit neugotischer Fassade inmitten eines schönen Parks. Größte Sehenswürdigkeit ist ein etwa 150 Jahre alter **Ginkgo-Baum**, der rund 20 m hoch ist und einen Stammumfang von über 3 m erreicht. Die aus China und Japan stammenden Ginkgos werden als die älteste lebende Baumart angesehen.

In Kägsdorf halten wir uns rechts und radeln auf dem Plattenweg über die Anhöhe nach Süden. Unterwegs sieht man linker Hand den signalroten **Leuchtturm** auf dem 79 m hohen **Bastorfer Signalberg**, der höchsten Erhebung des Buks. Der Turm wurde 1878 fertiggestellt und warnt bis heute die Schiffahrt vor den Gefahren der Küste. Man darf den Turm vorerst nicht besteigen. Die Aussicht vom Signalberg ist aber ausgesprochen reizvoll, so daß sich die Fahrt auf die Anhöhe lohnt. Dazu fährt man nach Süden bis zur Wegkreuzung, biegt links ab nach Bastorf, hält sich am Ortsbeginn wiederum links und fährt (oder schiebt) hoch zum Leuchtturm. Von oben sieht man im Südwesten Rerik, die Halbinsel Wustrow mit dem Nehrungsarm Kieler Ort. Dahinter erkennt man Insel Poel und die Kirchtürme und Hafenkräne von Wismar. Im Norden liegt das Ostseebad Kühlungsborn, westlich davon der Riedensee. Weiter die Küste nach Osten zeichnen sich Heiligendamm, Börger-

Dolmen bei Rerik

ende und Nienhagen ab. Sogar Warnemünde kann man am hellen Riegel des Hotels Neptun gut erkennen.

In **Bastorf** kann man sich im Gasthof »Zum Leuchtturm« stärken: Es gibt Mecklenburger Fisch- und Wildgerichte (Zum Leuchtturm 2, täglich geöffnet, Tel. 038293/75 03). Da die Landstraße stark befahren ist, radeln wir wieder zurück bis zur Wegkreuzung und biegen links in den Betonplattenweg nach Süden ein. Am Ende geht es zügig bergab bis zur Landstraße, auf der wir nur wenige Meter geradeaus weiterfahren, um rechts nach **Mechelsdorf** abzubiegen. Der Weg ist beschwerlich, aber kurz. Im Dorf halten wir uns rechts und fahren auf einem Betonstreifenweg über die flache **Rudingkuppe**, Teil des Buks, in Richtung Küste. An der Asphaltstraße angekommen, erreichen wir nach links Rerik.

2. Von Rerik nach Kühlungsborn (12 km)
Die Radtour empfiehlt sich besonders für eine anschließende Fahrt mit dem »Molli«, der Bäderbahn zwischen Kühlungsborn und Bad Doberan. Fahrräder können transportiert werden, Fahrplanauskunft erteilt die Mecklenburgische Bäderbahn »Molli«, Tel. 038203/24 00.

Auf der Leuchtturmstraße und der Schillerstraße radeln wir von Rerik über **Neu Gaarz** in Richtung **Meschendorf** (in Neu Gaarz an der Gabelung links halten). Hinter dem **Ur-Dolmen** Neu Gaarz, dem ersten Großsteingrab, biegen wir nach rechts über die **Rudingkuppe** nach **Mechelsdorf** ab. Im Dorf

Der Bastorfer Signalberg

sind die Wege holprig; am besten, man hält sich gleich zu Beginn links und radelt langsam bis zur stark befahrenen Landstraße. Dort biegen wir links ab und verlassen nach wenigen Metern bereits wieder die Straße, indem wir geradeaus, zuerst auf einem Sandweg, dann auf einem Plattenweg, über die Hügelkuppe nach **Kägsdorf** radeln (mit Gutshof, Park, prachtvollem Ginkgo). Rechts ist der **Leuchtturm** auf dem **Bastorfer Signalberg** zu sehen. Etwa 500 m hinter Kägsdorf biegt rechts der Radweg nach Kühlungsborn ab. Geradeaus kann man einen Abstecher zum **Riedensee** unternehmen, einem Strandsee. Der Weg dorthin ist allerdings holprig. Auf der Landstraße angekommen, wende man sich nach links und erreicht Kühlungsborn West, das ehemalige Arendsee (mit Bahnhof).

Wanderung auf dem Hochuferweg in Richtung Meschendorf (7 km)
Der Spaziergang von Rerik nach Nordosten, hart an dem mit Ginsterbüschen bewachsenen, grünen Steilufer entlang, lockt mit sonderlichen Namen wie Liebesschlucht, Elefantenstein, Wolfs- und Teufelsschlucht. Sie gehen auf Episoden und Begebenheiten zurück, die im Ort so genau niemand mehr kennt. Von der **Kirche** spazieren wir auf dem **Parkweg** in Richtung Strand und durchqueren den **Kurpark**. Linkerhand führt die Schustertreppe zum Strand hinunter. Am Ende des kleinen Kurparks, wo sich die **Liebesschlucht** tief in die Steilküste eingegraben hat, haben Windflüchter, vom Ostseewind verformte Bäume und Büsche, sonderbare **Laubengänge** gebildet. Auf einem gewun-

denen Pfad wandern wir an der Steilküste entlang aus Rerik hinaus. Der Abhang ist meist begrünt, oft mit Ginsterbüschen. Unten am Strand liegen **Geschiebe** aus Granit und Gneis in jeder Größe, die von Sturmfluten aus der Grundmoräne herausgespült wurden. Der größte Brocken heißt **Elefantenstein**. Wie tief er im Sand steckt, ist unbekannt; er sinkt immer tiefer in den Untergrund hinein. Weiter auf dem Küstenweg erreicht man die **Wolfsschlucht**, kurz darauf die **Teufelsschlucht**. Dort führt eine Treppe zum Strand hinunter.

Ein weiteres wuchtiges Geschiebe, vom Volksmund »**Schildkröte**« genannt, liegt kurz vor der Hasenschlucht in der Brandungszone. Man wandert durch ein kurzes Waldstück und erreicht das **Ostseecamp Seeblick**. Dort halten wir uns rechts und gehen hinauf bis zur Asphaltstraße, in die wir rechts einbiegen. Gegenüber liegt ein Großsteingrab mitten im ansteigenden Ackerland. Die Anhöhe ist ein Ausläufer des Buks, eines kleinen Höhenzugs westlich der Kühlung. Höchste Erhebung ist der **Bastorfer Signalberg** (78 m) mit dem brandroten, weithin sichtbaren Bastorfer Leuchtturm. Jenseits des Abzweigs nach Mechelsdorf sieht man linker Hand ein weiteres **Großsteingrab**, den »Ur-Dolmen Neu Gaarz«. Das jungsteinzeitliche Grab mit Gang wurde 3000-1800 v. Chr. angelegt und gehört zu den ältesten seiner Art in Mecklenburg-Vorpommern. Der Gang kam später hinzu, so daß mehrere Bestattungen möglich waren. Auf der Straße erreichen wir Neu Gaarz; auf der Schillerstraße und der Leuchtturmstraße kehren wir nach Rerik zurück.

7. KÜHLUNGSBORN UND DIE KÜHLUNG

Kühlungsborn darf von sich behaupten, das größte Seebad der mecklenburg-vorpommerschen Ostseeküste zu sein. Selbst Binz auf Rügen ist etwas kleiner. Der Ort gibt sich städtisch, was man vor allem auf der Prachtmeile, der Straße des Friedens, und rings um die Seebrücke im Ostteil merkt. Die zu DDR-Zeiten sehr begehrten 6000 Quartierplätze haben sich inzwischen zu 3000 Betten in renovierten Hotels und Pensionen gewandelt. Das Familienbad wirbt mit einem sechs Kilometer langen Sandstrand, einem herrlichen Stadtwald, der Kühlung im Süden und dem »Molli«, der über hundert Jahre alten Dampfeisenbahn, die zwischen Kühlungsborn und Bad Doberan verkehrt.

INFORMATION

Telefon-Vorwahl Kühlungsborn: 038293
Postleitzahl Kühlungsborn: 18225

ANFAHRT

Mit dem Wagen: von Wismar auf der B 105 bis Neubukow, Landstraße nach Kühlungsborn; von Rostock auf der B 105 bis Bad Doberan, Landstraße über Heiligendamm bis Kühlungsborn
Mit der Bahn: in Bad Doberan Umsteigen in den »Molli« nach Kühlungsborn

AUSKÜNFTE

Kurverwaltung Kühlungsborn, Poststraße 20, 18225 Kühlungsborn, Tel. 038293/84 90 u. 849 21 (Außenstelle: Strandstr. 40, Tel. 209)
StadtVerwaltung Kröpelin, Markt 1, 18236 Kröpelin, Tel. 038292/851-0

BAHNHÖFE

Mecklenburgische Bäderbahn »Molli«, Bad Doberan, Tel. 038203/24 00
Bahnhof Kühlungsborn West, Tel. 398
Bahnhof Kühlungsborn Ost, Tel. 283

UNTERKÜNFTE

In Kühlungsborn gibt es keinen Mangel an guten Unterkünften. Die Kurverwaltung hilft gern bei der Vermittlung von Zimmern.

JUGENDHERBERGE

JH Kühlungsborn, Dünenstr. 4, Kühlungsborn, Tel. 270

CAMPING

Campingpark Kühlungsborn, Waldstr., Kühlungsborn, Tel. 71 95

Ikarus-Camping, Fritz-Reuter-Str. 10 a, Kühlungsborn, Tel. 75 35

Campinggarten Seerose, Waldstr. 7, Kühlungsborn, Tel. 72 90

FAHRRADVERLEIH

Ebert (»Örnis Shop«), Dünenstr. 6, Kühlungsborn, Tel. 232

SEHENSWERTES

Kirche aus dem 13. Jh., Bäderarchitektur

BESICHTIGUNGEN

Kirche, Schloßstr. 19, Kühlungsborn Ost, Tel. 261, Öffnungszeiten: Mo-Fr 10-12 Uhr, nachmittags auf Anfrage

»Molli«-Eisenbahnmuseum, Bahnhof Kühlungsborn West, Führungen auf Anfrage beim Bahnhof West

AUSSTELLUNGEN

Kunsthalle Lesehalle, Ausstellungen und Veranstaltungen, Straße des Friedens 48, Kühlungsborn West, Tel. 75 40

Kunsthaus »Haus Rolle«, Straße des Friedens 18, Kühlungsborn Ost, Tel. 62 82

Muschelausstellung, Apartmenthaus Zum Strandkorb, Hermannstr. 11, Kühlungsborn West, Tel. 83 40

ERHOLUNG, SPORT, FREIZEIT

Schiffsausflüge, Segeln, Motorbootfahren, Tauchen (Wassersportschule Kühlungsborn); Surfen, Radwandern, Wandern, Golf (Wittenbeck, Auskunft: Tel. 133 70), Sauna, Kurkonzert, Angeln, Kegeln, Bowling, Tennis, Strandgymnastik, Volleyball, Reiten, Fallschirmspringen und Rundflüge (Flugplatz Rerik-Zweedorf, Tel. 038294/393); Dia-Vorträge über Kühlungsborn, plattdeutsche

BADEN

Abende mit dem Shanty-Chor »Reriker Heul
bojen«, Literatur-Lesungen, Konzertgärten in
Kühlungsborn West und Ost

TERMINE

kilometerlanger Sandstrand, FKK, Baden in der
Meerwasser-Schwimmhalle (Straße d. Friedens 44,
Kühlungsborn West, Tel. 74 01)

**KÜHLUNGSBORN
FÜR KINDER**

Mai: Frühlingsfest; Juni: Beach-Volleyball (Lipton-
ice Masters); Juli: Sommerspektakel; letztes Juli-
Wochenende: Galopprennen in Bad Doberan
(Anfahrt mit dem »Molli« empfohlen); August:
Schippermützenfest; September: Herbstfest;
1. Sept.: Radrallye gegen den »Molli« von Bad
Doberan nach Kühlungsborn; 3. Oktober: »Molli«-
Bahnhofsfest »Schall und Rauch – Jazz auf der
Schiene« im Bahnhof Kühlungsborn West

Spielplätze (Strandspielplatz: Straße des Friedens,
etwa beim Hotel Nordstern), Ausflug mit der Jolle
(Wassersportschule Kühlungsborn), Bastelnach-
mittage, Drachenfeste am Strand, »Molli«-Fest,
Bahnfahrt mit dem Molli, Reiten, Kutschfahrten,
Bibliothek (Strandstr. 40, Tel. 61 45), und natürlich
Baden, auch in der Meerwasser-Schwimmhalle

Tip: Wassersport
Wassersport wird in Kühlungsborn groß geschrieben. Die örtliche Wasser-
sportschule bietet an: Segeln mit Jolle, Catamaran oder Yacht, große Törns,
Motorbootfahrten, Tauchen, Wasserski, Schulungen für Anfänger und Fort-
geschrittene u.a. Kontakt über: Wassersportschule, Campingpark, Waldstr.,
Kühlungsborn, Tel. 72 08.

Tip: Tagesbetreuung für Kinder
Urlaubende Eltern können ihre Kleinen tageweise betreuen lassen:
Kindertagesstätte »Fuchs und Elster«, Hermannstr. 9, Kühlungsborn West,
Tel. 72 47;
Kindertagesstätte »Brummi«, Straße des Friedens 34, Kühlungsborn Ost,
Tel. 546

KÜHLUNGSBORN UND DIE KÜHLUNG

»DER« MOLLI, »DIE« MOLLI ODER WAS?

Seit die Kleinbahn zwischen Bad Doberan und Kühlungsborn Molli heißt, streitet man zu beiden Seiten der 900-Millimeter-Gleise über die Frage, ob es »der« Molli oder »die« Molli heißt. Maritim gebildete Menschen führen hier gern die Seefahrt an: Schiffe trügen nun mal weibliche Namen. Also, schließen sie messerscharf, könne es nur »die« Molli heißen. Aber Molli ist kein Dickschiff, obwohl der Zug in der Doberaner Mollistraße jede halbe Stunde ja mächtig dicke tut. Andere meinen, wer so viel Dampf ablasse wie Molli, der könne ja nur männlich sein. Seltsame Logik. Dritte meinen, es heiße »die« Kleinbahn, also »die« Molli. Da werden manche zornig: Molli sei ein richtiger Zug, also »der« Molli! Dann kommen die mit dem Ehrenlokführer-Patent: Sie hätten oben auf der Lok Mollis zarte Seele erkannt, und die sei garantiert ...

So geht das nun schon seit Jahren. Lassen wir die Leute reden – Hauptsache, sie fahren ab und zu mit Molli. Hauptsache, Molli dampft, faucht, schnaubt, bimmelt, macht Krach – und lebt und fährt noch lange.

(Anmerkung: Autor und Verlag haben sich in diesem Buch für »den« Molli entschieden – aus gänzlich irrationalen und damit unangreifbaren Gründen.)

GESCHICHTE UND GEGENWART

Kühlungsborn geht auf die Orte **Arendsee**, **Brunshaupten** und **Hof Fulgen** zurück. Anfang des 13. Jh. wird Arendsee erwähnt, das seinen Namen vom Kloster Arendsee in der Altmark erhielt. Um 1210 taucht Brunshaupten als Schenkung an das Kloster Parchow bei Kröpelin auf. Die Dörfer lagen mitten in der alten Cubanze, dem Grenzgebiet der slawischen Obodriten und der Kessiner. Noch heute erinnert die Cubanz, größter Bachlauf der Kühlung, an jene Zeit. Grenzlinie war der Fulgenbach, der beim alten Hof Fulgen im Osten von Kühlungsborn fließt.

Das kleine Fulgen hatte bereits 1857 die ersten Badegäste. Die Bauern, die die neue Zeit spitzgekriegt hatten, gaben sogar einen Badeprospekt heraus:

Das Ostseebad Fulgen, 1 Meile von Doberan und 1/2 Meile von Heiligendamm gelegen, empfiehlt sich zur Aufnahme von Badegästen ergebenst. Es werden à Person per Woche für Bäder, Logis, Aufwartung und Beköstigung (table d'hôte) 7, 8 und 9 R-Thlr. je nach den gewünschten Zimmern berechnet, und tritt bei Kindern unter 10 Jahren eine Preisermäßigung ein.

Wohlgemerkt: 1857 – Fulgen – table d'hôte. Und wenn man bedenkt, daß nur wenige Kilometer weiter östlich schon 1793 gebadet wurde, dann haben die Bauern von Fulgen sich sehr viel Zeit gelassen. Wie dem auch sei, in Bruns-

Entspanntes Strandleben in Kühlungsborn

haupten fiel erst 1880 der Groschen, Arendsee kam 1884 an die Reihe. Zwei Jahre darauf wurde ein gemeinnütziger Badeverein gegründet. Dann aber ging es Schlag auf Schlag: Die Bauern rückten im Sommer zusammen, vermieteten ihre Stube, räumten den Schweinestall und den Boden aus, damit nur ja einige Sommerfrischler unterkamen. Und es wurde neu gebaut. Fremde Hoteliers investierten in Brunshaupten und Arendsee und errichteten **prachtvolle Villen** in einem Stil, der für die Bauern- und Fischerdörfer eigentlich unerhört war: Man baute im Jugendstil und im Historismus, plante verspielte Erker und kecke Türmchen ein, lockte mit Freitreppen und Veranden, warb mit Balkonen und Loggien und suchte einander nach Kräften zu übertreffen. Das Ergebnis ist eine **Prachtstraße der Bäderarchitektur**, die ihresgleichen sucht und ebenbürtige Konkurrenz erst auf Rügen und Usedom findet.

Ein heimatbewegtes, vielleicht allzu liebliches Bild von Arendsee und Brunshaupten zeichnete Mitte der 20er Jahre Gerhard Ringeling:

Mit (...) bemerkenswerter Zielbewußtheit haben sich die beiden Fischerdörfer Arendsee und Brunshaupten in moderne Badeorte umgewandelt. Und eins hatten sie dem Damm (Heiligendamm, H.S.) voraus: den sandigen Strand. (...) Energisch ging man daran, die sandige Dünenlandschaft in Anlagen umzuwandeln und den Fichtengürtel mit bequemen Waldwegen zu durchschneiden. Eine Strandterrasse entstand mit breiten, gepflegten Promenaden, die Villen und Pensionen schossen wie Pilze aus der Erde (...), und heute ist Brunshaupten-Arendsee einer der beliebtesten Badeorte der mecklenburgischen Küste. Seinen

Seebrücke in Kühlungsborn

besonderen Zug erhält es durch seine Anlagen als Gartenstadt. Überall schlingt sich üppiges Grün um das freundliche Weiß seiner Häuser, und seine Wege und Straßen ducken sich unter wiegende, dunkle Baumkronen.
Gerhard Ringeling, Bad Doberan, Heiligendamm und Brunshaupten-Arendsee,
Mecklenburgische Monatshefte, 1925

Zu Beginn der 30er Jahre kamen 10 000 bis 12 000 Feriengäste nach Arendsee, das mit »stärkstem Wellenschlag« und (stark überhöhten) zwei Prozent Salzgehalt, dem »höchsten an der ganzen Ostseeküste«, für sich warb. Brunshaupten, als Seebad wesentlich bedeutender, verzeichnete 1933 sogar 18 900 Besucher, mit deutlich steigender Tendenz. Sogar eine Seebrücke gab es im Ort.

Ende der 30er Jahre gingen die Nazis daran, zahlreiche Städte und Dörfer zusammenzulegen oder umzubenennen. 1937 wurden auch Arendsee, Brunshaupten und Hof Fulgen zum **Ostseebad Brunshaupten-Arendsee** vereinigt – gegen den Widerstand der Villenbesitzer, die finanzielle Einbußen befürchteten. Über Nacht war der Ort das größte Seebad der mecklenburg-vorpommerschen Küste. Ein Jahr später wurde aus Brunshaupten-Arendsee die **Stadt Kühlungsborn**. Der betuliche Namen leitet sich ab von Cubanz (slawisch: Born), dem größten Bachlauf der Kühlung, der beim Ort unterirdisch in die Ostsee mündet.

Zu DDR-Zeiten war Kühlungsborn ein Massenquartier mit 130 000 FDGB-Urlaubern im Jahr. Heute zieht es immer noch viele Urlauber aus den neuen Bundesländern in das Seebad – sei es, um den Ort wiederzusehen, in dem sie

Repräsentative Villa im Ostseebad Kühlungsborn

vor zwanzig Jahren ihre Ferien verbrachten, sei es, weil sie seinerzeit dort nicht untergekommen waren.

Die drei alten Ortsteile Kühlungsborns – symbolisiert durch drei Möwen im Stadtwappen – sind noch deutlich erkennbar. Aus Alt-Arendsee wurde Kühlungsborn West, Alt-Brunshaupten liegt etwa beim Molli-Haltepunkt Kühlungsborn Mitte und der alten Pfarrkirche, auch die Brunshöver Möhl gehört dazu. Den alten Ortsteil Fulgen findet man südöstlich der neuen See-brücke.

In Kühlungsborn entwickelt man so seine Vorlieben: Dem einen gefällt das vornehme Kühlungsborn Ost, andere fühlen sich im einfacheren Kühlungs-born West am wohlsten, manche gehen am liebsten im 133 Hektar großen **Stadtwald** spazieren. Doch die meisten zieht es am Abend auf die **Straße des Friedens**, Kühlungsborns Prachtstraße mit wunderschönen Villen im Stil der Bäderarchitektur aus der Zeit vor dem Ersten Weltkrieg. Diese Pracht- und Flaniermeile geht auf den ehemaligen Bülowweg zurück, verläuft hart am Strand, gleich hinter dem Küstenschutzwald, und wird wohl noch lange Straße des Friedens heißen. Für einen Kur- und Badeort ist das kein übler Name, schließlich will man irgendwann am Abend auch mal seine Ruhe haben.

Eines der prachtvollsten Gebäude dieser Straße ist die ehemalige **Villa Hausmann**, 1912 von Alfred Krause im neobarocken Stil errichtet. Die heute Baltic genannte Villa, einst im Besitz der Rothschilds, steht neben der Meer-wasser-Schwimmhalle.

Doch auch die benachbarten Straßen sind einen Blick wert: In der Tannen-straße gefällt das **Schloß am Meer** (Nr. 7/8) durch seine zahlreichen Balkone und Loggien, die über Eck gebaut sind. Nett anzusehen ist der 1910 errichtete **Pavillon** der Bibliothek im Konzertgarten Kühlungsborn Ost, der den beiden Bauten auf dem Doberaner Kamp nachempfunden ist.

Übrigens war kein Bauer so verwegen, seine Kate derart nah am Strand zu bauen, wie das die Hoteliers und Pensionsinhaber taten. Die alten Ortsteile liegen ein ganzes Stück weiter im Süden. Größte Sehenswürdigkeit ist Brunshauptens alte**Feldsteinkirche**, die teilweise aus dem 14. Jh. stammt. Der Chor wurde etwa 100 Jahre später gebaut. Der ver-bretterte Turm aus dem 16./18. Jh. ist wunderschön erhalten. Die wertvolle Madonna-Figur und die Triumphkreuzgruppe wurden im 15. Jh. geschaffen. Neben der Kirche trifft man auf einige Gräber von Brunshauptener Fischern, die ältesten sind von 1660 und 1698.

Auch die alte**Mühle** gehört zum Dorf Brunshaupten. Die um 1910 gebaute Ständer-Holländermühle wurde zu einem Restaurant umgebaut, in dem sich ausgezeichnet tafeln läßt (Brunshöver Möhl, An der Mühle 3, Tel. 937, nach-mittags geschlossen, im Winterhalbjahr Mo Ruhetag).

VOM STRANDKORB

Nein, der Strandkorb wurde nicht in Kühlungsborn erfunden. Wer sich diese praktische, wenn auch wuchtige Gerät-schaft ausdachte, die vor Wind, Sonne und Sandflug schützt, ist nicht bekannt. In Deutschland tauchte der Strandkorb erstmals 1873 im Nordseebad Norder-ney auf und verbreitete sich schnell in den Bädern an der Küste. Was die Ostsee betrifft, so nahm der Rostocker Korbmacher Wilhelm Bartelmann die Herstel-lung in die Hand: 1882 fertigte er einen Korb für eine an Rheumatismus lei-dende Dame. Es war sozusagen der Ostsee-Prototyp eines Strandkorbs. 1897 baute Bartelmanns ehemaliger Geselle Johann Falck einteilige Körbe, bei denen sich die Rückwand zum Liegen herausklappen ließ. Die erste Produk-tion ging in jenem Jahr übrigens nach Graal-Müritz. Die Nachfrage stieg steil an, um die Jahrhundertwende belieferte der geschäftstüchtige Mann fast alle Ostseebäder. Falcks praktischer Strandkorb wird bis auf den heutigen Tag hergestellt. Vielleicht sitzen auch Sie gerade in einem solchen – in Kühlungs-born.

KÜHLUNG

Wie ein langgestreckter Riegel erstreckt sich der Hö-henzug der Kühlung auf der vorspringenden Küste zwischen der Wismarbucht und der Unterwarnow. Höchste Erhebung der Kühlung ist mit 130 m der **Diedrichshäger Berg**. Die abwechslungsreich gestaltete Kühlung besteht zu einem großen Teil aus

Stauchendmoränen, die während des Pommerschen Stadiums der Weichsel-Eiszeit zusammengeschoben wurden. Obwohl die Gletscher den Diedrichshäger Berg nicht überwinden konnten, stauchten sie doch die gewaltigen Geröll- und Schuttberge, so daß **vielgestaltige Bodenformen** mit gestaffelten Bodenwellen, tief eingeschnittenen Tälern und zahlreichen Kuhlen entstanden, die der Hügelkette vermutlich den Namen gaben. Noch im 18. Jh. mit reinem **Laubwald** bedeckt, wurde die Kühlung in den Jahren nach der Besetzung durch die napoleonischen Truppen großflächig mit Nadelwald aufgeforstet. Aber noch immer ist das Gebiet zu etwa einem Drittel mit Buchen bewachsen. Bis zu 100 Jahre alte Prachtexemplare findet man im Bökengrund im Zentrum der Kühlung. Unter ihrem schattigen Laubzelt wachsen nur wenige Pflanzen, u.a. Anemone, Pillensegge, Waldmeister oder Polstermoos. An den Rändern der Kühlung gedeihen prachtvolle Eichen, die bis zu 200 Jahre alt sind. Vom Diedrichshäger Berg kann man die Landschaft vor allem nach Süden, in Richtung Neubukow, erkunden. Meyer-Scharffenberg hat diese schöne Aussicht wie folgt beschrieben:

Ich saß ganz still auf einem Baumstumpf und schaute ins Tal. Es rührte sich kein Blatt, kein Vogel sang, lautlos war es ringsumher, ein sich im Unendlichen verlierender Himmel wölbte sich riesenglockenhaft über dem schönsten Teppich, den ich jemals sah, und an seinem Rande verlor sich das Tiefblau der See in der Bläue des Weltalls. Unter mir lagen hellgrüne Koppeln, blaugrüne Wiesen, gelbe Felder und rotgetupfte Dörfer, durchzogen von gelben, braunen, und grauen buschumrandeten Wegen und den dunklen Furchen kleiner Täler.
Aus: Fritz Meyer-Scharffenberg, Zwischen Strom und Haff, Rostock 1982

Die Ostseeküste hingegen nimmt der Wanderer am besten vom 78 m hohen **Signalberg bei Bastorf** in Augenschein. Daß die **vorgelagerte Hügelkette des Buks** als Teil der Rosenthaler Rückzugsstaffel streng genommen nicht mehr zur Kühlung gehört, wird den Wanderer wenig stören. Man erkennt in weitem Halbrund die gesamte Küstenlinie mit Poel, dem Salzhaff und der Halbinsel Wustrow.

Wer durch die Kühlung wandert, die durch Wege gut erschlossen ist, begegnet alten Flurnamen aus dem 11. bis 15. Jh., z.B. Käbbelüng, Vokuhl, Käter Quöbbe und Krünkel. Größter Bach der Kühlung ist die **Cubanze**, die durch das Wichmannsdorfer Holz entlang der Landstraße nach Kühlungsborn fließt, der Cubanzestraße folgt und bei Fulgen unterirdisch in die Ostsee mündet.

In der Kühlung und in ihrer Umgebung stößt man oft auf kreisrunde oder ovale, von Bäumen umstandene Teiche und Tümpel, die selten größer als 30 m im Durchmesser sind. Es handelt sich um **Sölle**, die für das Landesinnere Mecklenburgs so charakteristisch sind wie die Windflüchter für den Darß.

Sölle sind eiszeitlichen Ursprungs: Von abschmelzenden Gletschern brachen große Brocken ab, die bei erneuten Vorstößen der Eismassen mit Schutt und Geröll bedeckt wurden. Im gefrorenen Boden schmolzen sie erst nach hunderten von Jahren, wodurch Hohlräume entstanden. Die Kleinseen sind Laich-, Brut- und Rastplatz vieler Tierarten. Obwohl sie den Bauern als Viehtränke und Löschwasservorrat dienten, wurden viele im Laufe der Jahrhunderte zugeschüttet. Unweit von Kühlungsborn findet man den Kleinmannssoll, bei Diedrichshagen liegen Groth-Hufen-Soll, Lütt-Hufen-Soll und Mönchsoll, bei Jennewitz gibt es den Nickelsoll. Namen wie Bramsoll, Hechtsoll und Triftsoll, Snakensoll und Siggensoll lassen lokale Besonderheiten erkennen.

Spaziergänge und Wanderungen

1. Rund um den Riedensee (9,5 km)

Der folgende Spaziergang ist für eine Halbtageswanderung genau das Richtige. Unterwegs erlebt man die Küste, einen Strandsee und den Buk, einen der Kühlung vorgelagerten Höhenzug (keine Einkehr).

In Kühlungsborn West erreicht man über die Waldstraße den **Riedenwald**. Hinter den Campingplätzen biegt rechts ein Weg zur Küste ab. Dort halten wir uns links und gehen am Hochufer entlang nach Westen, zum Riedensee. Linkerhand tauchen in den Arendseer Dünen noch einige Häuser und Gärten auf, dann ist offene Natur erreicht. Hinter dem FKK-Strand verläuft die Küste in einem Bogen nach Südwesten und bildet die Bukspitze. Der Landvorsprung ist seit Menschengedenken eine Gefahrenstelle für die Schiffahrt, so daß 1876 auf dem 79 m hohen Bastorfer Signalberg ein **Leuchtturm** errichtet wurde. Sein Feuer ist mit 96 m das höchste der deutschen Seeküsten.

Unmittelbar an der Bukspitze liegt der **Riedensee**, auch kurz »Rieden« genannt. Der Riedensee ist ein Strandsee, der von der Ostsee nur durch einen schmalen Dünenstreifen getrennt ist. Obwohl der Rieden durch Grundwasser gespeist wird, sind in der ufernahen Vegetation doch salzwasserverträgliche Pflanzen zu finden – Anzeichen dafür, daß der flache Dünenwall bei Sturm oft von den Wellen der Ostsee überflutet wird. Am Strand finden sich Meerkohl und Salzkraut, Salzmiere, Stranddistel und Meersenf. Strandhafer und Strandgerste gedeihen auf den Dünen. Der See steht als bedeutendes Brut- und Rastgebiet vieler Vogelarten unter Naturschutz. Im dichten Schilfgürtel, der den Rieden umgibt, brüten Bartmeise, Teichrohr- und Schilfrohrsänger sowie die Rohrammer. Im Frühjahr und Herbst rasten auf dem Riedensee Hunderte von Reihern, Staren und Schwalben.

Am Strand entlang spaziert man weiter in Richtung **Meschendorf**. Am Parkplatz Kägsdorf angekommen, stößt man am Wegesrand geradeaus auf eine stattliche **Ilex-Hecke**, die an diesem außergewöhnlichen Standort sogar Baumstärke erreicht. Wir biegen am Parkplatz links ab und gehen den Hügel hoch in Richtung **Kägsdorf**. Die Anhöhe ist bereits Teil des Buks, der gegen Ende der Weichsel-Kaltzeit vor etwa 10 000 Jahren entstand. Im sogenannten Pommerschen Stadium, als die Kühlung bereits entstanden war, zogen sich die Gletscher zurück, um erneut in einem schwachen Vorstoß die Rosenthaler Staffel mit dem Buk zu schaffen.

In Kägsdorf könnte man das neugotische **Gutshaus** aus dem 19. Jh. in einem schönen Park besichtigen, in dem alte Eichen wachsen. Größte Sehenswürdigkeit aber ist der kegelförmige **Gingko**, 20 m hoch und mit einem Stammesumfang von über 3 m. Gingkos stammen aus Japan und China, wurden um 1730 in Europa eingeführt und gelten als die älteste lebende Baumart auf Erden. Hinter dem Gutshaus hält man sich links und geht bergab in Richtung Nordosten. Geradeaus erreicht man wieder die Arendseer Dünen. Oder man biegt etwa 500 m hinter dem Dorf rechts ab zur Landstraße, über die man nach links Kühlungsborn West erreicht. Dieser Weg führt direkt zum Bahnhof Kühlungsborn West.

2. Zum Bastorfer Signalberg (Hinweg: 7 km)

Ganz in der Nähe der alten Kirche führt ein Wanderweg zum Bastorfer Leuchtturm. Man geht auf der Landstraße nach Kröpelin zunächst 500 m nach Süden. Rechter Hand biegt der Bastorfer Landweg ab, der durch freies Gelände leicht bergan hinüber nach Bastorf führt. Unterwegs kommt man an einigen Söllen vorbei, auch ein altes Wasserwerk liegt am Wegesrand. In **Bastorf** hält man sich zunächst links, folgt der Hauptstraße dann nach rechts. Rund 350 m nach dieser Rechtskurve kann man rechter Hand auf den Bastorfer Signalberg gehen. Schon von weitem sieht man den feuerroten, rund 20 m hohen **Leuchtturm** von 1878. Besteigen darf man das Bauwerk vorerst nicht. Doch die Aussicht ist auch von »unten« ausgesprochen reizvoll: Man sieht im Südwesten das Salzhaff, die Halbinsel Wustrow und den Kirchturm von Rerik, im Norden den Stadtwald von Kühlungsborn, im Osten liegt dunkel die Kühlung. In Bastorf ißt man gut im Gasthof »Zum Leuchtturm«: Es gibt Mecklenburger Fisch- und Wildgerichte (Zum Leuchtturm 2, täglich geöffnet, Tel. 038293/75 03).

Zurück nach Kühlungsborn geht man am besten auf demselben Weg – oder über Kägsdorf. Wer mag, kann von Kägsdorf aus auch zum Strand hinuntergehen, dann am Riedensee entlang und durch die Arendseer Dünen nach Kühlungsborn West. Die Landstraße von Bastorf nach Kühlungsborn dagegen sollte man meiden.

3. In der Kühlung (14,5 km)

Der folgende Rundweg führt durch den Westen der Kühlung, der mit dem Bach Cubanze und dem Wichmannsdorfer Holz vielleicht der schönste Teil des Höhenzuges ist. Die Route beginnt am **Mühlendamm** am Nordrand der Kühlung, unmittelbar an der Landstraße nach Kröpelin gelegen. Von dem einst bedeutenden Mühlengehöft ist nichts erhalten, mit Ausnahme des Mühlendammes, der die Cubanze staute, eines Grabens und einer 200 Jahre alten Eiche. Dort verläuft ein Wanderweg, der am 109 m hohen **Zimmerberg** bzw. **Hopfenberg** vorbei nach **Wichmannsdorf** führt. Das Schloß wurde 1911 erbaut, z.T. im Jugendstil. Vom Dorf erreicht man in Richtung Osten **Dietrichshagen** (Forsthaus). Im Dorfkrug Ziemens (Hauptstr. 6, Tel. 74 46, Mo Ruhetag) kann man Einkehr halten.

Der **Dietrichshäger Berg** ist mit 130 m der höchste Berg der Kühlung. Die Aussicht ist nach Norden stark eingeschränkt, nach Süden in die Senke von Neubukow aber umso besser. Auf dem **Buttweg** geht es nach Norden, geradewegs durch das Zentrum der Kühlung. Der Buttweg erhielt seinen Namen vermutlich wegen der Hagebutten, die am Wegesrand wachsen; ursprünglich hieß er Bultweg aufgrund der holprigen Wegstrecke. Rechterhand des Buttwegs liegt der 111 m hohe **Kalkberg**, dann folgt kurz darauf linker Hand der 110 m hohe **Große Jägersberg**. Bei einer Schutzhütte am Nordrand der Kühlung beginnt die **Käbbelung**. Bergab erreicht man die Landstraße, links fließt die Cubanze dem Mühlendamm entgegen, Ausgangspunkt der Rundwanderung.

RADTOUREN

1. Von Kühlungsborn West nach Rerik (12 km)

Vom Bahnhof Kühlungsborn West radelt man auf der Reriker Straße nach Süden aus dem Ort hinaus. Gegenüber dem Kleingartengelände biegt rechts der Kägsdorfer Landweg ab, ein breiter, gut befahrbarer Feldweg. Nach 3 km Strecke – links ist der **Bastorfer Signalberg** mit dem Leuchtturm gut zu sehen – erreicht man eine T-Kreuzung. Rechts führt der holprige Feldweg bergab zum Riedensee. Wir biegen aber links ab und radeln bergan nach **Kägsdorf**. Im Dorf halten wir uns geradeaus und fahren auf dem Betonstreifenweg bergauf über die Kuppe bis zur Landstraße. Nach wenigen Metern geradeaus auf der Landstraße kann man rechts auf einem holprigen Weg nach **Mechelsdorf** abbiegen. Im Dorf halten wir uns rechts und radeln auf dem gut befahrbaren Betonstreifenweg über die Rudingkuppe nach Westen in Richtung Küste. Wir biegen links in die Asphaltstraße ein und erreichen über Neu Gaarz das **Ostseebad Rerik**. Im Gasthof »Zur Linde« (Leuchtturmstr. 7, Tel. 038296/252) kann man ausgezeichnet speisen; fangfrischer Fisch steht immer auf der Karte.

2. Von Kühlungsborn nach Heiligendamm (5,5 km)

Die folgende Radtour hat den Vorteil, daß man den Rückweg von Heiligendamm mit dem Molli antreten kann. Von der **Seebrücke** in Kühlungsborn Ost

Bahnhof Kühlungsborn-West

sieht man bereits Heiligendamm und seine Seebrücke, im Hintergrund sogar Warnemünde. Der Radweg nach Heiligendamm führt unmittelbar von der Seebrücke am **Hochufer** entlang nach Osten. Dichte Buschreihen verdecken bis-weilen den nahen Strand, doch bei den zahlreichen Durchlässen kommt man gut hinunter. An einem Parkplatz erreicht man den Molli-Haltepunkt Heiligendamm Steilküste. Weiter auf dem Strandweg gelangt man zum **Kleinen Wohld**, einen herrlichen Buchenwald, den man auf gut befahrbaren Wegen durchquert. In **Heiligendamm** angekommen, fährt man links auf der Kühlungsborner Straße in den Ort hinein. Im Restaurant »Palette« (Kühlungsborner Str. 7, Tel. 038203/734) oder im Café im Kurhaus kann man gut einkehren.

FAHRT MIT DEM MOLLI NACH BAD DOBERAN

Der Molli, **Deutschlands einzige 900-Millimeter-Schmalspurbahn**, verkehrt seit 1886 zwischen Doberan und Heiligendamm. Die Strecke wurde 1910 in einem zweiten Bauabschnitt bis Arendsee (Kühlungsborn) verlängert. Bad Doberan gebührt die größere Ehre, so daß man im entsprechenden Kapitel mehr über die Geschichte der traditionsreichen Bäderbahn nachlesen kann.

Mit Mollis Unterstützung lassen sich ausgezeichnet Radtouren und Wanderungen in die nähere Umgebung von Kühlungsborn unternehmen. Im

Mollis gute Stube

Sommer hält der Zug zusätzlich an einigen Bedarfs-Haltestellen, die für Urlauber und Ausflügler von Interesse sind.

Molli beginnt seine Fahrt am **Bahnhof Kühlungsborn-West**, wo sich der Lokschuppen von 1922 und ein Wagenschuppen von 1915 befinden (mit Museum). Das Empfangsgebäude wurde 1934 als zweigeschossiger Backsteinbau errichtet. Der westliche, eingeschossige Teil stammt wohl noch aus dem Jahre 1911. Über den **Haltepunkt Kühlungsborn-Mitte** – dort steht noch die alte hölzerne Wartehalle der ehemaligen Haltestelle Brunshaupten-Süd – erreicht Molli den **Bahnhof Kühlungsborn-Ost**, ebenfalls 1911 errichtet und 1934 wesentlich umgebaut und erweitert. Die folgenden Haltestellen sind Heiligendamm Steilküste (Bedarfshaltestelle im Sommer), Heiligendamm und Rennbahn (Bedarfshaltestelle an Renntagen). Längs der wunderschönen Lindenallee nach Bad Doberan beschleunigt Molli auf rasende 40 km/h. In Bad Doberan passiert die Bäderbahn das Ehm-Welk-Haus, biegt in die Goethestraße ein (Haltestelle), kreuzt die Severinstraße und zuckelt laut bimmelnd mit 10 km/h durch die Mollistraße. Der Abstand zu den Häusern beträgt manchmal weniger als 1 m. Dann schiebt sich die Kleinbahn über den Alexandrinenplatz, blockiert die B 105 und erreicht den Bahnhof Bad Doberan. Dort kann man umsteigen in den Zug nach Rostock.

Der Molli verkehrt tagsüber fast stündlich, sonntags sogar mit dem alten Salonwagen und dem Dritte-Klasse-Wagen mit alten Fischnetzen für's Gepäck.

FAHRT NACH KRÖPELIN

Kröpelin ist die Stadt mit dem Krüppel im Wappen. Man kann sich diese Tatsache nur mit einer gewissen Geradlinigkeit der Stadtväter erklären: Der Name Kröpelin kommt von Kraepel, was plattdeutsch ist und Krüppel bedeutet. »Warum nicht?« werden sich die Stadtväter gesagt haben – und schwuppdiwupp war der Krüppel im Wappen.

Kröpelins Partnerstadt müßte eigentlich Preetz in Ostholstein sein. Beiden ist gemeinsam, daß es im 19. Jh. dort mehr Schuster gab als in jeder Großstadt. Die Kröpeliner Zunftrolle von 1867 nennt die Zahl: 120 Schuhmachermeister gab es in der Stadt, ferner 10 selbständige Schuhmacher und 50 Gesellen. Auf allen Jahrmärkten weit und breit konnte man Schuhe aus Kröpelin kaufen.

Wahrzeichen Kröpelins ist die **Galerie-Holländerwindmühle** vom Ende des 19. Jh. im Mühlenweg am Ostrand der Stadt (keine Besichtigung). Am Markt steht das um 1900 in historisierenden Formen errichtete **Rathaus** mit der **Heimatstube**. Es sind zahlreiche Ausstellungsstücke zu verschiedenen Handwerksberufen zu sehen. Nördlich des Platzes erhebt sich die **Stadtkirche**, deren ältester Teil die Nordsakristei aus dem 13. Jh. ist. **Alte Wohnhäuser** findet man in den Straßen In den Hören und Wilhelm-Pieck-Straße.

8. HEILIGENDAMM

»Es ist immer Sonntag in Heiligendamm.«
Fritz Meyer-Scharffenberg

Im Herbst 1994 kam ich zum ersten Mal nach Heiligendamm, anläßlich einer Radtour von Kühlungsborn aus und ganz »unvorbereitet«. Da fährt man zunächst durch freies Feld, durchquert den Kleinen Wohld, biegt links in die Kühlungsborner Straße ein – und steht inmitten der weißen Welt von Heiligendamm, direkt vor der Ostseeküste. Ich brauchte ein, zwei Stunden, um mich an die kühle Pracht der »weißen Stadt am Meer« und ihre harten ästhetischen Gegensätze zu gewöhnen. Hier schattiger Buchenwald, dort Klassizismus, hier der Ostseestrand, dort ein Ensemble ausladender historischer Bauten.

Heiligendamm wurde auf der grünen Wiese geplant, oder besser gesagt: mitten im Buchenwald. Dort lebten keine Bauern, die ihre Hütten für die ersten Feriengästen hätten freiräumen können. Die mangelnde Infrastruktur macht dem Seeheilbad bis heute zu schaffen und hebt den künstlichen Charakter des klassizistischen Ortes über die Maßen hervor. Heiligendamm ist eine Herausforderung, der sich seit neuestem ein großer Berliner Bauträger gestellt hat: Das Unternehmen möchte ein Grand Hotel aufbauen, plant Sporteinrichtungen, und will die vorhandene Infrastruktur grundlegend verbessern. Es versteht sich, daß eine Kunststadt, und sei sie als ältestes deutsches Seebad noch so gelobt, im kargen Mecklenburg ein schweres Los hat. Man darf gespannt sein, was aus Heiligendamm werden wird..

INFORMATION

Telefon-Vorwahl Bad Doberan: 038203
Postleitzahl Bad Doberan: 18209

ANFAHRT

Mit dem Wagen: von Wismar auf der B 105 bis Kröpelin, weiter auf der Landstraße durch die Kühlung über Kühlungsborn bis Heiligendamm, oder von Kröpelin über Steffenshagen und Vorder Bollhagen nach Heiligendamm; von Rostock auf der B 105 bis Bad Doberan, weiter durch die alte Lindenallee bis Heiligendamm
Mit dem Zug: in Bad Doberan umsteigen in den Molli bis Heiligendamm

AUSKÜNFTE

Stadt-Information Bad Doberan, Goethestr. 1,
18209 Bad Doberan, Tel. 038203/21 54
Ostsee-Klinik Heiligendamm,
Prof.-Dr.-Vogel-Str. 6, Heiligendamm, Tel. 30 21
Fremdenverkehrsverein »Schöne Ostsee«,
Zimmervermittlung Dannehl,
18211 Börgerende-Rethwisch, Tel. 818 26

BAHNHÖFE

Mecklenburgische Bäderbahn Molli, Tel. 24 00
Bahnhof Bad Doberan, Tel. 23 07
Bahnhof Kühlungsborn West, Tel. 038293/398,
Bahnhof Kühlungsborn Ost, Tel. 038293/283

MUSEUM

Heimatstube Börgerende-Rethwisch, Seestraße,
Börgerende, Öffnungszeiten: Di, Do 15-17 Uhr,

JUGENDHERBERGE

JH Bad Doberan, Tempelberg, Bad Doberan,
Tel. 24 39

FAHRRADVERLEIH

Harder, An der Krim, Bad Doberan, Tel. 127 38
Ebert, Dünenstr. 6, Kühlungsborn, Tel. 038293/232

UNTERKUNFT

Residenz-Hotel, Prof.-Dr.-Vogel-Str. 16-18,
Heiligendamm, Tel. 128 77

CAMPING

Feriencenter Börgerende, Deichstr.,
18211 Börgerende, Tel. 811 26

SEHENSWERTES

Klassizistisches Architektur-Ensemble, Seebrücke,
Heiliger Damm, Großer und Kleiner Wohld

FREIZEIT, SPORT, ERHOLUNG

Baden, Angeln, Radfahren, Wandern, Schießen
(Schießplatz Heiligendamm)

FÜR KINDER

Baden, Fahrt mit dem Molli

TERMINE

letztes Juli-Wochenende: Galopprennen (Anfahrt
mit Molli empfohlen); 1. September: Radrallye

gegen den Molli von Bad Doberan nach
Kühlungsborn; 3. Oktober: Molli-Bahnhofsfest
»Schall und Rauch – Jazz auf der Schiene« im
Bahnhof Heiligendamm

Tip: Angeln auf der Seebrücke
Mag die Seebrücke Heiligendamm auch nicht ihrem eigentlichen Zweck
dienen – für das Anlegen von Ausflugsschiffen ist sie zu kurz –, so eignet sie
sich ausgezeichnet zum Angeln. Bei den 300 Mitgliedern des Bad Doberaner
Angelsportvereins ist sie jedenfalls ausgesprochen beliebt. Dorsch, Flunder,
Steinbutt, Forelle und andere Fische beißen gut an. Den erforderlichen Angel-
schein erhält man bei Uwe Burmeister, Neue Reihe 5, 18209 Bad Doberan,
Tel. 27 76.

ÜBERBLICK

Bei Rerik und Kühlungsborn, bei Nienhagen und War-
nemünde wandert der Besucher auf einem Hochufer,
mitunter sogar an einer Steilküste entlang. Nur östlich
von Heiligendamm bildet das Land eine Senke, die offensichtlich eiszeitlichen
Ursprungs ist. Dort erstreckt sich die **Niederung des Conventer Sees** mit den
Doberaner und Rethwischer Wiesen. Sie reicht etwa bis zum Plattenweg von
Bad Doberan nach Neu Rethwisch, ragt mithin etwa 5 km ins Land. Sie hat den
Bewohnern rundum, weil schwer gegen die See zu schützen, durch die
Jahrhunderte viel Kopfzerbrechen bereitet, wie die regionalen Sagen und
Überlieferungen beweisen.

In grauer Vorzeit hatte ein Schäfer großen Verdruß, weil er seine Herde immer
einen weiten Bogen um das Wasser bei Doberan herumtreiben mußte. Eines
Tages begegnete er einem vornehm gekleideten Herrn, dem er sein Leid klagte.
Der Mann hörte sich freundlich das Jammerlied an und sprach dann: »Dein
Kummer soll dir genommen werden. Ich will für dich einen bequemen Damm
durch das Wasser bauen.« Das hörte der Schäfer mit großer Freude. Doch der
Mann fuhr fort: »Wenn ich den Damm in einer Nacht baue, mußt du mir deine
Seele geben.« Da merkte der Schäfer, daß er mit dem Teufel handelte. Aber er
dachte sich eine List aus und bat darum, drei Hähne mitbringen zu dürfen – einen
weißen, einen roten und einen schwarzen. Alle drei würden krähen, und nach
dem letzten Hahnenschrei müßte der Damm fertig sein. Der Teufel willigte ein.
In der folgenden Nacht war ringsum an der Ostsee ein grauenhaftes Poltern zu
hören. Als es langsam dämmerte, war der Damm schon fast fertig. Doch da
begann der erste Hahn zu krähen. »Dat is Hahn witt, dat is so vel, as de Hund

schitt«, dachte der Teufel und machte weiter. Doch gleich darauf krähte der rote Hahn. Der Bocksbeinige zuckte zusammen:»Dat ist Hahn rod; dat het keen Nod.« Es fehlte nämlich nur noch ein Stein im Damm. Da aber krähte der schwarze Hahn aus voller Kehle. Mit einem höllischen Fluch heulte der Satan auf:»Dat is Hahn swart; dat geiht mi dörch't Hart« und verschwand auf immer und ewig. Der Schäfer war der Freude voll, hatte er doch nun einen festen Damm für seine Schafe. Und weil drei Hähne den Bocksbeinigen vertrieben hatten, hieß der Damm fortan der heilige Damm.

Es ist bemerkenswert, daß der Volksmund dem Teufel so etwas wie ein Herz bescheinigt. Aber überliefert ist eben überliefert.

Ein anderes Märchen berichtet, daß Mönche in einer Sturmnacht versuchten, den Fluten der Ostsee mit Steinen, Geröll und Stämmen Einhalt zu gebieten. Aber alles war vergebens. Daraufhin flehten sie den Herrgott an, daß er ihnen beistehen und das Münster in Doberan vor der Vernichtung bewahren möge. Was dann geschah, beschrieb der Rostocker Arzt Wilhelm Lauremberg 1627 mit dröhnenden Worten:

Es ertönte plötzlich ein Gebrause, Krachen und großes Geräusch mit starken Donnerschlägen; das Geschrey und Geheule der wilden Thiere erscholl; Sturm und Küstenwinde sauseten und das Meer und die Wälder und Aecker schienen in Feuer zu stehen. Dies Ungewitter dauerte die ganze Nacht und setzte alle Einwohner in größten Schrecken. Zu derselben Zeit brachte das Meer aus sich auf eine unerhörte und unbegreifliche Art den Damm hervor, häufte die Steine in solcher Menge zusammen - und setzte sie in solcher dauerhaften festen Lage, daß menschlicher Fleiß und Bemühung dergleichen weder auszurichten noch nachzuahmen vermögend sind. Wie man am anderen Tage kam, das Werk mit vereinter Kraft anzufangen, fand man mit Erstaunen alles schon aufs vollkommenste hervorgebracht.

Der »heilige Damm bey Dobberan« mag entstanden sein, wie er will, er gefällt den Besuchern meist recht gut, so daß sie sich mit einem Strandkorb den härteren Gegebenheiten anpassen. Seine Absolution erhielt der steinige heilige Damm durch einen Engländer auf Durchreise, der 1766, als noch niemand an das Baden im Meere dachte, zufällig bei Heiligendamm an den Strand herantrat:

Der Heilige Damm bezauberte uns gänzlich; er hat das Ansehen eines großen durch Kunst errichteten Deiches, um die See abzuhalten, die sonst das ganze Land überschwemmen würde. Wenn die Entstehungsgeschichte, die Aepinus mir erzählte, wohl auch nur eine bloße Legende ist, so sind doch die Steine an der

▲ 3   ▲▲ 4   ▲ 5   ▼ 6

▲ 7
▲ 8
▼ 9

▲ 10 ▲▲ 11 ▼ 12 ▲ 13 ▼ 14

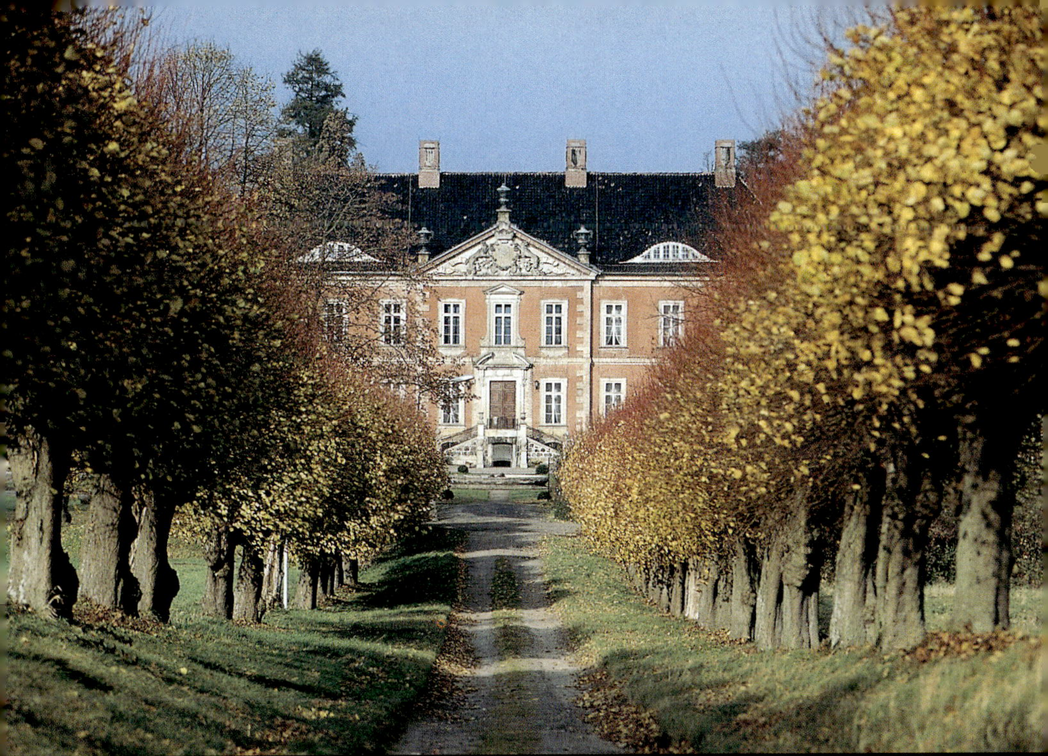

15

16

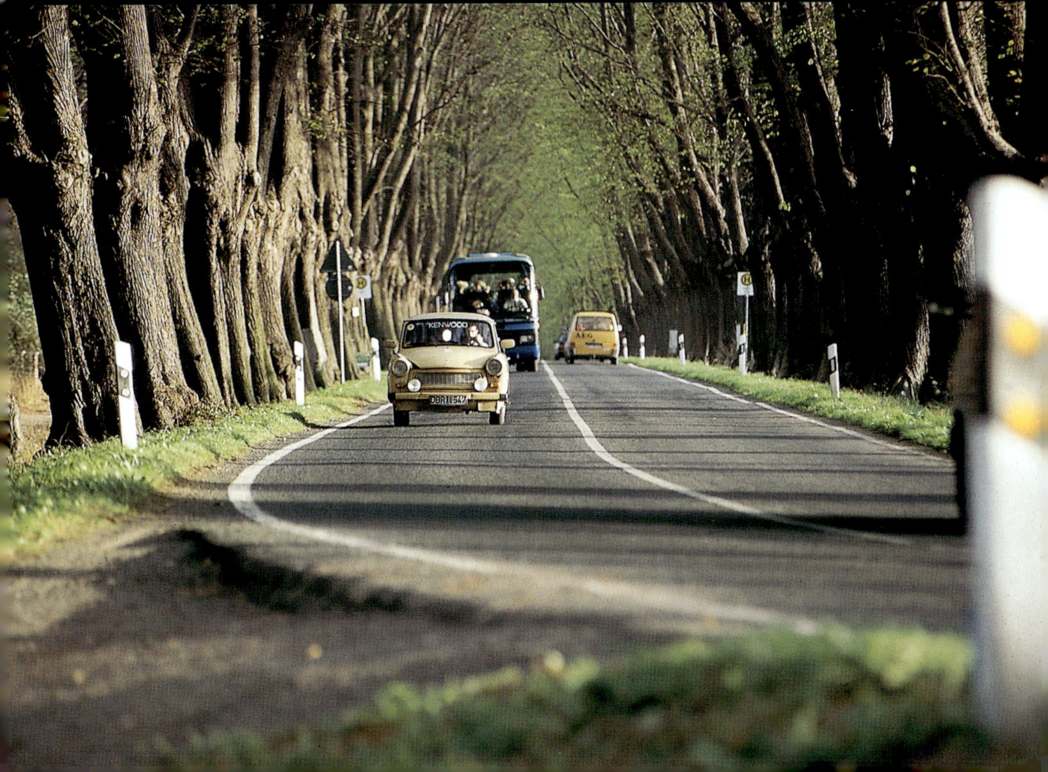

▼ 20   ▼ 21

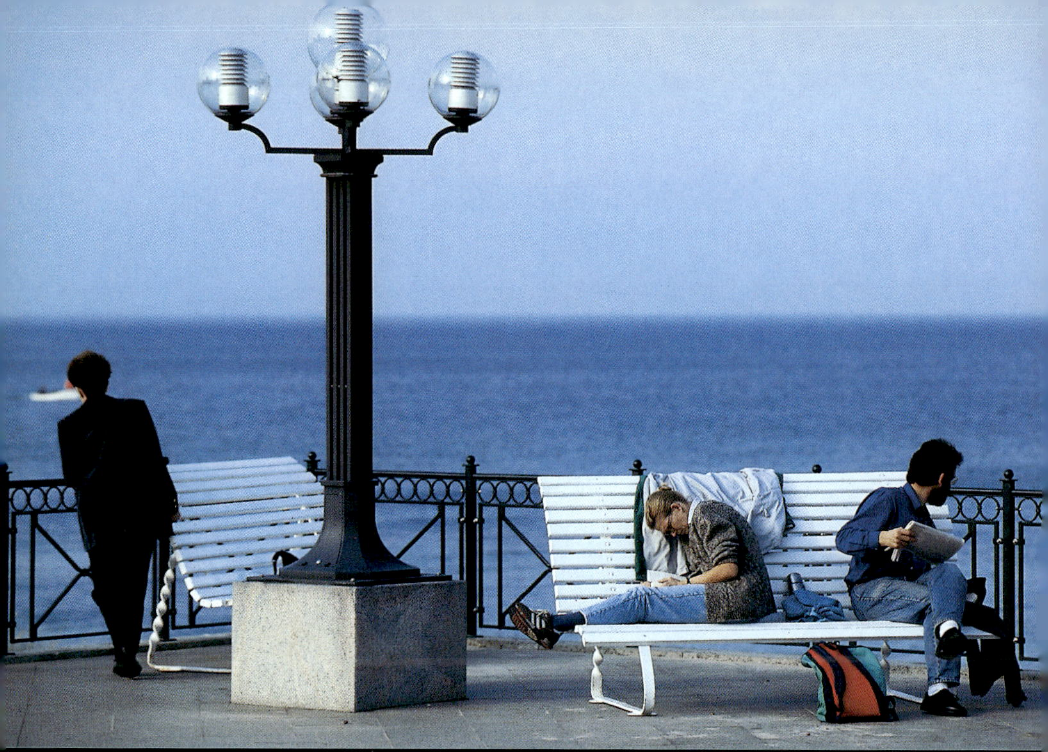

▲ 22 ▼ 2

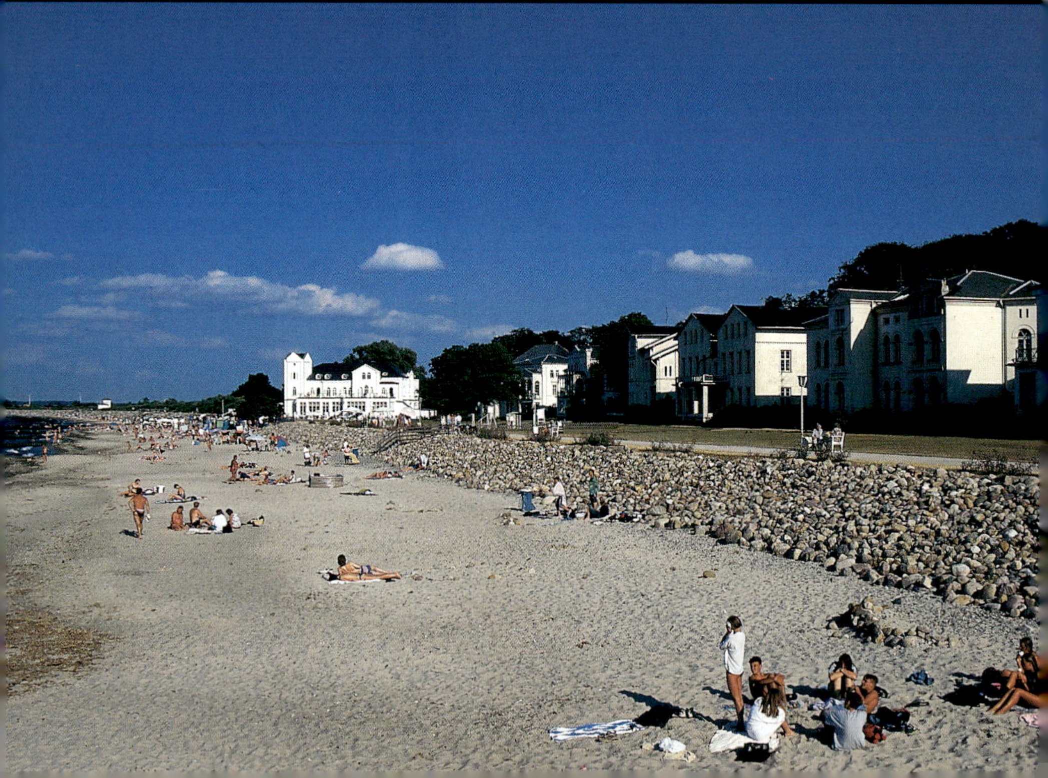

Der Heilige Damm

Küste immer eine große Seltenheit, denn sie sind von vorzüglicher Schönheit, und selten wird man zwei von einerlei Farbe antreffen. Wir sammelten einige davon auf, welches gewöhnlich diejenigen tun, die diesen Ort besuchen.
(Thomas Nugent, Briefe aus Mecklenburg, 20. September 1766)

Das mit dem Sammeln lieben die Besucher bis auf den heutigen Tag, obwohl – Schönheit hin, Schönheit her – das Steinelesen am heiligen Damm untersagt ist. So schreibt jedenfalls die örtliche Presse, und man will das Schicksal ja nicht herausfordern. Allerdings muß der Damm zusätzlich durch schwere Granit-blöcke befestigt werden. Nugent seinerseits gefiel der heilige Damm so gut, daß er die Gegend – den Ort gab es ja noch nicht – zu seinem Alterssitz erheben wollte: »Sit meae sedes utinam senectae!«

Wissenschaftler können über die kuriosen Entstehungsgeschichten des heiligen Damms nur lächeln, wissen sie doch, daß der etwa 4 km lange Wall durch den **Prozeß der Ausgleichsküste** entstand. Das Material, in diesem Fall Feuersteinbrocken bis zur Größe einer Faust, wurde durch die küstenparallele Strömung in Tausenden von Jahren abgelagert.

Daß der Damm den Naturgewalten nur begrenzt standhielt, zeigte sich beim **Jahrhundertsturm im November 1872**, als der Damm durchbrach, woraufhin der Westteil der Conventer Niederung überschwemmt wurde. Erst danach wurden Deiche gebaut. 1880/82 errichtete man die Jemnitzer Schleuse, Ende der 60er Jahre wurde sie erneuert.

GESCHICHTE

Man macht sich heute nur schwer eine Vorstellung davon, wie lange der zivilisierte Europäer brauchte, um im Meer zu baden. Von den Fischern entlang der Ostseeküste ist bekannt, daß die meisten gar nicht schwimmen konnten. Viele ertranken nicht bei Sturm auf hoher See, sondern fielen in Ufernähe vom Boot. Wie umständlich selbst Badewillige im 18. Jh. zu Werke gingen, läßt sich am besten in Heiligendamm sehen, dem ältesten deutschen Seebad.

Mitte des 18. Jh. drang von England die Kunde auf den Kontinent, man habe dort Seebäder errichtet, um ausgiebig im Meer zu baden. Man nahm es in Deutschland ungläubig zur Kenntnis und war froh, sicher an Land zu sein. Es bedurfte des Humors und der Geistesschärfe eines Georg Christoph Lichtenberg, um die Deutschen mit der Nase drauf zu stoßen: Jawohl, die Engländer baden in der See, haben es bei Gesundheit überlebt und fühlen sich sogar wohl dabei. Sein Aufsatz »Warum hat Deutschland noch kein großes öffentliches Seebad?« erschien im »Göttinger Taschenkalender für das Jahr 1793« und wirkte wie eine Initialzündung.

Friedrich Franz I., Herzog von Mecklenburg-Schwerin, war von der Idee begeistert und beauftragte seinen Hofmedicus Samuel Gottlieb Vogel, einen geeigneten Ort zu suchen. Auch in Preußen dachte man inzwischen über ein Seebad nach, aber in diesem Punkt, man muß es sagen, waren die Mecklenburger schneller als die Preußen. Eine Anekdote will, daß eine Gruppe hochgestellter und namhafter Persönlichkeiten im Jahre 1793 – ob im Juli oder September, ist ungewiß – mit eindeutiger Absicht von Doberan zum heiligen Damm aufbrach. Geheimrat von Flotow mußte allen vorbaden, dann stieg auch der Herzog mit Gefolge in die See. Als offizieller **Gründungstag** wird der **9. September 1793** angesehen, als Herzog Friedrich Franz I. den Vorschlag seines Leibmedicus Vogel bewilligte, am »heiligen Damm bey Dobberan« ein Seebad einzurichten.

Die ersten Badegäste wohnten in Doberan und fuhren gewöhnlich am frühen Morgen mit Pferdewagen nach Heiligendamm. Zuerst wurden nur kalte und warme Meerwasser-Wannenbäder hinter Schirmen verabreicht. Bereits 1796 zählte man 500 Badegäste, wahrhaft Pioniere des neuentdeckten Badevergnügens. Nachdem man sich zuerst mit Zelten begnügt hatte, entstanden bald ein **Badehaus** und ein **Logierhaus**. Ein kleines Restaurant kam hinzu. Das Badehaus wurde vergrößert, und am Strand stellte man drehbare Schilderhäuschen auf, die vor dem Wind schützten. (Der Strandkorb war schließlich noch nicht erfunden.) Ganz allmählich wagte man sich ins Meer – mit Hilfe der **Badekarren**, die auch in England üblich waren. Was ist ein Badekarren?

In den kleinen Räumen fand der Gast Tisch, Bank, Kleiderhaken, Spiegel, Fußwanne und eine wollene Decke sowie selbstverständlich Platz für den Lakai

Feucht-fröhliches Badeleben um die Jahrhundertwende

oder die Zofe vor. 'Hochwohlgeborene' Persönlichkeiten ließen sich aus- und ankleiden, abtrocknen und frisieren. Hatte die kleine Kutsche die entsprechende Wassertiefe erreicht - der Fuhrmann nahm Maß an seinem Pferd - gelangte der Fahrgast über eine vor der hinteren Tür angebrachte, schwebende, aber feste Holztreppe ins nasse Element. Dabei war er völlig unbeobachtet. Ein vor der Rückwand der Kabine angebrachtes Leinenzelt, das mit einem Seil hochgezogen und herabgelassen wurde, schützte den Badenden vor zudringlichen Blicken. *(Christine Göhler, Seebäder-Geschichte, Lübeck 1994)*

Das 19. Jahrhundert badete im Karren. Dann kamen geschlossene Badeanstalten in Mode – eine für die Damen, eine für die Herren und dazwischen viel, viel Abstand. In diesem ungenutzten Zwischenraum fanden lange Zeit danach die Familienbäder Platz. Selbst Bäderspezialisten können heute kaum sagen, wer genau für ein »Familienbad« zugelassen war. Vermutlich ging es dort am lustigsten zu.

Friedrich Franz I. war an der Entwicklung Heiligendamms rege interessiert. Er ließ in der herzoglichen Sommerresidenz Doberan ein **Theater** bauen und ein **Spielcasino** eröffnen, das mit seinen Einkünften Heiligendamm finanzierte. Auch die **Rennbahn**, 1823 auf halber Strecke zwischen Heiligendamm und Bad Doberan eröffnet, zog viele vermögende und hochgestellte Besucher nach Heiligendamm. Doch erst als die landesherrliche Familie 1839 einige **Cottages** bauen ließ, ging es mit Heiligendamm richtig aufwärts.

Aber selbst ein von den obersten Kreisen so hochgeschätztes Seebad wie Heiligendamm hatte seine Krisen. Im Jahre 1873 mußte der Herzog das Spielcasino schließen. Heiligendamms Finanzierung war nicht mehr gesichert, und das Seebad mußte verkauft werden. Ein Berliner Rittmeister legte 500 000 Taler dafür auf den Tisch. Heiligendamm verlor daraufhin seinen medizinischen Status und wurde zum mondänen Luxusbad, das auf den deutschen Kronprinzen wie auf Nazigrößen eine elektrisierende Wirkung ausübte.

DIE GESCHICHTE VOM GEDENKSTEIN

Im Jahre 1843 geruhte der Hof, den 50. Jahrestag der Gründung Heiligendamms gebührend zu feiern und gleichzeitig dem verstorbenen Großherzog Friedrich Franz I. einen Gedenkstein zu setzen. Als Träger einer entsprechenden Inschrift mußte ein Stein her, je größer, desto besser. Mit der Aufgabe, einen stattlichen, besser gesagt mächtigen, ja riesigen Stein herbeizuschaffen, wurde Hofbaumeister Georg Adolph Demmler beauftragt.

In der Nähe von Elmenhorst fand sich ein geeigneter Koloß aus rotem Granit. Vor vielleicht 10 000 oder 12 000 Jahren hatten ihn mehrere hundert Meter hohe Gletscher aus Skandinavien hierhergeschoben. Nun sollte der etwa 220 Tonnen schwere Brocken seine zweite Reise antreten. Wie man ihn hob und auf eisernen Schienen fortbewegte, beschrieb Demmler nach der geglückten Prozedur:

Das zunächst Schwierigste beim ganzen Unternehmen bestand darin, den Stein, der eine Länge von 19 Fuß, eine Breite von 16 Fuß und eine Dicke von 11 Fuß (3 Fuß = etwa 1 m; H.S.) hatte und (...) zu dessen Transport etwa 230 Pferde nötig waren, auf die Maschine zu bekommen und ihn aus der Erde herauszuschaffen. Dies geschah am einfachsten dadurch, daß der Stein unterminiert ward, zu welchem Zwecke derselbe seitwärts eine sichere Unterstützung erhalten mußte; dies war an der einen Seite durch die natürliche Form des Steins leicht erreichbar; in der entgegengesetzten Seite schien dies nicht möglich zu sein, wenigstens nicht ohne ganz besondere Kunstgriffe; letztere bestanden darin, daß in drei Reihen übereinander 8 Zoll tiefe, 1 3/4 Zoll im Durchmesser weite Löcher in den Stein gebohrt wurden, um hierin ebenso starke eiserne, etwa 8 bis 12 Zoll über den Stein hinausstehende Dollen zu befestigen, unter welchen ein Holz- und Steinbau von der Erde aus gemacht werden konnte, wodurch der Stein gleichsam aufgehangen wurde. Danach (...) wurde der Stein nach seiner ganzen Länge auf 11 bis 12 Fuß Weite unterminiert, wodurch die Maschine mit den Rinnen bequem untergeschoben werden konnte, und als dieses geschehen und die Kugeln, auf jeder Seite 14 gehörig, geordnet waren, wurden die Unterstützungspunkte seit-

Der Gedenkstein am Kurhausplatz

wärts entfernt, und der Stein ward nun von den Kugeln getragen, welches am
11. Juli der Fall. (...) So wurden zwei Erdwinden, jede mit 12 Mann bestellt, zur
Fortbewegung des Steins plaziert, bis dann nach mehrmaligem Zerspringen der
Taue, der Bolzen und Haken in den Flaschenzügen der Stein am 13. Juli abends
1/2 8 Uhr die erste Bewegung von 24 Fuß machte.
G.A. Demmler, Niederschrift vom 31. Oktober 1843; zit. nach Wolf Karge,
Heiligendamm, Schwerin 1993

Das Kuriose an dem Unternehmen war, daß auf der flachen Oberseite des
Steines ein Häuschen aufgeschlagen wurde, in dem Demmler Schreibarbeiten
erledigte. Seltsamer ist wohl nie ein Büro im Schneckentempo durch Mecklenburg gewandert. Zahlreiche Neugierige aus Rostock und Schwerin eilten
herbei, um den wandernden Koloß auf seinem letzten Weg durch den Hägerort
zu begleiten. Am 19. Oktober, als die Jubiläumsfeierlichkeiten bereits vorüber
waren, kam der Schwertransport in Heiligendamm an. Die Reise hatte, bei
einer Strecke von 11 km, etwa 120 Tage gedauert. Vermutlich war Demmler
trotz aller Schwierigkeiten schneller als die Gletscher der Weichsel-Eiszeit,
hatten diese doch Zeit im Übermaß. Demmler hielt den Transport des Find-
lings denn auch für eines der »sorgenvollsten, schwierigsten Geschäfte, wel-
che mir während meiner ganzen Dienstzeit übertragen wurden.« Seit jenen
Tagen steht der Monolith am Kurhausplatz und trägt die goldene Inschrift:
»Friedrich Franz I. gründete hier Deutschlands erstes Seebad – 1793/1843«.

RUNDGANG DURCH HEILIGENDAMM

Wohl jeder, der Heiligendamm besucht, wird sich auf die **Terrasse des Kurhauses** stellen, die dorische Säulenhalle begutachten und den Blick über den weiten **Kurhausplatz** und das nahe Meeresufer schweifen lassen. Es ist der schönste Standort in Heiligendamm, die Aussicht von der neuen Seebrücke einmal ausgenommen. Bleiben wir doch hier eine Weile stehen, es wird nicht langweilig werden.

Das einzige feste Gebäude in Heiligendamm war lange Jahre das 1795/96 errichtete barocke **Badehaus** im Stil mecklenburgischer Gutshäuser. Es stand linkerhand vom Kurhausplatz. Um dem Andrang zu genügen, wurde das Badehaus 1839 durch einen viergeschossigen, ziemlich plumpen klassizisti-

schen Bau ersetzt, das heutige Haus »**Mecklenburg**«. In den 1870er Jahren erweiterte man es an der Seeseite um einen Kopfbau. Die offizielle Hausbezeichnung lautet – in Erinnerung an den berühmten Heiligendammer Badearzt – »Prof.-Dr.-Vogel-Straße 5«. (Im folgenden seien von allen Bauten in dieser Straße nur die Nummern genannt: Haus 5, Haus 6 usw.)

Im Rücken des Betrachters, also an der Stirnseite des Kurhausplatzes, erhebt sich das **Kurhaus**, Heiligendamms bedeutendstes Bauwerk. Ihm verdankt Heiligendamm das kühle Flair und die erhabene Schönheit, die mancher mit der Goethe-Zeit verbindet. 1814 beauftragte der Herzog seinen Landesbaumeister Carl Theodor Severin mit dem Bau eines »**Empfangs-, Gesellschafts-, Tanz- und Speisehauses**«. Severin, dem eigentlichen Schöpfer Heiligendamms, gelang ein prachtvoller zweigeschossiger Putzbau mit breiter dorischer Säulenhalle im klassizistischen Stil. Über dem Architrav baute Severin eine Attika mit breitem Dreiecksgiebel samt einer Uhr: Man sollte auch in einem Seebad nicht die Zeit vergessen. Der lateinische Spruch ist ganz dem Zweck Heiligendamms gewidmet: »Hier erwartet dich Freude, entsteigst du gesundet dem Bade.« Über den Fenstern der Säulenhalle fallen weiße Stuckreliefs auf blauem Grund mit Tritonen und Nereiden auf, das sind Meeresgötter der griechischen Mythologie. Über den Eingang herrscht Hygieia, Göttin der Gesundheit. Die Innenräume gehören zur Ostseeklinik, Schaulustige hat man da nicht so gern. Dafür ist das Kurhaus-Café um so einladender: Auf der Terrasse sitzt man ausgezeichnet, innen hängen Kunstwerke der Studenten der örtlichen Fachschule für angewandte Kunst. Wenn der Pächter bei Laune ist, erfährt man viel über die vorherrschende Mentalität in den neuen Bundesländern.

Rechterhand, wenn man so will neben dem Gedenkstein für Großherzog Friedrich Franz I., steht Haus »**Berlin**« (Haus 6), das ehemalige Grand-Hotel. Es wurde 1875 als neoklassizistischer, viergeschossiger Putzbau errichtet. Schauseite ist die südliche, der Küste abgewandte Front. Daneben stand bis 1910 der erste Bahnhof von Heiligendamm.

Wer mehr von Heiligendamm sehen will, kehrt dem Kurhaus den Rücken und geht – Pflichtprogramm eines jeden Badegastes – auf die neue **Seebrücke**, die vierte an dieser Stelle. Vom Brückenende hat man eine gute Aussicht über das gesamte Seebad. Auch Warnemünde mit dem klotzigen Hotel Neptun liegt gut im Blickfeld. Ihren eigentlichen Sinn erfüllt die Seebrücke aber keineswegs: Sie wurde, den Warnungen der Einheimischen zum Trotz, zu kurz gebaut und endet auf einer Sandbank, so daß kein Ausflugsschiff anlegen kann. Nicht einmal ins Wasser springen darf man.

Von der Seebrücke aus empfiehlt sich ein Spaziergang längs der klassizistischen Villen und Logierhäuser. Die meisten Besucher gehen nach Osten und vernachlässigen die schönen und älteren **Häuser der westlichen Bebauung**. Die Häuser 1 bis 3 dort heißen »**Weimar**«, »**Dresden**« und »**Magdeburg**« und wurden um 1839 nach Plänen Georg Adolph Demmlers als Cottages im Landhausstil erbaut. Im Haus »Weimar«, dem »Alexandrinen-Cottage«, lebte eine mecklenburgische Herzogin, Tochter der preußischen Königin Luise. Es steht direkt an der Steilküste und ist für Kenner das schönste Gebäude im Ort. 1848 vollendete Demmler Haus »**Burg**« im Tudorstil mit markantem Hauptturm, Ecktürmchen und Zinnenbewehrung (Haus 4, später in »Glückauf« umbenannt). Das einzige von Demmler stammende Bauwerk wurde zu DDR-Zeiten grundlegend umgebaut.

Auf der anderen Seite des Kurhausplatzes, also hinter Haus »Berlin«, stehen **die Neuen Logierhäuser der östlichen Bebauung**: Sie tragen heute durchweg markante proletarische Namen: »**Maxim Gorki**« (früher »Perle«, Haus 7), »**Käthe Kollwitz**« (»Greif«, Haus 8), »**Walter Rathenau**« (»Seestern«, Haus 9) und »**August Bebel**« (»Möwe«, Haus 10). Die zweigeschossigen

Das Residenz-Hotel in Heiligendamm

Putzbauten wurden zwischen 1840 und 1850 im Landhausstil mit Türmchen und Erkern, Veranden und Balkonen errichtet. Sie sind leider nicht ganz originalgetreu erhalten. Vor Haus 9 mit dem Doppelgiebel – hier findet man die zentrale Medizin-Meteorologische Forschungsstelle Heiligendamm – ist eine kleine Wetterstation aufgebaut.

Auch die weiteren Häuser tragen ohne Ausnahme Eigennamen: »**Rosa Luxemburg**« (Haus 11) hieß früher »Anker«, »**Karl Liebknecht**« (Haus 12) durfte seinerzeit »Schwan« heißen,»**John Brinckman**« (Haus 13) war vor dem Krieg der »Hirsch«, und »**Fritz Reuter**« (Haus 14) hieß »Bischofsstab«, letztes Haus der vorderen Reihe. Wie man sieht, waren auch die alten Namen gelegentlich etwas gespreizt. Die vier zwischen 1857 und 1863 entstandenen Villen sind im Erdgeschoß baulich ebenfalls verändert worden.

Wir sind nun auf der Kurpromenade schon in gutes Stück nach Osten gekommen. Erwähnenswert ist ferner Haus 15, genannt»**Max Planck**«, früher »Charlottenhof«. Der zweigeschossige Putzbau, etwas zurückversetzt, entstand um 1910 und ist aufgrund seiner barockisierenden Formen eine Ausnahme im klassizistischen Ensemble Heiligendamms.

Das letzte Haus, das »**Residenz-Hotel**«, (ehemals »Bischofsstab«) fällt mit seinem Türmchen jedem Besucher sofort ins Auge. Das ausgezeichnete Restaurant kann sehr empfohlen werden. Von der Terrasse bietet sich ein schöner Ausblick auf Heiligendamm und das Meer.

Bleibt noch die **Kolonnade** (Haus 20), die Einkaufsmeile im Heiligendamm-Format. Hier bekommt man Zeitungen, Zigaretten und was man am

Strand sonst noch so braucht. Oder man trinkt im Schwanen-Café seinen Tee. Der langgestreckte Putzbau mit vorgesetzter dorischer Säulenhalle im Stil des Kurhauses wurde 1860 errichtet.

Severins »weiße Stadt am Meer« bekam im Zweiten Weltkrieg einen dunklen Tarnanstrich verpaßt. Zu DDR-Zeiten nahm der Freie Deutsche Gewerkschaftsbund (FDGB) das Seeheilbad in seine Obhut: Die halbzerstörten Häuser wurden notdürftig instandgesetzt, erhielten Namen kämpferischer Persönlichkeiten und wurden fast vierzig Jahre lang mit Kurgästen überbelegt. Man heilte chronische Erkrankungen der Atemwege und Hautleiden. Übrigens ist Heiligendamm nach wie vor »Seeheilbad«. Nur wenige Ostseebäder dürfen diesen Titel tragen.

Und heute? »Immer, wenn Heiligendamm heruntergewirtschaftet war«, erinnert sich Bad Doberans Bürgermeister Berno Grzech, »hat man es verkauft.« Eine erste Ausschreibung 1994 erbrachte keinen finanzkräftigen Käufer für 26 »den Ort prägende Immobilien«. Im Herbst 1995 versuchte man es ein zweites Mal. »Wer rettet Heiligendamm?« lautete im Oktober 1995 die dramatische Überschrift eines Beitrags im »Stadt-Boten«. Haupt-Handicap ist der große Mangel an guten Unterkünften in Fußnähe zum Strand. Die einzige nennenswerte Unterkunft ist das Residenz-Hotel mit Indoor-Golf-Simulationsanlage, die an den 1925 gegründeten Golf-Club Heiligendamm erinnern soll. Auch das Restaurant Palette in Bahnhofsnähe (Kühlungsborner Str. 7, Tel. 73 41) ist zu empfehlen. Die **Ostsee-Klinik**, die Lungen-, Herz-, Kreislauf- und Hautkrankheiten behandelt, ist ein weiterer Pluspunkt für Heiligendamm. Im Juni 1996 kaufte ein Berliner Bauträger die klassizistischen Villen und plant bis zum Jahre 2000 die grundlegende Sanierung des Seeheilbades.

Im Grunde leidet Heiligendamm bis heute daran, das es mitten im Wald angelegt wurde, also nie die karge, aber ausbaufähige Infrastruktur eines regen Fischerdorfes nutzen konnte. Planungsfehler haben eben oft ein langes Leben. Niemand weiß, was aus Heiligendamm werden wird, der weißen Traumstadt am Meer.

Spaziergänge und Wanderungen

Von Heiligendamm aus empfehlen sich vor allem Spaziergänge und Wanderungen entlang der Küste.

• **Nach Westen**, in Richtung Kühlungsborn (5,5 km), schließt sich der Kleine Wohld an, ein schöner Buchenwald, den man an der Küste entlang erreicht, oder auf dem festen Weg, der bei den Bahngleisen rechts von der Kühlungsborner Straße abbiegt. Unterwegs kommt man im freien Gelände am Molli-Haltepunkt Heiligendamm Steilküste vorbei. Man kann dort gut baden oder auf den Molli warten, den man stets schon von weitem hört. Kühlungsborn nähert man sich über den alten Ortsteil Fulgen. Unmittelbar an der Seebrücke trifft man in Kühlungsborn ein. Rückfahrt mit dem Molli ab Bahnhof Kühlungsborn Ost.

• Nach **Osten** erreicht man auf der Deichstraße den Conventer See mit der Jemnitzer Schleuse (2 km), kurz darauf Börgerende (3,5 km), wo man recht gut einkehren kann. Wer auf dem Deich weitergeht, erreicht den Gespensterwald Nienhagen.

• Nach **Süden** kann man vor allem einen Spaziergang durch den Großen Wohld empfehlen, vor allem längs der rund 140 Jahre alten Lindenallee (gesamter Weg: 10 km). Auf halber Straße nach Bad Doberan liegt rechts der Straße die alte Pferderennbahn. Wo die Allee einen Rechtsschwenk beschreibt, kann man links über den Fischersteig in Richtung Conventer See abbiegen. Bei den Fischteichen angekommen, geht man links am Deich entlang in Richtung Jemnitzer Schleuse. Linkerhand erstreckt sich der Große Wohld, rechts die Niederung des Conventer Sees. An der Jemnitzer Schleuse angekommen, erreicht man links auf der Deichstraße Heiligendamm. Der schmale Weg entlang dem steinigen Strand ist besonders angenehm zu gehen.

RADTOUREN

1. Nach Kühlungsborn (5,5 km)

Von der **Seebrücke** in Heiligendamm radelt man unmittelbar am Hochufer entlang nach Westen, in Richtung Kühlungsborn. Linker Hand erstreckt sich der **Kleine Wohld**, ein schöner Buchenwald. In Höhe des Kinderstrandes, etwa 1000 m hinter der Seebrücke, kann man gut links in den Wald einbiegen. Man durchquert den Wald auf einem ausgebauten Radweg, der im freien Wiesengelände wieder zur Küste schwenkt. Am Hochufer entlang erreicht man den Parkplatz am **Molli-Haltepunkt** Heiligendamm Steilküste, wo in der Saison die Badelustigen rasch an den nahen Strand gelangen können. Vorbei am FKK-Strand und am alten Ortsteil **Fulgen** kommt man nach Kühlungsborn Ost. Rechts ragt die neue **Landungsbrücke** weit in die See hinaus.

Wer den Rückweg mit dem Molli antreten will, steigt am besten am Bahnhof Kühlungsborn Ost (Doberaner Straße/Ecke Karl-Risch-Straße) in den Bäderzug.

2. Rundtour durch den Großen Wohld (10 km)

Von Heiligendamm radelt man an der schönen Front der weißen Logierhäuser entlang nach Osten. In der Ferne sieht man bereits Warnemünde mit dem beeindruckenden Hotel Neptun. Man kann entweder auf der (verkehrsberuhigten) Deichstraße radeln oder hinter den Sanddorn-Büschen auf einem schmalen Fuß- und Radweg. Nach etwa 1,5 km ist der **Conventer See** mit der **Jemnitzer Schleuse** erreicht.

Der Conventer See erhielt seinen Namen vom Konvent der Zisterzienser im Kloster Doberan, die auf dem Gewässer Fischfang betrieben. Die weit ins Land ragende Niederung entstand in der letzten Eiszeit. Mit dem Anstieg des Litorina-Meeres, des Vorgängers der Ostsee, drang Meereswasser ein: Die Niederung wurde zur Bucht. Infolge der Küstenverlagerung wurde das flache Gewässer durch einen Wall aus Geröll und Kies, den sogenannten heiligen Damm, von der See abgetrennt. Der auf Meeresniveau liegende Strandsee mit seinen drei Inseln ist von einem großen Röhrichtgürtel umgeben und gilt als bedeutendes Vogelbrut- und Rastgebiet. Im Schilf brüten Rohrschwirl und Bartmeise. Im Frühjahr und Herbst fallen Wildgänse zu Tausenden ein. Zahlreiche Entenarten, Bleßhühner, Gänse- und Mittelsäger suchen den geschützten See auf. Gelegentlich stellt sich auch die seltene Zwergseeschwalbe ein. Das 216 Hektar große Naturschutzgebiet kann nicht betreten werden, die Einsicht vom Parkplatz an der Jemnitzer Schleuse ist mit einem Fernglas aber recht gut. Um den See vor der vollständigen Verlandung zu retten, wurde die Jemnitz (auch: Jennewitz) in den 60er Jahren unterbrochen, und die Zuflüsse (Mühlenfließ) wurden um den See herumgeleitet.

An der Jemnitzer Schleuse biegen wir von der Deichstraße rechts ab und radeln landeinwärts. Am Mühlenfließ entlang erreicht man den **Großen Wohld**, einen herrlichen Buchenwald. Linker Hand liegen die Salzen, eine sumpfige Wiesenlandschaft, dahinter erstreckt sich der Conventer See. Nach etwa 3 km erreicht man bei einem Fischteich den Fischersteig, der nach rechts durch den Wald zur alten **Lindenallee** führt. Kurz vor der Straße verläuft rechts der Radweg durch den Wald nach Heiligendamm. Die herrliche Lindenallee wurde vor rund 140 Jahren angelegt. Nach knapp 5 km ist Heiligendamm erreicht.

3. Nach Börgerende-Rethwisch (Hinweg: 3 km)

Bei dieser Radtour empfiehlt sich die Rückfahrt auf demselben Wege. Die Route bis zur Jemnitzer Schleuse deckt sich mit der von Tour 2.

Von der **Jemnitzer Schleuse** radelt man auf der Deichstraße weiter nach Osten. Links versperren Sanddorn-Hecken die Sicht auf den Strand, doch durch einen der Durchgänge kommt man ohne große Umstände ans Wasser. Nach gut 1 km ist **Börgerende** erreicht, das sich hinter dem Rechtsschwenk der Straße über mehrere Kilometer hinzieht. Auf dem niedrigen Deich läßt sich ausgezeichnet spazieren. Einige Fischerboote liegen immer am Strand, auch die für die Küste so typischen schwarzen Fischerhütten sind zu sehen. Den Deichweg geradeaus fortzusetzen lohnt nicht, es sei denn, man nimmt fast 4 km holprige Strecke bis zum Gespensterwald bei Nienhagen in Kauf.

So bietet es sich geradezu an, das **Straßendorf** Börgerende-Rethwisch in Augenschein zu nehmen. Das Dorf entstand nach dem Dreißigjährigen Krieg, als dreizehn»Börger« (Bürger) aus Rostock sich am Ortsende von Rethwisch

Blick über den heiligen Damm auf Börgerende und Nienhagen

niederließen. Einige betrieben Fischerei, andere sogenannte Rohrwerbung, wie man das Schneiden des Schilfrohrs nannte. Auch hier brach im November 1872 bei der großen Sturmflut der Deich, worauf der Westteil der Conventer Niederung überschwemmt wurde. Um die Jahrhundertwende kamen die ersten Badegäste nach Börgerende. Ihr Kommen sollte das Dorf nachhaltig verändern.

Börgerende hat längst seinen dörflich-bäuerlichen Charakter verloren: Hier wohnt man gut, Scheunen und Hühnerställe sucht man längs der Seestraße vergebens. Die Bauten sind stattlich, man kann verstehen, daß sich ein mit vorschnellen Hoffnungen gesegneter Verkehrsminister den Umzug von Berlin hierher vom Staat bezahlen ließ.

Die Seestraße verläuft hart am Rand der Senke des Conventer Sees, der rechter Hand hinter den Wohnhäusern liegt. Die Aussicht auf das schilfumrankte Gewässer und die anschließenden Doberaner und Rethwischer Wiesen ist bezaubernd. Einen Blick auf das Gewässer kann man aber nur durch einige der wenigen kurzen Seitenstraßen erhaschen. Auch eine **Heimatstube** hat Börgerende. Man findet sie an der Bushaltestelle links der Seestraße. Sie sieht von außen recht unscheinbar aus, birgt aber einige ansehnliche Exponate zur Dorfgeschichte, die der ehemalige Bürgermeister in vielen Jahren gesammelt hat, z.B. Wiesenschuhe für Pferde, Fotos der einen oder anderen Überschwemmung im Ort, ein Butterfaß, altes Arbeitsgerät usw.

Die Bauern und Fischer von Börgerende haben sich schon früh auf Feriengäste umgestellt. Einige stattliche Hotels und Pensionen längs der Seestraße und der Börgerender Straße laden zur Einkehr ein, z.B. das Hotel-Restaurant

Schöne Ostsee (Börgerender Str. 18, Tel. 818 10). Das Café Wenzel (Seestr. 32, auch kleinere Gerichte, Tel. 812 10) ist bei kleinem Hunger genau das Richtige.

Je weiter man sich von der Küste entfernt, desto deutlicher tritt der dörfliche Charakter der Gemeinde Börgerende-Rethwisch hervor. In **Rethwisch** stehen rechter Hand Scheunen quer zur Straße und bilden eine Art Hof, an deren Stirnseite imposante Wohnhäuser stehen. Man denkt unwillkürlich an Dreiseithöfe, doch die weißverputzten, schönverzierten Wohnhäuser wurden wohl erst um die Jahrhundertwende gebaut, und die drei Seiten dieser Innenhöfe haben nichts mit jenem historisch gewachsenen Hoftyp zu tun.

Rethwischer Dorfkirche

Jenseits der Nienhäger Straße setzt sich Rethwisch fort, das weitaus mehr als Börgerende an ein Bauerndorf erinnert. Man sieht einige rohrgedeckte Scheunen, die wohl an die zweihundert Jahre alt sind. Der Name Rethwisch kommt von Redewisch und bedeutet Riedwiese. Links der Straße steht die schöne **Dorfkirche** aus der 1. Hälfte des 14. Jh., eine dreischiffige Stufenhalle. Der mit Brettern verschalte Turm mit seinem überstehenden Pyramidendach wurde erst 1707 errichtet. Er ist ein wenig baufällig, so daß Pastor Brill die Glocken nur an hohen Feiertagen und bei besonderen Anlässen läutet. Der spätgotische Schnitzaltar stammt von 1530, die Chorfenster mit mittelalterlicher Glasmalerei wurden im 14. Jh. angefertigt, die barocke Kanzel mit reichem Knorpelwerk kam 1666 hinzu. Ganz in der Nähe steht das Pfarrgehöft mit Wohnhaus und Scheune aus dem 18. Jh.

Die Rückkehr auf der Bad Doberaner Straße über Bad Doberan ist wegen des starken Verkehrs (kein Radweg) nicht ratsam. Sehr zu empfehlen vor der Rückfahrt auf demselben Weg ist dagegen die Einkehr im Gasthof Kiebitzkrug an der Straßenkreuzung Börgerender Straße/Nienhäger Straße (Tel. 86 00).

4. Nach Bad Doberan (Hinweg: 6,5 km)

Auf der **Kurpromenade** in Heiligendamm radelt man in Richtung Warnemünde, vorbei an den klassizistischen Prachtbauten. Am Ende der Häuserreihe biegen wir nach rechts in die **Seedeichstraße** ein. Wenige Meter vor der

Kühlungsborner Straße beginnt links der Radweg längs der **Lindenallee**, die durch den Großen Wohld nach Bad Doberan führt. Die Strecke ist zwar etwas holprig, aber doch recht schön zu fahren. In **Bad Doberan** endet der Radweg in der Nähe des Ehm-Welk-Hauses. Das Literaturmuseum erinnert an den Autor der »Heiden von Kummerow«, der in Bad Doberan 1966 verstarb. Man fährt nun am besten rechts auf dem Gehweg weiter und biegt, dem Molli-Gleis folgend, in die Goethestraße ein. In der Mollistraße, einer Einbahnstraße, muß man absteigen. Zweimal stündlich schiebt sich der Molli bimmelnd durch die enge Geschäftsstraße.

Für die Rückfahrt empfiehlt sich eine Fahrt mit dem Molli. Auf dem Weg vom Kamp zum Bahnhof sollte man am Alexandrinenplatz absteigen und das Rad in die Bahnhofstraße schieben. Dem Gleis folgend, erreicht man nach kurzer Strecke den Bahnhof.

DER MOLLI

Wie kein anderes Verkehrsmittel im weiten Umkreis läßt sich der Molli, der dampfgetriebene Traditionszug zwischen Kühlungsborn und Bad Doberan, für Radtouren und längere Wanderungen einplanen. Die Bahnhöfe und Haltepunkte liegen meist zentral oder mitten in der freien Natur, so daß viele verschiedene Wegkombinationen möglich sind.

Die Bahnlinie wurde 1886 nach einer Rekordbauzeit eröffnet, um Badegäste von Doberan bequem in das erste deutsche Seebad zu befördern. Der damalige Bahnhof in Heiligendamm lag neben dem Grand Hotel, dem späteren Haus Berlin. 1910, als die Bahn bis nach Kühlungsborn verlängert wurde, verlegte man die Gleise um etwa 500 m und errichtete das Bahnhofsgebäude neu – im klassizistischen Stil, wie sich das für Heiligendamm versteht. 1933/ 34 wurde der heutige Bahnhof als Ziegelbau erneuert. Hier begegnen sich die Züge der eingleisigen Bahn.

(Soviel zum Molli in Heiligendamm. Mehr zur Geschichte des Traditionszuges kann man in den Kapiteln »Bad Doberan« und »Kühlungsborn« nachlesen.)

9. BAD DOBERAN

*»Hirsch, Krummstab und Schwan
das Wappen von Doberan.«*
Volkstümlicher Reim

Doberan hat mehrere Sternstunden erlebt. Die eine leuchtete, als Herzog Friedrich Franz I. das Amtsdorf Doberan zu seiner Sommerresidenz erhob. Ohne jenen Entschluß würde man Heiligendamm vergebens auf der Karte suchen. Die Spuren des ersten Großherzogs von Mecklenburg-Schwerin (und die der Zisterzienser-Mönche) kann man denn auch in der ganzen Stadt, im Umland und an der Ostseeküste leicht erkennen. Wohl dem, der neben den Freuden des Badestrands auch historische und kulturelle Interessen verfolgt: Bad Doberan mit seinen 12 100 Einwohnern ist wie Heiligendamm klassizistisch geprägt, was dem Baumeister Karl Theodor Severin zu verdanken ist.

INFORMATION

Telefon-Vorwahl Bad Doberan: 038203
Postleitzahl Bad Doberan: 18209

ANFAHRT

Mit dem Wagen: von Wismar bzw. Rostock auf der B 105 bis Bad Doberan
Mit dem Zug: bis Bad Doberan

AUSKÜNFTE

Kurverwaltung Bad Doberan, Goethestr. 1,
18209 Bad Doberan, Tel. 038203/21 54
Kurverwaltung Ostseebad Nienhagen,
Strandstr. 16, 18211 Nienhagen, Tel. 811 63

BAHNHÖFE

Mecklenburgische Bäderbahn Molli,
August-Bebel-Str. 2, Bad Doberan, Tel. 24 00
Bahnhof Bad Doberan, Tel. 23 07
Bahnhof Kühlungsborn West, Tel. 038293/398,
Bahnhof Kühlungsborn Ost, Tel. 038293/283

JUGENDHERBERGE

JH Bad Doberan, Tempelberg, 18209 Bad Doberan,
Tel. 24 39

SEHENSWERTES

Münster mit Beinhaus im Englischen Park, Palais, Kamp, »Molli«

MUSEEN

Literaturmuseum Ehm-Welk-Haus, Dammchaussee 23, Bad Doberan, Di-Fr 10-12, 13-16 Uhr, Sa 13.30-16.30 Uhr, Tel. 23 25
Stadtmuseum »Möckelhaus«, Bad Doberan, Beethovenstr. 8, Mo-Mi 10-12, 14-16 Uhr, Do und Fr 14-16 Uhr, Sa 14-17 Uhr, Tel. 20 26
Denkmalhof Retschow, 18211 Retschow, Öffnungszeiten: Di-Sa 9-16 Uhr, Tel. 038292/72 08

BESICHTIGUNG

Münster, Bad Doberan, Öffnungszeiten: Mai-Sept. Mo-Sa 9-18 Uhr, So 12-18 Uhr; März, April, Okt. Mo-Sa 9-16 Uhr, So 12-16 Uhr; Nov.-Febr. Di-Fr 9-12, 14-16 Uhr, Sa 9-16 u. So 12-16 Uhr, Tel. 26 16

FREIZEIT, SPORT, ERHOLUNG

Baden in Heiligendamm, Börgerende und Nienhagen
Angeln, Radfahren, Wandern; Konzert im Münster, Besuch eines Pferderennens, Bibliothek (Klosterstr. 1), Lesung im Ehm-Welk-Haus, Besuch des Möckel-Hauses (ständige Ausstellung zur Geschichte des ersten deutschen Seebads), Foto-Sonderfahrt mit dem Molli für Eisenbahnfreunde, Ausstellung in der Galerie Roter Pavillon (Auf dem Kamp)

BAD DOBERAN FÜR KINDER

Fahrt mit dem Molli, Englischer Garten, Quellental

UNTERKUNFT

Kurhotel, Am Kamp, 18209 Bad Doberan, Tel. 3036

CAMPING

Feriencenter Börgerende, Deichstraße, 18211 Börgerende, Tel. 811 26

TERMINE

1. Mai: Volkslauf an der Molli-Spur; letztes Juli-Wochenende: Renntage auf der Galopprennbahn (Anfahrt mit Molli empfohlen); Anfang August:

FAHRRADVERLEIH	Kampfest (Stadtfest); 1. Sept.: Rad-Rallye mit Molli von Bad Doberan nach Kühlungsborn; Anfang Okt.: »Schall und Rauch« – Jazz auf der Schiene
	Harder, An der Krim, Bad Doberan, Tel. 127 38

GESCHICHTE

Doberans Anfänge liegen etwas abseits des Ortes in Althof an der Bahnlinie nach Rostock. Dort steht neben dem Friedhof die **Kapelle Althof**. So unscheinbar sie ist, so geht sie doch auf das alte Kloster Doberan zurück, das erste Kloster in Mecklenburg. Manche betrachten das aufgeputzte Gemäuer als das älteste Backsteingebäude in Mecklenburg überhaupt.

Der Baubeginn reicht in die Zeit der Kolonisation des von den slawischen Obodriten besiedelten Landes zurück. Nachdem Obodritenfürst Niclot in der zweiten Hälfte des 12. Jh. den Tod gefunden hatte, nahm dessen Sohn Pribislaw den christlichen Glauben an. Bischof Berno aus Amelungsborn an der Weser konnte ihn von der Notwendigkeit überzeugen, bei der heutigen Ortschaft Althof ein Kloster zu gründen. In sieben Jahren Arbeit ließ Pribislaw Bet-, Schlaf- und Speisehaus errichten, auch eine Hütte für Gäste und ein Pförtnerhäuschen gab es. Im Jahre des Herrn 1171 trafen ein Abt und zwölf Mönche nach langen Fußmärschen von der Weser in Althof ein, begleitet von zahlreichen Laienbrüdern.

Sie sollten in Ruhe nicht lange leben. 1179 überrannten Slawen das Kloster und erschlugen die Bewohner. Nur der Abt und wenige andere entkamen dem Gemetzel.

Es vergingen sieben Jahre, und die Mönche aus Amelungsborn kamen wieder, diesmal begleitet von einer großen Horde junger, kräftiger Bauern. Da man das neue Kloster nicht am alten Ort aufbauen wollte, sah man sich nach einer geeigneten Stelle um. Die Sage schildert ihre Suche wie folgt:

Es war beschlossen worden, das neue Kloster an jener Stelle zu errichten, wo der erste Hirsch erlegt werden würde. Also ging Fürst Borwin auf die Jagd. Mit Eifer verfolgte er einen Hirsch durch die hügelige Gegend, die etwa drei Kilometer vom alten Klosterort entfernt war. Von den Hunden gehetzt, suchte das Tier an einer sumpfigen, nahezu undurchdringlichen Stelle neben einem Hügel Zuflucht, wo es verendete. Die Männer waren ratlos: Hier sollte das neue Kloster stehen? Da stieg neben den Jägern ein Schwan auf und rief:»Dobran, dobran«. Die Männer, des Slawischen mächtig, verstanden den Ruf als Fingerzeig Gottes:

»dobr« bedeutet »gut«, »ran« heißt »Platz«. So errichteten die Männer an jenem Ort das zweite Kloster und waren überzeugt, sie hätten den einzig guten Platz gefunden.

Für den Namen Doberan gibt es noch eine zweite, schlichtere Erklärung: Das slawische Wort »dubrana« heißt übersetzt »Ort der Eichen«.

Die größte Aufgabe des Klosters am Doberbach war es, die sumpfige Niederung um den Conventer See zu entwässern. Bauern aus Westfalen und Niedersachsen, auch aus dem Klützer Winkel, trafen ein, um frei von Abgaben das Klosterland zu bewirtschaften. Es entstanden zahlreiche Klosterhöfe – die heutigen Dörfer Rethwisch und Rabenhorst, Redentin, Satow und andere. Am alten Klosterort, nun Althof genannt, wurden Unterkünfte und eine Kapelle errichtet, um das Land besser zu bewirtschaften. Innerhalb von zweihundert Jahren entwickelte sich das Kloster Doberan zum reichsten in ganz Norddeutschland: 66 Dörfer und Güter nannten die Mönche ihr eigen. Fachleute für Entwässerung und Trockenlegung wurden gerufen, in einer klostereigenen Schule bildeten die Zisterzienser-Mönche Handwerker in Malerei, Bildhauerei und Architektur aus. Um 1464 schrieb der Mönch Peter Kalff das berühmte Redentiner Osterspiel.

Das Kloster war ein riesiger Wirtschaftsbetrieb. Sachkundig erwarben die Mönche Mühlen in weiter Umgebung, die hohen Gewinn abwarfen. Das Heilige Blut, eine Hostie, die sich in Blut verwandelt haben soll, lockte viele zahlungskräftige Pilger nach Doberan. Das Geld wurde gewinnbringend in der Lüneburger Salzsiederei angelegt, an Fürsten wurden hohe Geldsummen verliehen. Auch der Neubau des Münsters konnte in Angriff genommen werden. Die Mönche führten ein sattes Leben, kein Wunder, daß sie ihre eigentlichen Aufgaben vergaßen. Die Kluft zwischen den niedersächsischen Mönchen und denen aus Mecklenburg, die verächtlich »Slawen« genannt wurden, schien unüberbrückbar. Der Abt führte ein Willkür-Regime und ließ jede Kritik grausam unterdrücken. Kerkerstrafen, Sippenhaft und Giftmord waren gang und gäbe. Mitte des 14. Jh. schließlich mußte der Abt abtreten. 1552 wurde das Kloster säkularisiert.

DAS MÜNSTER, DER DOM ZU DOBERAN

Man wird fragen, warum Doberan einen »Dom« hat, wo es doch nie ein Bistum Doberan gab. Die Antwort liegt in der Macht des im 14. und 15. Jh. reichsten Klosters in Norddeutschland begründet, dessen Güter sich bis nach Güstrow und Lübz erstreckten. Das höchste Privileg des Abtes waren die bischöflichen Insignien, sogar den bischöflichen Segen durfte er nach der heiligen Messe geben. Daher die Bezeichnung Münster oder Dom für die Doberaner Klosterkirche.

Von der um das Jahr 1232 geweihten romanischen Kirche wurden Teile für die gotische Basilika verwendet, wie man an der West- und Südseite des Münsters erkennen kann. Im Mauerwerk der Westseite hebt sich deutlich ein stufenförmiger Giebel über der romanischen Konversenpforte ab. Auch die Südwand bis zum Querschiff sowie die zum Küsterhaus führende Wand des Ostflügels der Klausur stammen aus romanischer Zeit. Im Jahre 1368, unterbrochen von zahlreichen, das Bauvorhaben lähmenden Klosterwirren, war die dreischiffige, im reinsten gotischen Stil errichtete Basilika vollendet. Vorbild der Zisterzienser war, wie so oft an der Ostseeküste, die Marienkirche in Lübeck.

Die **schönste Ansicht** des Münsters ist zweifellos die von Westen, vom Stadtzentrum. Die formstrengen Baumeister gestalteten die Westwand sehr aufwendig, mit reichem Blendwerk, fein gemauerten Friesen und Rosette. Zu ihren Grundregeln gehörte die turmlose Kirche. Der große Dachreiter, der oft zu ästhetischen Streitgesprächen führt, ist denn auch ein Werk des hart kritisierten Geheimen Hofbaurats Gotthilf Ludwig Möckel und seiner fabrikmäßig arbeitenden Architekten-Brigade, deren

Das Doberaner Münster

Restaurierungen Ende des 19. Jh. oft allzu hart und schematisch ausfielen. Der Dachreiter der Zisterzienser war jedenfalls erheblich kleiner. Die unruhige Bedachung des Kapellenkranzes ist ebenfalls Möckels Werk. Aber auch ein Möckel konnte die Kirche der Zisterzienser, einen der schönsten gotischen Backsteinbauten Norddeutschlands, nicht in Grund und Boden restaurieren.

Bleiben wir noch eine Weile außen stehen: Die Kirche ist vom Typ einer dreischiffigen, kreuzrippengewölbten Pfeilerbasilika. Fünf Joche zählt das Langhaus, zwei der Chor, dessen Umgang sich zu fünf Kapellen erweitert, die sich aufgrund der Möckelschen Bedachung von außen gut erkennen lassen. Im Unterschied zur Lübecker Marienkirche entschieden sich die Zisterzienser für ein zweischiffiges Querhaus, durch dessen Eingang wir jetzt die Kirche betreten.

Die Basilika entfaltet im Innern eine überwältigende **Raumwirkung**, hervorgerufen durch die eng gesetzten und farblich abgehobenen Bündelpfeiler und die Scheidbogenarkaden, die das Mittelschiff gleichsam »abschließen«. Kunsthistoriker schätzen die fast vollständig erhaltene Innenausstattung aus dem 13. und 14. Jh. als die wertvollste jener Zeit in ganz Mecklenburg. Prunkstück ist der geschnitzte, reich vergoldete **Hochaltar** (um 1310), einer der frühesten Flügelaltäre in Deutschland. Raumbeherrschend ist der **Kreuzaltar** (um 1370) auf der Grenze zwischen Mönchs- und Laienkirche, seinem Zweck entsprechend doppelseitig angefertigt mit zweiseitigem, 15 m hohem Triumphkreuz, das als Lebensbaum gestaltet ist. Weitere Altäre sind der **Corpus-Christi-Altar** (um 1330) mit frühesten Beispielen norddeutscher Tafelmalerei und der **Fronleichnam-Altar** (um 1340) mit einer eigenwilligen Kreuzigungsszene Christi durch drei Frauen. Erwähnenswert sind weiterhin das um 1370 geschnitzte, über 11 m hohe eicherne **Sakramentshaus**, der **Kelchschrank** von 1280/90 mit 20 Fächern zur Aufbewahrung von Reliquien sowie spätgotisches Chorgestühl vom Ende des 14. Jh. mit kunstvoll geschnitzten Wangen.

Das Doberaner Münster war die wichtigste **Grablege** der mecklenburgischen Herzöge. Die Adolf-Friedrich-Kapelle mit den lebensgroßen Figuren von Herzog Adolf Friedrich I. und seiner Gemahlin Anna Maria, um 1634 von dem Holzschnitzer Franz Julius Dötebier geschaffen, fällt jedem Besucher sofort ins Auge. In der nördlichen Chorumgangshalle findet man das stolze Reiterbild Samuel von Behrs, des herzoglichen Kanzlers. In der südlichen Chorumgangshalle trifft man auf das Grabmonument Herzog Johann Albrechts. Im nördlichen Querschiff, der Pribislaw-Kapelle, liegen weitere der mecklenburgischen Herzöge begraben. Namensgeber der Kapelle ist Slawenfürst Pribislaw, der das erste Kloster bei Althof errichtete. Er starb 1178 bei einem Turnier in Lüneburg durch einen Lanzenstich in den Kopf. Vor dem Kreuzaltar steht der Sarkophag Friedrich Franz I., in achtzehnjähriger Arbeit aus einem einzigen Granitfelsen gemeißelt. Auf des Herzogs Anordnung hin wurde der Deckel keilförmig gearbeitet, so daß ihm nach dem Tod niemand den Hut aufs Gesicht legen konnte. Vermutlich war's ihm nach dem Ableben gleich.

Neben Frömmigkeit und Glauben kommt im Doberaner Münster auch derber Humor zur Sprache. Da grinst die krebsrote Fratze des Teufels auf den Betenden herab, freche Grabsprüche karrikieren die Verstorbenen. Übel muß ein Herr von Sallern seinen Untergebenen mitgespielt haben:

»Hier ruhet Herr von Sallern.
Min Gott, wat det dat ballern,
Wenn hei dei Buern kloppt.
Nu hebbt s' em hier inproppt.«

Über ein Fräulein Adelheid Pott ist folgendes Spottgedicht zu lesen:
»Hier ruhet Ahlke, Ahlke Pott,
Bewahr mi lewe Herre Gott,
As ick di woll bewahren,
Wenn du werst Ahlke, Ahlke Pott
Un ick wier lewe Herre Gott.«

Von Peter Knust, dem ordentlich bestallten Balgtreter im Münster, heißt es:
»Hier ruht Peter Knust,
Gott zu Ehren hat er gepust,
Bis er selbst den Pust bekam,
Und Gott ihm den Pust benahm.«

Rings um das Münster erstreckt sich der herrliche Klostergarten, in dem weitere Gebäude der Zisterzienser stehen. Eine Rarität ist das achtseitige **Beinhaus**, um 1250 errichtet. Jeder, der die Kirche umrundet, kommt an dem aufwendig mit glasierten und unglasierten Backsteinen gemauerten Türmchen vorbei. Im Keller verwahrten die Mönche Skelettreste ihrer verstorbenen Klosterbrüder aus älteren Gräbern, die neu belegt wurden, darüber befindet sich eine Kapelle.

Der **Klostergarten**, heute **Englischer Garten** genannt, ist außergewöhnlich schön und macht, trotz der stark befahrenen Klosterstraße, fast immer Lust auf einen Spaziergang. Die Teiche wurden früher zur Karpfenzucht genutzt. Das Fachwerkhaus mit dem Quergiebel auf der gegenüberliegenden Straßenseite ist das alte Amtshaus, 1793 von dem Baumeister von Seydewitz errichtet. Unmittelbar neben dem schönen Westtor des Klosters steht das Möckelhaus, das sich der Architekt Möckel 1888 als Wohnhaus errichtete. Dort ist heute das Stadtmuseum untergebracht, das besonders der Geschichte des Bäderwesens und des Seebads Heiligendamm gewidmet ist. »Gelegentlich schnurrt ein Auto durch das grüne Tor und auf der Straße, die durch den Garten führt«, konnte Fritz Meyer-Scharffenberg noch im Jahre 1958 schreiben, in blanker Ahnungslosigkeit, daß das mobile Zeitalter auch

Das Beinhaus

Die »Kurvenfrau« von Bad Doberan

die DDR erreichen würde. Heute quält sich auf der Klosterstraße die sprich-
wörtliche Blechlawine auf die Bundesstraße 105 zu. Anwohner, Besucher des
Münsters, vor allem aber Konzertbesucher nehmen es unwillig zur Kenntnis.
Gelegentlich schnürt die stets gebückte »Kurvenfrau« mit ihrem Wägelchen
die Klosterstraße lang. Die Kurve am grünen Tor hat es ihr besonders angetan:
Ohne auf den Verkehr zu achten, stellt sie ihr Wägelchen ab, holt einen
Laubbesen hervor und fegt die Blätter am Straßenrand zusammen. Man hält
unwillkürlich den Atem an: Hinter ihr kommen quietschend die Vierzig-
tonner zum Stehen, Reisebus-Chauffeure steigen fluchend auf die Bremse. Die
Alte merkt es nicht, will's nicht merken. Ein Doberaner weiß, warum und
wieso: »Die alte Frau ist ein Doberaner Original. Seit sie bei einem Verkehrs-
unfall einen Angehörigen verloren hat, zieht sie mit ihrem Wägelchen über die
Straßen und sammelt das Laub.« Drei Schutzengel muß die Gute haben.

Zu den ältesten Bauwerken auf dem Klostergelände gehören im Norden
die 1400 m lange **Klostermauer**, die mit ihrem weiten Rund noch immer von
der handwerklichen Kunst der Zisterzienser zeugt, und die Ruine des ehemaligen Siechenhauses, später **Wolfsscheune** genannt (von Wollscheune). Im
Süden stößt man auf das **Kornhaus**, seit 1900 zur Schule umgebaut, und das
1979 ausgebrannte **Brauhaus** mit Mühle. Der weite Klostergarten wurde
Anfang des 19. Jh. zum Englischen Garten umgebaut, ein Teil davon heißt aber
noch immer Bachgarten. Ein Spaziergang lohnt bei fast jedem Wetter. Vier
Tore bzw. Tordurchgänge gab es, alle sind mehr oder weniger erhalten. Das

schönste findet man im Westen, neben dem Möckel-Haus im Straßendreieck. Südlich des Parkplatzes liegt der alte **Friedhof**, der bis 1830 belegt wurde. Wer die Gräberreihen abgeht, begibt sich mitten hinein in die Geschichte Doberans. Viele der Grabplatten sind an der inneren Klostermauer aufstellt.

VOM AMTSDORF ZUM SEEBAD

Herzog Karl Leopold erhob Doberan zu seiner Sommerresidenz. Der Ort war damals wenig mehr als ein größeres Dorf, wenn auch Mittelpunkt eines Amtes. Doch dem Herrscher mißfiel die Landschaft um seine Residenz Ludwigslust, die Griese Gegend. Er wollte an die See, und die hügelige, mit Buchen bewachsene Landschaft um Doberan hatte es ihm angetan. Ab 1707 mußten die Doberaner mit einem Herzog leben, wenn auch nur im Sommer.

Anfang des 18. Jh. gab es in Doberan wenig, was eine Residenz nötig hat. Es gab zwar das Klostergelände mit dem Amtshaus, in dem sich zur Not herzoglich wohnen ließ, und den Lindenhof. Doch wenn die Besucher den Fuß vor das Gasthaus setzten, standen sie bereits auf dem Kamp, auf dem die Kühe grasten. Rings um diese Weide entstand das neue Doberan, wie wir es heute kennen. Der Herzog ließ sich hastig ein Schloß aus Fachwerk bauen, das bis 1790 einigermaßen hielt.

Unter Herzog Friedrich Franz I. wurde Doberan zu einer richtigen Sommerresidenz. Der Landesherr war eine sehr vitale Gestalt. Keiner kannte die Zahl seiner Mätressen und die der unehelichen Kinder. Friedrich Franz I. schloß 1803 den Jahrhundertvertrag mit Schweden, der Wismar, Poel und Neukloster wieder zu Mecklenburg-Schwerin brachte. Im Jahre 1812 wurde er zum ersten Großherzog Mecklenburgs erhoben. Er schuf das erste deutsche Seebad, hob als letzter Herrscher in Deutschland die Leibeigenschaft auf, veranstaltete 1823 das erste Galopprennen auf dem europäischen Kontinent und eröffnete in Doberan ein Spielcasino, in dem er regelmäßig setzte und nicht selten größere Summen verlor – an sich selber, denn das Etablissement gehörte ihm.

Es ist erstaunlich für die Residenz Doberan, daß der Ort erst 1879 zur Stadt erhoben wurde und den Titel eines Bades im Jahre 1921 bekam.

RUND UM DEN KAMP

Doberans Erbauer war Karl Theodor Severin. Sein wohl bedeutendstes Bauwerk ist das 1809 vollendete **Palais** am Nordostende des Kamps. Mit seinem ionischen Säulenwerk und der Portalnische sieht es erhaben bis monumental aus. Das Besondere dieses Bauwerks ist sein Doppelgesicht: Während das Palais sein klassizistisches,

Der Weiße Pavillon auf dem Kamp

erhabenes Antlitz dem Kamp zuwendet, offenbart die Rückfront barocke Lebenslust und Vielfalt. Severin ist damit, vielleicht ohne es zu wollen, eine Allegorie gelungen, die mancher als Anspielung auf den zwiespältigen Charakter von Herzog Friedrich Franz I. verstand. Schmuckstück des Hauses ist der Gartensaal mit der Schwarz-Weiß-Darstellung der Liebesgeschichte von Amor und Psyche. Es handelt sich um Entwürfe von Louis Fafitte und Merry Joseph Blondel, die Ausführung in Grisaille-Manier übernahm die Pariser Manufaktur Dufour. Erstaunlich, daß die Papiertapeten den Zweiten Weltkrieg und die ersten Jahre der Besatzungszeit überstanden haben.

Gegenüber dem Palais erstreckt sich der **Kamp**, die ehemalige Viehweide, die um 1800 als Park umgestaltet wurde. Man kann dort bei fast jedem Wetter gut spazierengehen, auch die beiden Pavillons sind immer eine Attraktion. Der Stil beider Bauwerke ist klassizistisch mit chinoisen Versatzstücken. Der (kleinere) Rote Pavillon wurde 1809 nach Plänen von Severin als achtseitiger Fachwerkbau mit Zeltdach und Säulen errichtet. Über die Jahrhunderte war der Pavillon Boutique, in der DDR Ausstellungshalle, heute ist dort die »Galerie am Kamp« untergebracht. 1813 schuf Severin auch den (größeren) Weißen Pavillon, der der Musik dienen sollte. Heute ist dort ein Café zu finden. Die Innenausmalung im Empirestil konnte 1970 freigelegt werden. Im Unterschied zu seinem kleinen Bruder ist dieser Pavillon mit einem achteckigen Dachaufbau bekrönt, der für sich einen zweiten Pavillon darstellt. Vom Kamp sind es nur wenige Schritte zum Haus Medini (Severinstr. 5) an der Nordseite des Platzes, das 1825 für den großherzoglichen Oberhofküchenmeister Gaetano Medini errichtet wurde. Auffallend sind die Reliefdekors und die sehr harmonische, lebhaft gegliederte Fassade.

Noch als Gehilfe von Seydewitz baute Severin 1802 das zweigeschossige **Salongebäude** am Kamp, das sich südlich an das Palais anschließt. Das mit seinen Kolonnaden, Kaufläden und Kabinetten einmal sehr ansehnliche Gebäude wurde 1879 zum Rathaus und Amtsgericht umgebaut und erhielt damit seine heutige plumpe Gestalt. Stark verändert ist vor allem die überhöhte Attika über dem Mittelrisalit, die das flache Walmdach ganz verdeckt. Ob der schöne Festsaal im Empirestil von 1820 ebenfalls auf Severin zurückgeht, ist nicht gewiß. Hier kam man zur table d'hôte zusammen, dem gemeinsamen Mittagstisch:

Um 1/2 2 Uhr ging man zum Mittagessen ins Logierhaus oder bei großer Beteiligung in den Salon. Ein Oben und Unten an der Tafel gab es nicht. Der Herzog saß bald hier, bald dort, bald an dem einen oder anderen Tische, damit überall kein Grund zur Überhebung oder Herabsetzung gegeben werde. Rostocker Hornisten oder Schweriner Hoboisten musizierten, die Unterhaltung war lebhaft und jeder Zwang verpönt.
Aus einer zeitgenössischen Schilderung

Nur wenige Schritte nach Süden folgt das **Logierhaus**, das erste bedeutende Gebäude nach den Klosterbauten. Es wurde 1795 von Johann Christoph Heinrich von Seydewitz als zweigeschossiger Fachwerkbau mit Zwerchhaus errichtet und war der erste Hotelbau für Badegäste an der Ostseeküste. Dort stiegen die besseren, höhergestellten Gäste ab, dort war bis 1868 auch das Spielcasino untergebracht. Daß es als »Kurhotel« erhalten ist und offensichtlich auch gut restauriert wurde, ist ein Glücksfall für Bad Doberan – und die Gäste, die heute dort speisen und übernachten.

Am langgestreckten Alexandrinenplatz stand früher das **Theater**. Es fiel 1889 der Spitzhacke zum Opfer. Zeitgenossen lobten Severin überschwenglich, das Schauspielhaus sei »das vorzüglichste und zweckmäßigste in Mecklenburg« – was wohl heißt, daß die Bäume auch damals nicht in den Himmel wuchsen. Heute steht dort, am Übergang des Kamps zum Alexandrinenplatz, der neugotische Bau des von Möckel errichteten Gymnasiums, das mit Severins hellem, klassizistischem Doberan nichts gemein hat.

Südlich schließt sich das ehemalige **Prinzenpalais** an, heute die Lessing-Oberschule. Severin ließ es 1812 für sich bauen. Es war aber wohl doch zu repräsentativ, jedenfalls ging es 1822 an den Großherzog über. Severin baute zwei Jahre später das zum Verwechseln ähnliche **Haus Gottesfrieden** gegenüber (Alexandrinenplatz 5). Auch die beiden anschließenden Häuser Alexandrinenplatz 6 und 7 stammen von Severin. So ist denn der Kamp – neben dem Klostergelände – Bad Doberans prominentester Ort, dessen Existenz auf Karl Theodor Severin zurückgeht. Der Großherzog hat es seinem fleißigen Baumeister nicht leicht gemacht: Gegen Ende seiner Laufbahn mußte Severin den Großherzog um eine bescheidene Weiterbeschäftigung anbetteln. Er starb unter tragischen Umständen, allein und völlig vergessen.

Tip: Ehm-Welk-Haus

Ehm Welk ist der Autor der »Heiden von Kummerow«. Während der Schriftsteller in den neuen Bundesländern nahezu jedem Gebildeten bekannt ist – die Gesamtauflage seiner Werke erreichte 4 Millionen –, kennt man ihn im Westen so gut wie gar nicht. In dem 1937 erschienenen Roman »Die Heiden von Kummerow« geht es um die Einwohner des Dorfes Kummerow am Kummerower See in der Mecklenburgischen Schweiz. Vor allem die Kinder und ihre kleinen und großen Sorgen, ihre Schwächen und Stärken sind in dem Werk liebevoll dargestellt. In zwei weiteren, weniger bekannten Werken – »Die Lebensuhr des Gottlieb Grambauer« (1938) und »Die Gerechten von Kummerow« (1943) – setzt Welk die Schilderungen der kleinen Leute im Mecklenburgischen fort.

Der 1884 geborene Ehm Welk war in seinem Brotberuf Journalist, u.a. Chefredakteur des »Braunschweiger Allgemeinen Anzeigers«. 1934 veröffentlichte er in der bei Ullstein erscheinenden »Grünen Post« einen Leitartikel mit der Überschrift »Herr Reichsminister, ein Wort, bitte!«. Goebbels war darüber sehr verärgert. Ehm Welk wurde verhaftet und verschwand für mehrere Monate im KZ Oranienburg.

Nach Gründung der DDR ließ sich Ehm Welk zunächst in Schwerin nieder und gründete einige Volkshochschulen im Mecklenburgischen. Von 1950 lebte er bis zu seinem Tode 1966 in Bad Doberan. Das Ehm-Welk-Haus in der Dammchaussee 23 war die letzte Arbeitsstätte des Schriftstellers. Die ständige Ausstellung zeigt seine Bibliothek mit über 5000 Bänden, informiert ausführlich über die Werke Ehm Welks, die in Bad Doberan entstanden und zeigt Erstausgaben mit Widmungen. Im Hause finden zahlreiche Lesungen statt.

DER MOLLI – GESCHICHTE UND TECHNIK

Die Beförderung der hochgestellten und der einfachen Badegäste von Doberan an die Küste war stets ein leidiges Thema. Mal brach die Achse der Droschke, mal blieb man im Morast stecken, dann hatten die Kutscher keine Lust, oder sie verlangten Preise, die pure Beutelschneiderei

Der Molli in Kühlungsborn

waren. Deshalb erlaubte der Großherzog 1881 dem Rittmeister a.D. de Bary aus Berlin, zwischen Doberan und Heiligendamm »versuchsweise einen regelmäßigen Verkehr mit Bolleschen Dampfkaleschen und sogenannten Dampfpostwagen zur Beförderung von Personen und Gepäck« einzurichten.

1886 war es soweit: Innerhalb von zehn Wochen (laut anderer Quelle waren es sogar nur sechs Wochen) wurden die 900-Millimeter-Gleise von Doberan nach Heiligendamm verlegt. Ein Damm war nicht nötig, daher die kurze Bauzeit für die 6,6 km lange Strecke. Am 19. Juli 1886 feierte man die Eröffnung der Bahnstrecke, selbstredend in Anwesenheit des Großherzogs. Der Betrieb lief zunächst nur in der Saison mit einer Trambahnlokomotive, drei Reisezug- und einem Gepäckwagen. Die Schmalspurbahn erfreute sich bald so großer Beliebtheit, daß ein Jahr darauf eine Lokomotive sowie fünf Reisewagen zusätzlich eingesetzt wurden.

Auch Fulgen, Brunshaupten und Arendsee (Kühlungsborn) hatten Nutzen von der Bahn, wenngleich die Gäste in Heiligendamm wieder die Droschke besteigen mußten. 1910 wurde die Bäderbahn bis Arendsee verlängert: Insgesamt 15,4 km beträgt seither die Strecke, die der Zug in etwa vierzig Minuten zurücklegt. 1932 wurden Lokomotiven der Baureihe 99/32 von Orenstein & Koppel angeschafft, die bis heute im Einsatz sind.

Die gesamte Bahn mit allen Bahnhöfen und Güterschuppen, Lokomotiven und Waggons wurde zu DDR-Zeiten unter Denkmalschutz gestellt. Seit dem 1. Oktober 1995 läuft Deutschlands einzige Kleinbahn mit der Spurweite von 900 Millimetern in privater Trägerschaft des Landkreises Bad Doberan. Es stehen zur Verfügung: fünf Dampflokomotiven der Baureihe 99 und 37 Reisewagen.

Tip: Der Traditionszug Molli

Molli ist nicht immer gleich Molli: Für Reisegruppen, am liebsten für gestandene Eisenbahnfreunde, hängt sich der Molli auf Anfrage die ganz alten Wagen aus der Kaiserzeit an. Im einzelnen umfaßt der historische Wagenpark: vier Reisezugwagen der Baujahre 1911-26, zwei Gepäckwagen von 1886 und 1902 sowie zwei Güterwagen von 1922 und 1927. Daß man auf historischen Holzbänken ziemlich hart sitzt, ist einem richtigen Eisenbahn-Liebhaber sicherlich gleich.

Eine Fahrt mit dem Traditionszug könnte etwa so aussehen: Abfahrt ab Bad Doberan etwa um zehn Uhr. Beim Haltepunkt Heiligendamm Steilküste wird die Fahrt unterbrochen, den Eisenbahn-Freunden zuliebe. Der Lokführer legt dann eine Scheinanfahrt hin (kostet vier Zentner Briketts extra), die von den Enthusiasten auf Zelluloid festgehalten wird. Dann läuft der Bummelzug in Kühlungsborn ein. Nach zwei Stunden Pause, etwa mittags um ein Uhr, geht es zurück nach Bad Doberan, Ankunft etwa um zwei Uhr. (Für Informationen über Sonderfahrten wende man sich an die Mecklenburgische Bäderbahn Molli.)

MOLLI – FAHRT NACH KÜHLUNGSBORN

Bimmelnd fährt der Molli am Bahnhof Bad Doberan los und rollt mit 10 km/h die Bahnhofstraße hinunter. Routiniert blockiert er die Bundesstraße 105, überquert gemächlich den Alexandrinenplatz und fährt in die enge Mollistraße ein. Die ist so schmal, daß der Abstand zu den Häusern manchmal weniger als 1 m beträgt. Molli schiebt sich gelassen über die Severinstraße und fährt durch die etwas breitere Goethestraße zur Dammchaussee, wo die Lindenallee nach Heiligendamm beginnt.

Nun zeigt der Molli, was er kann: Der Zug beschleunigt auf seine Spitzengeschwindigkeit von 40 km/h. Schnaubend und fauchend rast er dicht neben der historischen Lindenallee der Ostsee entgegen. Links sieht man in der Ferne die Kühlung mit dem 130 m hohen Diedrichshäger Berg, rechts erstreckt sich der Große Wohld mit altem Buchenbestand. Etwa auf halber Strecke passiert der Molli die alte Rennbahn von 1823, wo der Zug Ende Juli an den Renntagen hält. Bei Km 6,5 erreicht Molli den Bahnhof Heiligendamm, der mitten im Buchenwald liegt. Hier wartet er geduldig den Gegenzug ab, die Strecke ist ja eingleisig. Nun umfährt Molli in einem Bogen den Kleinen Wohld und erreicht durch freies Ackerland, nahe entlang der Küste, die Bedarfshaltestelle

Molli – eine Straßen-Bahn der besonderen Art

Heiligendamm Steilküste. Die Kleinbahn hält dort nur in der Saison, um die Sommerfrischler an den nahen Strand zu entlassen. Kurz darauf erreicht der Zug das Ostseebad Kühlungsborn, wo er am Bahnhof Ost, am Haltepunkt Mitte und in Kühlungsborn West, der Endstation, hält. Die Fahrt dauert etwa 40 Minuten; die Züge verkehren stündlich.

Tip: Die Rennbahn
»Keine zehn Pferde können uns davon abbringen, die Galopprennbahn schon bald wieder zu eröffnen«, sagten sich die Mitglieder des »Doberaner Rennvereins von 1822 e.V.«, der im September 1991 wieder gegründet wurde. Ihr Optimismus wurde häufig belächelt, doch letzten Endes waren es die Rennfreunde von Bad Doberan, die lachten. Denn am 7. Oktober 1993, zum 200. Jahrestag Heiligendamms, lud die »Mutter aller deutschen Galopprenn-bahnen«, wie es etwas pompös hieß, zu ihrem ersten Rennen nach der Wende. Fortan wird es jedes Jahr am letzten Juli-Wochenende ein Galopprennen geben. Und wie früher hält der Molli in dieser hohen Zeit Bad Doberans an der Rennbahn.

Pferderennen haben in Doberan eine lange Tradition. 1804 veranstaltete man auf freiem Felde, wohl zur Unterhaltung der Badegäste, ein Pferderen-nen. 1822 wurde der erwähnte Doberaner Rennverein gegründet. Großher-zog Friedrich Franz I., dem sehr an dem Unternehmen lag, erließ im Februar 1823 die »Gesetze für mecklenburgische Pferderennen« und schenkte dem jungen Rennverein ein geeignetes Gelände. Bereits im August jenes Jahres eröffnete man feierlich die erste Galopprennbahn auf dem europäischen Kontinent. Fortan waren die Pferderennen, meist im August abgehalten, der Höhepunkt des Doberaner Sommers. Am dritten Tag fand traditionell das »Bauernrennen« statt, eine Art Volksfest, bei dem die Bauern des Umkreises auf ihren Gäulen um die Ehre ritten. Charles James Apperley, ein pferde-kundiger Engländer, hat die Atmosphäre bei einem Doberaner Galopprennen beschrieben.

Ich stieg noch einmal in den Sattel (...). Das einzige Pferd im Rennen, das mich vielleicht hätte schlagen können, gehörte einem Pächter des Grafen Hahn, Herrn Peters, und wurde von diesem geritten. Er hatte die inwendige Seite erlost, und als wir Kopf an Kopf an die erste Ecke kamen, warf mich Herr Peters nach außen hinaus. Ich hielt dies für unbeabsichtigt und rief ihm zu, sein Pferd besser in der Hand zu behalten. In der nächsten Ecke merkte ich jedoch seine Absicht, denn obwohl ein altes Weib das Pferd hätte wenden können, ritt er mich zum zweiten Mal an und drängte mich gegen die äußere Einfassung der Bahn. Zum Glück war ich darauf vorbereitet, und meinem Pferde den Kopf freigebend, konnte ich gerade noch hindurchschlüpfen. Ich setzte nun Dampf auf und ließ Herrn Peters vier Längen hinter mir - der rechte Platz für Leute, die unfair reiten wollen. Als ich das Ziel passierte, winkte ich der Gräfin Bassewitz, die in der Nähe stand, um ihr meine Hochachtung zu beweisen; auf die gleiche Art zeigte ich Herrn Peters meine Geringschätzung. Sein Verhalten war auf der Tribüne nicht unbeobachtet geblieben, und der Erbgroßherzog verbot ihm sofort, weiter in Doberan zu reiten.
(Charles James Apperley: Aus alten Zeiten. Nimrods Tagebuch. Hildesheim, New York 1978)

1915-21 ruhte der Rennbetrieb kriegsbedingt, 1939 fand das letzte Pferderennen statt. Im Jahre 1945 versuchte man, die Rennen wiederzubeleben, jedoch vergebens. Um die Rennpferde des Vollblutgestüts im nahen Vorder Bollhagen zu erproben, wurde im Juli 1956 ein Rennen abgehalten, das einzige in Bad Doberan zu DDR-Zeiten. Erwartungsgemäß errang bei diesem Heim-Spiel die Stute Amtsrobe des Volkseigenen Guts Vorder Bollhagen den Wanderpokal, allerdings holte Stute Lotte der LPG Steffenshagen den Sieg im 1000-m-Rennen. Dann war endgültig Schluß, die Anlagen verfielen.

Die Rennbahn befindet sich etwa auf halbem Weg von Bad Doberan nach Heiligendamm links der Lindenallee. Noch immer sind jene drei Alleen erkennbar, die zur Rennbahn führten: Die mittlere war stets den Fußgängern vorbehalten. Während das Geläuf früher einem flachen Dreieck ähnelte, zeigt die Rennbahn heute die Form eines abgeflachten Ovals. Die Rennlänge beträgt 1800 m. Noch arbeitet man mit mobilen Bauten (Tribüne, Rennleitung, Waage,

Zielrichterturm usw.), die nach und nach durch feste Anlagen ersetzt werden sollen. Nicht zu vergessen: Es darf gewettet werden!

Wanderung von Parkentin in den Hütter Wohld

Die im folgenden beschriebene Wanderung in den Hütter Wohld kann man auf zwei Arten unternehmen: Man fährt entweder mit der Bahn zwei Stationen bis Parkentin und spaziert durch den Hütter Wohld über Althof nach Bad Doberan, oder man geht über Althof nach Parkentin und tritt die Rückfahrt mit der Bahn an. Übrigens hat auch Althof einen Bahnhof.

Der **Hütter Wohld** ist ein ausgesprochen liebliches, bergiges Waldgebiet im Südosten Bad Doberans. Bedeutendste Erhebung ist mit 61 m der Kreigenbarg. Am Nordrand, beim späteren **Althof**, bauten die Zisterzienser im 12. Jh. ihr erstes Kloster, das sich aber nur wenige Jahre halten konnte. Im Hütter Wohld legten sie Fischteiche an, die bis heute existieren.

Der Spazierweg beginnt am Bad Doberaner Bahnhof: Über Friedrich-Franz-Weg und Clara-Zetkin-Straße geht man längs der Bahngleise nach Südosten. Die Verlängerung der Straße ist der Althofer Weg, der als Mühlenweg in Althof endet. Links erreicht man über den Weg Am Dorfteich die Ruine der ehemaligen **Klosterscheune**. Der imposante Bau aus der Mitte des 12. Jh. steht ohne Dachstuhl. Ein Stück weiter im Süden findet man die berühmte **Althofer Kapelle** mit dem Treppentürmchen an der südöstlichen Ecke. Hier sollte man einiges auseinanderhalten: Das Westportal, der Westgiebel, die Blendrosette und der Helm des Türmchens wurden 1888 von dem Geheimen Hofbaurat Möckel hinzugefügt. Trotz der massiven Eingriffe stammen Teile des Mauerwerks noch vom ersten Kloster der Zisterzienser. Meyer-Scharffenberg hielt die Kapelle in ihren historischen Teilen (der westlichen Wand) für »den ältesten Ziegelbau Norddeutschlands«, was wohl etwas übertrieben ist. Das Bauwerk, in dem 1172 Woizlawa, die Gemahlin des Slawenfürsten Pribislaw, beigesetzt wurde, hat ein wechselvolles Schickal hinter sich, nicht nur Möckels wegen. In einem Pachtvertrag von 1712 heißt es:

Das Backhaus, sonsten Kirche genand, ist gantz umbher gemauret und inwendig in einem Gewölbe geschlossen. Die steinernen Pfeiler seynd theilß ganzt weggebröckelt. Hierin ist ein fertiger Backofen. Im Eingang des Backhauses eine kleine Kammer.

Auf dem Mühlenweg geht es weiter in südliche Richtung, dem Hütter Wohld entgegen. Die ersten Fischteiche lassen nicht lange auf sich warten. Gut 500 m hinter der Kapelle biegt links ein Wanderweg ab. Er schlängelt sich nach Südosten in den Hütter Wohld, direkt zu den alten Fischteichen. Jenseits einer Wegkreuzung (geradeaus halten) erstreckt sich dann links und rechts die herrliche Kaskade der Teiche. Im Wald liegen neun Fischteiche, am Waldrand weitere fünf, abseits an der Straße nach Parkentin noch einmal zwei.

Die heutigen Fischteiche, zum Teil von herrlichem Buchenwald umgeben, gehen zurück auf Mönche des Klosters Doberan, die bereits im 13. Jh. einige Teiche anlegten.

Die Gewässer werden häufig von Graureihern aufgesucht, aber auch Seeadler stellen sich auf Nahrungssuche gern ein. In den Abendstunden kann man Zwergfledermäuse – äußerst geschickte Flieger – beobachten, auch der buntschillernde Eisvogel streicht tief über die Gewässer. Im Fischereihof Detlefsen kann man frisch geräucherten Fisch kaufen, der in den zwölf historischen und den acht neuen Karpfenteichen gezüchtet wird (Verkauf 8-18 Uhr, außer montags). Das Restaurant in der historischen Fischerstube ist immer gut besucht, schließlich hat sich die Spezialität des Hauses herumgesprochen: eine Karpfensuppe mit Rosmarin, Orangen, Wein, Karpfenfonds und Kartoffeln (Am Hütter Wohld 5, Di-So 8-24 Uhr, Tel. 122 44). Am Rundwanderweg stößt man auf die Imbißgaststätte Froschklause, Spezialität sind Spanferkel und Plusterschinken (Mi bis So ab 12 Uhr, Tel. 38 06).

Bleibt noch die Kirche von Parkenthin südlich vom Bahnhof. Der quadratische, feldsteinerne Chor wurde bereits Mitte des 13. Jh. begonnen und hat als Anbauten eine Südsakristei und eine Vorhalle an der Nordseite. Der Schnitzaltar zeigt im Mittelteil einen Gnadenstuhl, die Flügelfiguren sind teils gemalt, teils plastisch dargestellt.

Die Bahn bringt Sie wieder – zwei Stationen – zurück nach Bad Doberan.

RADTOUREN

1. Rund um den Conventer See (17 km)

Die Radtour – Wegmarkierung: blauer Querstrich – führt über Rethwisch, Börgerende und Heiligendamm rund um den Conventer See. Da die ersten Kilometer über groben Betonspurenweg führen, sollte man mit stabilen Fahrrädern radeln.

Die Radtour beginnt am Münster im Englischen Garten. Wir radeln über die weiße Holzbrücke zwischen dem Teich und der Westseite des Münsters, fahren auf die Ruine Wolfsscheune zu, verlassen das Klostergelände und biegen hinter der Mauer rechts zur B 105 ab. Dort schieben wir links das Rad auf dem Gehweg. Nach etwa 300 m, vor einer Tankstelle, beginnt links der Betonweg nach Rethwisch.

Der Weg führt geradeaus durch den Wiesengrund der Conventer Niederung. Nach gut 3 km ist **Neu Rethwisch** erreicht. Wir biegen links in die Dorfstraße ein. Der Ortsname **Rethwisch** bedeutet Riedwiese: Ried oder Rohr verkauften die Bauern früher als Dachbedeckung, wie man an den alten Scheunen in der Dorfstraße sehen kann. Rechter Hand steht die Dorfkirche aus der 1. Hälfte des 14. Jh., der Bretterturm mit dem Pyramidendach wurde erst 1707 gebaut. Im Innern sind der spätgotische Schnitzaltar von 1530, die Barockkanzel von 1666 mit reichem Knorpelwerk und die Chorfenster mit mittelalterlicher Glasmalerei aus dem 14. Jh. zu besichtigen. Auch das Pfarrgehöft mit Wohnhaus und Scheune aus dem 18. Jh. in der Nachbarschaft zieht gewöhnlich viele Besucher an.

An der Kreuzung der Dorfstraße mit der stark befahrenen Doberaner Straße lädt der Gasthof Kiebitzkrug (ohne Ruhetag, Tel. 86 00) zur Einkehr ein.

Jenseits der Kreuzung setzt sich Rethwisch mit einigen markanten Bauerngehöften fort. Geradeaus erreicht man **Börgerende**, Wohnsitz des ehemaligen Verkehrsministers Günther Krause. Im Café Wenzel (Seestr. 32, auch kleinere Gerichte, Tel. 812 10) und im Hotel-Restaurant Schöne Ostsee (Börgerender Str. 18, Tel. 818 10) kann man einkehren. Die Seestraße führt direkt zur Küste, wo immer einige Fischerboote am Strand liegen. Auf der Deichstraße biegen wir links nach Heiligendamm ab. Zu beiden Seiten begrenzen Deich und Sanddornbüsche die Sicht, an den zahlreichen Durchgängen kommt man aber rasch zum Strand.

Etwa 1,5 km hinter Börgerende liegt linker Hand der **Conventer See** mit der **Jemnitzer Schleuse** (mehr dazu im Kapitel Heiligendamm). Auf der Deichstraße oder dem schmalen Weg rechts hinter der Buschreihe geht es weiter nach Heiligendamm.

Von **Heiligendamm** empfiehlt sich eine Fahrt mit dem Molli zurück nach Bad Doberan. Den Bahnhof erreicht man längs der Strandpromenade bis zur Seebrücke, dann links am Kurhaus vorbei bis zur Kühlungsborner Straße. Aber auch der Radweg durch den Großen Wohld hat seinen Reiz: Am Beginn von Heiligendamm, kurz vor dem Residenz-Hotel, biegen wir in die Seedeichstraße ein. Wenige Meter vor der Kühlungsborner Straße führt linker Hand ein Radweg längs der alten Lindenallee durch den Großen Wohld nach Bad Doberan. (In den nächsten Jahren soll ein neuer Radweg gebaut werden, der auf der anderen Straßenseite, neben dem Molli-Gleis, nach Bad Doberan verläuft). In Bad Doberan fährt man kurz hinter dem Ehm-Welk-Haus rechts in die Goethestraße und erreicht über die Mollistraße das Zentrum von Bad Doberan.

2. Fahrt über Rethwisch und Nienhagen in den Gespensterwald

Die folgende Route verläuft bis zur Gaststätte Kiebitzkrug in Rethwisch wie Tour 1. Beim Kiebitzkrug biegen wir rechts ab und fahren auf der Doberaner Straße bis Nienhagen. Kurz hinter dem großen Parkplatz, bei Haus Nr. 38, führt links ein asphaltierter Weg zum Gespensterwald. Der Name des stattlichen Buchenwaldes erklärt sich durch die vom Wind zerzausten, gespenstisch aussehenden Bäume auf dem 9 m hohen Steilufer. An den Bäumen – überwiegend Rotbuchen, aber auch Birken und Eichen – läßt sich die gestaltende Kraft

Molli auf freier Strecke

der »Windschur« gut erkennen. Bei Sturm untergraben die Wellen die über-
hängende Steilküste und legen die Wurzeln bloß, die bei nächster Gelegenheit
auf den Strand hinunterstürzen. Der Kliffrand ist der Aufschluß einer Grundmoräne, den man gut vom Strand erkennen kann. (An der überhängenden
Kliffkante ist Vorsicht geboten: Der Boden könnte nachgeben.) – In Nienhagen
empfiehlt sich die Gaststätte Richter (Doberaner Str. 42, Tel. 811 22).

3. Nach Heiligendamm

Die folgende Tour nach Heiligendamm läßt sich gut mit dem Molli kombinie-
ren: Hin per Rad, zurück mit der Bäderbahn – oder umgekehrt. Da die Züge
bis Kühlungsborn verkehren, kann man die Fahrt auch entsprechend fortsetzen (siehe auch im Kapitel Heiligendamm).

Wir radeln in Bad Doberan durch die Mollistraße, überqueren die Severinstraße und setzen die Fahrt durch die Goethestraße fort. Linkerhand liegt das
Haus der Kurverwaltung, die Informationsmaterial über Bad Doberan bereit-
hält. Durch die ansehnliche Goethestraße mit ihren schönen Wohnhäusern
erreichen wir die Dammchaussee. Etwa beim Ehm-Welk-Haus beginnt die
140 Jahre alte Lindenallee, die fast schnurgerade nach Heiligendamm führt.
Sie wurde in der Mitte des 19. Jh. angelegt und gilt mit ihren sechs Kilometern
als eine der längsten Lindenalleen Deutschlands. Im Hochsommer, wenn das
Laubdach geschlossen ist, fährt man wie durch ein grünes Gewölbe.

Allerdings ist das Radeln auf der Straße nicht ungefährlich, denn es wird
durchweg schnell gefahren. Rechts der Lindenallee verläuft ein Radweg, der

zwar etwas holprig ist, dafür aber umso schöner. Etwa auf halber Strecke liegt auf der anderen Seite der Allee die Bad Doberaner Rennbahn, 1823 als erste Rennbahn auf dem europäischen Kontinent eröffnet.

In Heiligendamm angekommen, radelt man am besten rechts über die Seedeichstraße zur Promenade (dann links halten). Das Restaurant Palette (Kühlungsborner Str. 7, Tel. 734) eignet sich bei großem Appetit, das Kurhaus-Café hat dagegen (bei kleinen Speisen) die schönere Aussicht.

4. Über Steffenshagen und Reddelich ins Quellental

Die Radtour führt nach Südwesten durch hügeliges, waldreiches Gelände. Beginn ist der Kellerswald, über Dorf Brodhagen und Steffenshagen erreicht man Reddelich, von dort geht es über Glashagen und das Quellental zurück nach Bad Doberan.

Wir radeln vom Markt auf der Baumstraße zum Friedhof, dann auf dem Brodhäger Weg am Friedhof vorbei durch den Kellerswald. Recht genau 300 m hinter dem Friedhof heißt es links abbiegen. Nach weiteren 300 m rechts halten und geradeaus nach Westen, parallel zur B 105. Auf der Landstraße, vorbei am Dornbuschberg, erreicht man Dorf Brodhagen, wo man rechts auf der Straße nach Brodhagen fährt. Im Dorf führt links der Weg, am Kalkberg (49 m) vorbei, nach Steffenshagen.

Für ein Dorf wie **Steffenshagen** ist die Kirche außergewöhnlich stattlich. Sie wurde gegen Ende des 13. Jh., noch in romanischer Zeit, begonnen und als dreischiffige gotische Backsteinhallenkirche mit Kreuzrippengewölbe vollendet. Ungewöhnlich schön ist der mit Formziegeln und Reliefbändern gestaltete Chor, auf dessen Mauerwerk zahlreiche Fabeltiere zu finden sind. Der Schnitzaltar aus der 2. Hälfte des 15. Jh. zeigt im Schrein eine »apokalyptische Madonna«. Der Gasthof Kuras (Dorfstr. 16, Montag Ruhetag, Tel. 59 30) lädt zur Einkehr ein.

Es geht weiter über Ober-Steffenshagen nach Reddelich. In der Gaststätte Reddelich (ohne Ruhetag, Tel. 142 55) kann man sich stärken. In Reddelich überqueren wir die B 105 und die Bahngleise und fahren geradeaus auf schnurgerader Strecke nach Glashagen. In der Nähe des Dorfes stellten die Doberaner Mönche wertvolles Glas für ihr Münster her. Von den alten Bauten ist nichts erhalten, doch eine Keramikausstellung schließt an die Tradition an. Man erreicht die Galerie, indem man sich hinter Glashagen links hält und nach gut 500 m rechts nach Glashagen Ausbau fährt. Ganz im Süden liegt die Galerie Glashagen HÜTTE, **die einzige Glashütte in Mecklenburg** (Verkauf Mo-Sa 9-17 Uhr, Tel. 130 88). Auch eine Töpferwerkstatt gibt es nebenan.

Das Schönste kommt noch. Zurück in Glashagen Ausbau radelt man zum Teufelsberg, wo immer Ausflügler parken. Alle wollen ins nahe **Quellental**, das für seine Naturschönheit und die Vielzahl von Quellen bekannt ist. Sie werden mit artesischem Wasser gespeist. 1906 ließ Hans von Blücher, Eigentümer von Gut Glashagen, das Wasser auf seinem Grund und Boden untersuchen: Es war von allererster Güte. Blücher erhielt ein kaiserliches Patent und konnte sein »Glashäger« Tafelwasser gewinnbringend verkaufen. Die Quellen sprudeln bis heute, eine von ihnen ist durch einen klassizistischen Tempel geschützt. Übrigens schmeckt das »Glashäger« Tafelwasser ausgezeichnet.

Das tief eingeschnittene Bachtal steht unter Naturschutz, auch der seltenen Pflanzengesellschaften wegen, die hier gedeihen. An den Hängen findet man Buchen, Birken und Eschen, im Talgrund eher Eschen und Schwarzerlen. Unter den schattigen Baumkronen wachsen Scharbockskraut und Buschwindröschen, Waldgoldstern, Waldbingelkraut, echtes Lungenkraut und Lederblümchen. Sogar der seltene Gefleckte Aronstab wird gelegentlich gefunden. (Bitte nichts pflücken, das Gebiet steht unter Naturschutz.)

Vom Teufelsberg (Einkehr im Restaurant Quellental, Hohenfelde, Am Wege 5, Tel. 28 79, Montag Ruhetag) radelt man über Badenmühle (hinter dem Ort rechts halten) zur Landstraße Bad Doberan-Schwaan und biegt links ab. Nach wenigen Metern führt links der Landstraße ein Radweg durch den **Eickhäger Wohld**, ein hügeliges Waldgebiet im Süden Bad Doberans. Nach der langen Wanderung ist eine Einkehr im Restaurant Bellevue (Eickhöfer Weg, Mittwoch bis Sonntag ab 15 Uhr, Tel. 29 70) vielleicht genau das Richtige. Hinter den Bahngleisen sollte man gleich rechts abbiegen, um die B 105 zu meiden. Am Sanatorium Moorbad kommt man auf die Bahnhofstraße, die zum Alexandrinenplatz führt.

FAHRT NACH RETSCHOW

In Reddelich biegt die schmale Landstraße über Glashagen nach Retschow ab. Das Dorf im Süden Bad Doberans, bekannt durch seine **gotische Dorfkirche** mit spätgotischem Flügelaltar, bietet außerdem einen **Denkmalhof** mit Tagelöhnerkaten und einige **Kegelgräber** mit Opferstein. Während die beiden Hügelgräber und das Großsteingrab schwer erreichbar sind – sie liegen südwestlich des Dorfes zu beiden Seiten des Weges nach Einhusen mitten im freien Feld –, sind Kirche und Museum nicht zu verfehlen. Der Denkmalhof mit Tagelöhnerkaten ist von einer feldsteinernen Mauer eingefriedet. Zu besichtigen sind in den Som-mermonaten zwei rohrgedeckte Häuser: ein Durchgangshaus von 1787 und eine Hallendielenscheune von 1826. In der Nähe stehen einige Altenteilerkaten von 1842 (Öffnungszeiten: Di–Sa). Nicht weit vom Denkmalhof findet man die Dorfkirche von Retschow. Sie stammt aus dem 14. Jh. und mag zwar etwas klobig und ungestalt aussehen, birgt aber einen gotischen Schnitzaltar aus der 2. Hälfte des 15. Jh., der zugeklappt wie geöffnet außergewöhnlich schön ist.

10. WARNEMÜNDE

Warnemünde ist Rostocks schönste Tochter. Am Strom, der Flaniermeile, gerät Walter Kempowski gern ins Schwärmen: »Vor dem Zweiten Weltkrieg war das das Eleganteste, was man sich vorstellen kann. Stehgeiger, weiße Holzstühle, Konzert-Podium ... Und all die wunderbaren Segeljachten! Die heutigen wollen nur noch schnell sein, damals aber war alles aus Mahagoni, da saßen die weißen Damen auf Deck und ließen sich begucken.« Das ehemalige Fischerdorf, das sich im 19. Jahrhundert zum stilvollen Seebad herausputzte, ist eines der größten Seebäder der Ostseeküste. An heißen Sommertagen besuchen Zehntausende den Strand am Leuchtturm und »Teepott«. Ein wenig eng wird's da schon, doch mit hundertfünfzig Metern ist der feine Sandstrand auch recht breit. Was Warnemünde so attraktiv macht, sind das Städtische des Seebads und die Nähe zum Strand. Es ist nicht zu verkennen, daß Warnemünde angetreten ist, seinen Ruf als Weltbad zurückzugewinnen. »Ostseebad« darf es sich inzwischen auch wieder nennen. Saison ist hier übrigens das ganze Jahr.

INFORMATION

Telefon-Vorwahl Rostock-Warnemünde: 0381
Postleitzahl Rostock-Warnemünde: 18119

ANFAHRT

Mit dem Wagen: aus Richtung Wismar auf der B 105 bis Bad Doberan, Küstenstraße über Nienhagen; von Rostock auf der B 103; aus Richtung Ribnitz-Damgarten auf der B 105 bis Rövershagen, Landstraße über Hinrichshagen bis Hohe Düne, Autofähre nach Warnemünde
Parken: aus Richtung Bad Doberan: Parkplatz am Neuen Friedhof; aus Richtung Rostock: Parkplatz an der Kvaerner Warnow Werft
Mit der Bahn: Von Rostock Hbf mit der S-Bahn bis Warnemünde

AUSKÜNFTE

Tourist-Information, Heinrich-Heine-Straße 17, 18119 Rostock-Warnemünde, Tel. 0381/511 42
S-Bahnhof, Tel. 2401313

MUSEEN U.A.

Heimatmuseum, Alexandrinenstr. 30/31,
Tel. 526 67, Öffnungszeiten: April-Sept. Mi-So
10-18 Uhr, übrige Jahreszeit Mi-So 9-17 Uhr
Leuchtturm, Turmbesteigung: Mai-Sept. 10-19 Uhr

JUGENDHERBERGE

JH Warnemünde, Parkstr. 31, Tel. 523 03

SEHENSWERTES

Heimatmuseum, Leuchtturm, Westmole, Alter
Strom, Fischerhäuser (Am Strom, Alexandrinenstr.)

SCHIFFSFAHRTEN

Ausflugsfahrten nach Burg Staaken (Sa) und
Travemünde (So) mit Katamaran »Hanse Jet«,
Chartertörn nach Rügen, Hiddensee, Bornholm,
das schwedische Festland; s. Kapitel »Rostock«

FÄHRE

Stromfähre Warnemünde-Hohe Düne, ganzjährig
Tag und Nacht

ERHOLUNG/SPORT/ FREIZEIT

Hochseeangeln, Ausflüge mit dem Kutter, Fischmarkt jeden Sa 8-18 Uhr auf der Mittelmole,
Meeresbrandungsbad, Tennis, Tauchen (Tauch-
schulen), Tret- und Ruderboote, Konzerte in
der Kirche und am Leuchtturm, Surfen, Reiten

FÜR KINDER

Meeresbrandungsbad, Leuchtturm-Besteigen,
Fahrt mit dem Fischkutter

TERMINE UND FESTE

Ende Juni, Anfang Juli: Sommerfest mit »Warne-
minner Ümgang« (der an den Lotsenkommandan-
ten Stephan Jantzen erinnert) und Waschzuber-
Rennen; Juli: Warnemünder Woche (internationale
Segelregatta); August: (wieder ab 1997) Hanse Sail
Rostock (mit Windjammer-Treffen in Warne-
münde und Rostock); September: Stromfest mit
Feuerwerk

FAHRRADVERLEIH

Wilhelm Meyer, Am Leuchtturm 16, Tel. 519 19 55
Müller, Mühlenstr. 35, Tel. 71 91 57
Eckhard Koch, Friedrich-Franz-Str. 12, Tel. 541 44

GESCHICHTE

Im Jahre 1323 kaufte Rostock dem ständig Geldnot leidenden Fürsten Heinrich von Mecklenburg das Dorf Warnemünde ab. Damit ging der ganze Ärger los. Denn so klein Warnemünde auch war, so bedeutend war der Heimvorteil: Das Fischerdorf lag direkt am Nadelöhr, durch das jedes Rostocker Schiff hindurch mußte. Mit Argus-Augen wachten die Rostocker Ratsherren darüber, daß Warnemünde unbedeutend blieb.

Die Bewohner hatten einen schweren Stand. Von See her kamen die Sturmfluten und die Feinde der Hansestadt, von Rostock kam die Steuer. Die trieb der Vogt ein – man würde heute sagen: Ortsamtsleiter –, der dem Gewett unterstand. Diese für Rostock typische Institution regelte und beaufsichtigte alles, was mit Hafen, Schiffahrt, Gewerbe und Handel zu tun hatte, war nebenbei auch Standesamt und besaß Gerichts- und Polizeigewalt. Der Vogt – bis 1919 gab es dieses Amt – überwachte all die kleinlichen Gesetze und haarsträubenden Verordnungen, die Rostock ersann, um Warnemünde klein zu halten. So schränkte Rostock nach 1567 zunehmend Schiffbau, Schiffahrt, Handwerk und Handel ein. In Warnemünde durfte sich kein Bäcker und kein Schlachter niederlassen. Wer Schiffahrt betreiben wollte, mußte nach Rostock umziehen. Fischfang durften die Warnemünder auf kleinen Booten betreiben, aber verkaufen mußten sie den Fisch in Rostock. Getränkeausschank war nur in der Vogtei erlaubt. Seefahrt war den Warnemündern nur möglich auf Rostocker Schiffen. Das Verhältnis zu Rostock war ein gespanntes: Man war arm, hatte seinen Stolz – und im Bauch eine alte Wut auf das große Rostock.

Wer so gegängelt wird, der wird nicht groß: Warnemünde bestand durch die Jahrhunderte aus wenig mehr als zwei Häuserzeilen, dem Leuchtfeuer, dem Wachthaus (später Lotsenstation, der Vogtei und einem kleinen Hafen. Die prominentere der beiden Häuserzeilen war die Vörreg, die Vorderreihe, aus der später die Straße »Am Strom« wurde, die heutige Flaniermeile Warnemündes. Jenseits der Vogtei setzte sie sich als »Rostocker Ende« fort. Die zweite Häuserzeile hieß »Achterreg«, die Hinterreihe, aus der die Alexandrinenstraße wurde. Bemerkenswerterweise stehen alle alten Häuser mit dem Giebel nach Osten. Die Zwischenräume der Häuser, sogenannte Tüschen, waren durch Holztüren verschlossen. Die Durchgänge von der Vörreg zur Achterreg, etwa alle zehn bis zwanzig Häuser, hießen Wuhrten (heute: Querstraße I bis V).

Warnemünde hat eine besondere Straße, deren Typ man ein zweites Mal weder im Ort noch in Rostock findet. Als gegen Ende des 19. Jh. die Häuser in der Mühlen- und Wachtlerstraße gebaut wurden, pflasterte man zwischen den Grundstücken einen schmalen Weg, damit Fuhrwerke die Geschäfte und Wohnhäuser besser anfahren konnten. Diese Lieferantenstraße gibt es bis heute, an ihr hat sich seit hundert Jahren nichts geändert. Noch immer wird

Warnemünder Haus– ohne Glaskasten

auf dem alten Pflasterweg zuge-
liefert. Und so mancher Spätheim-
kehrer, der ungesehen bleiben möchte, wird eher den Weg durch die
schmale Gasse nehmen als den Vor-
dereingang.

1801 bekamen Warnemünde und
Rostock hohen Besuch: Lord Nelson,
der in der Schlacht von Abukir Frankreich besiegt hatte, traf am 24. Mai
ein, zwei Tage darauf lag die britische Flotte »31 Segel stark« im
Rostocker Hafen. Die Kriegsschiffe
wollten in Rostock vor allem Provi-
ant fassen und erkundigten sich höf-
lich nach den Preisen. Der Rat schickte Nelson vier Rehböcke »zum Prä-
sent«, blieb aber bei den geforderten
Preisen hart, die – wen wundert's –
etwas überteuert waren. Jedenfalls
war man hochzufrieden, als die Flotte am 8. Juni die Segel setzte.

Warnemündes große Abhängigkeit von Rostock änderte sich erst im 19. Jh.
– zum einen durch liberalere Gesetze des Norddeutschen Bundes, zum anderen durch das Bäderwesen. Warnemünde wurde von badehungrigen Städtern
entdeckt, die es aus ihren engen Quartieren an den Strand zog. Die Bewohner
Warnemündes wiederum entdeckten die Spezies des Städters als willkomme-
ne Einnahmequelle. So kamen die Warnemünder zu etwas mehr Geld – und
die kleinen Fischerhäuser Am Strom und in der Alexandrinenstraße zu den
»angeklebten« Glaskästen. Kuriosum am Rande: Die Pension Am Leuchtturm 6 hat sie sogar dreifach übereinander gestapelt.

BRÄUCHE IN WARNEMÜNDE

Die Bewohner Warnemündes haben eine eigene Tracht. So selbstverständlich ist das gar
nicht, in Mecklenburg hatten nur wenige Landschaften und Orte eine eigene Tracht. Man trug
Trachten zu vielerlei Zwecken, der wichtigste
war wohl der, daß die Trägerinnen auf dem Markt in der nahen Stadt sofort zu
erkennen waren: Ihren Dorsch wollte die Rostockerin fangfrisch bei einer
Warnemünderin kaufen, nicht bei irgendwem. Im Heimatmuseum sind einige Exemplare der Tracht zu sehen, sogar mit der Hochzeitskrone, einem frech
aufgeputzten Knäuel aus silbrigen Fäden. So manche junge Frau in Warne-

münde wird sich das Ganze gut überlegt haben, ehe sie unter solch einem fürchterlichen Putz heiraten ging. Überhaupt hat man es dem Brautpaar nicht ganz leicht gemacht:

Am Abend vor der Hochzeit wurde von den Verwandten des Brautpaares bei Musik und Scherzreden das Bett in der Wohnung der Braut gemacht. Sechs Kopfkissen, teils mit buntem Taft, teils mit weißen Linnenüberzügen und seidenen Bändern versehen, war das mindeste, was man für die Schmückung des Bettes notwendig hielt. Meist wurden noch eine Menge trockenes Seegras, Stroh- und Federbetten herangeholt und ins Bett gelegt. Ein kleines Mahl wurde den Schmückern zur Belohnung hergerichtet. Es soll aber auch vorgekommen sein, daß sich die Brautleute nachher auf ein hartes Holzscheit setzten oder gar in eine flache, bis zum Rand mit Wasser gefüllte Waschschüssel fielen, die heimlich unter die Bettdecke gestellt war. Zuweilen wurde eine Glocke unter dem Bett befestigt. Man hat auch ein furchtbares Krachen in der Kammer gehört. Die Burschen hatten nämlich die einzelnen Teile des Bettes nur lose zusammengefügt.
Friedrich Barnewitz, Warnemünder Volkstum.
In: Mecklenburgische Monatshefte, 1925.

FRAUEN IN WARNEMÜNDE

»Seemann – keen Mann«, so sagte man an der Küste. Die Männer fuhren die meiste Zeit des Jahres als Kapitän, Steuermann oder Fischer zur See, die Frauen blieben allein zu Hause, gebärten ohne den Beistand des Mannes, zogen die Kinder allein groß und mußten auch noch einen Teil des Lebensunterhalts dazuverdienen. Oft blieb ihnen nur das Sandfahren. Den Sand trugen sie in ihren Schürzen vom Strand und fuhren ihn in der Jolle nach Rostock, wo immer große Mengen beim Hausbau benötigt wurden. Der Lohn war bescheiden, aber gesichert. Ließ der Mann dann von einem nahen Hafen ausrichten, daß er bald zurückkomme, sagten die Warnemünder Frauen karg: »Ik heff 'ne Ankunft«. Segelte er von dort los, hieß es nicht minder knapp: »Ik heff 'n Vertreck«. Dann stand die Ankunft nahe bevor, die Spannung stieg. Kein Wunder, daß der Überbringer der Nachricht, das Schiff sein Sichtweite, immer gern gesehen war. Überhaupt war die Ankunft eines Schiffes wohl die begehrteste Nachricht, die man in Warnemünde und Rostock überbringen konnte, auch für den Reeder. So mancher, der nie zur See gefahren war, wurde zum Fachmann: »To kennen wier jo jedes Schipp, de een hadd korte Bramstengen, de anner lang oder eenen langen un eenen korten un so.« Dem »Tidingsbringer«, der als erster mit der guten Nachricht kam, stand von der Kapitänsfrau und vom Reeder eine Belohnung zu.

BADELEBEN IN WARNEMÜNDE

Warnemünde steht in der historischen Reihenfolge der alten Seebäder in Deutschland an Platz sechs – nach Heiligendamm (1793), Norderney (1797), Travemünde (1802), Boltenhagen (1803) und Wangerooge (1804). Seit 1805 gab es am Warnemünder Strand einige Badekarren für die Gäste, die partout in der See baden wollten. Für die Badegäste hielt man – einige Jahre später – folgende Winke bereit:

Kein Kurgast versäume von seinem bisherigen Arzte einen ausführlichen Bericht über seine Krankheit mitzubringen. Die ersten Tage gehören der Ruhe. Je größer die Strapatzen der Herreise; je größer die Differenz zwischen dem Klima der Heimath und dem rauheren, härteren unserer Meeresküste, je angegriffener an sich schon der Kräftezustand: desto weniger darf während der ersten Tage in der See gebadet werden. Der Neuangekommene halte sich viel im Freien auf, ruhend oder flanirend ...

Wer am Strande oder am Spill nasse Füße bekommt, wechsle sofort zu Hause die Fußbekleidung. Zum ersten Bade wähle der Kurgast einen freundlichen Tag mit ruhiger See, wiewohl das Wasser alsdann kälter zu sein scheint, als bei bewegtem Meer, nachdem er sich vorher das Treiben und den Usus in den Badeanstalten angesehen.

Es ist ganz verkehrt, sich entkleidet hinzustellen und zu warten, bis der Körper anfängt sich kalt anzufühlen. Im Gegentheil, um der Wärmeentziehung von seiten des Wassers länger widerstehen zu können, soll der Körper warm sein; er kann sogar in der Achselgrube noch transpiriren (...). Das Haar haben Damen in Wachstaffet einzuhüllen und nach dem Bade, weil es doch etwas naß wird, gut abgetrocknet frei hängen und vollständig trocknen zu lassen, eh es frisirt wird.

Die Dauer des einzelnen Bades ist daher nach der jedesmaligen Temperatur des Wassers und der Luft, sowie nach der körperlichen Energie und Widerstandsfähigkeit des Badenden verschieden: Schwächliche Individuen werden oft nur eine Minute im Bade sich aufhalten dürfen, während für kräftigere ein Spielraum von drei bis zehn Minuten bleibt.

Angestrengtes geistiges Arbeiten hat zu unterbleiben. Geschäft, Amt und Sorgen hat der Kurgast zuhause zu lassen; für ihn existirt nur eine Aufgabe, sich körperlich wie geistig zu erholen. Kinder sind im Seebade erst recht mit regelmäßigem Schulunterricht zu verschonen. Kinder müssen niemals mit Drohungen oder roher Gewalt zum Bade gezwungen (Ausbruch von Krämpfen), sondern in Güte durch Ueberredung, kleine Versprechungen, das gute Beispiel anderer Kinder dazu bewogen werden ...

aus: Fremdenführer Warnemünde, speziell für Badegäste von Dr. med. Ed. Mahn, Hinstorffsche Hofbuchhandlung, 1880

An der Warnow

AUF DEN ERSTEN BLICK ...

ist Warnemünde wie Travemünde. Das wird einem echten »Warneminner« nicht recht sein, »sein« Warnemünde sei doch einzigartig, wird er sagen. Da hat er schon recht, doch beide Badeorte verbindet ein Schicksal, das auf den ersten Blick fast zum Verwechseln ähnlich ist. Beide Fischerdörfer wurden aus strategischen Gründen von einer Hansestadt gekauft – und fortan kleingehalten. Man duldete keine Konkurrenz, die Dörfer am Nadelöhr, der Mündung der Trave bzw. der Warnow in die Ostsee, sollten die Geschäfte der Kaufleute und Reeder der Städte Lübeck und Rostock nicht stören. Kam es zum Krieg, bekamen Warnemünde und Travemünde als erste feindliches Feuer zu spüren. Fischfang und Seefahrt wurden unterbunden. Erst mit dem aufkommenden Bäderwesen stiegen die kleinen Dörfer in der Achtung der Städter. Travemünde wurde zu »Lübecks schönster Tochter«, mit Fug und Recht kann man auch Warnemünde so benennen. In den Bausünden sind sie sich ebenfalls sehr ähnlich: Ragt in Travemünde das riesige Hotel Maritim in den Himmel, so versperrt in Warnemünde das gigantische Hotel Neptun die Sicht. Die frappierende Parallele ließe sich weiterverfolgen, etwa mit dem Priwall und der Hohen Düne, dem Brodtener Steilufer und der Stolteraa, der Trave und der Warnow. Nur Warnemündes Leuchtturm ist beträchtlich schöner als der in Travemünde.

Einmal mit, einmal ohne...　　　　　*...Fischerhäuser in Warnemünde*

MIT FONTANE IN WARNEMÜNDE

Die Kapitäns- und Fischerhäuser Am Strom, Warnemündes Flaniermeile am Hafen, fallen durch ihre vorgebaute Veranda auf. Über sie hat bereits Fontane gespottet:

Warnemünde, seinem Renommee nach eine Art Aschenputtel unter den Badeplätzen, ist gar nicht so übel. Es gibt einen Warnemünder Baustil. Er besteht darin, daß man an die Fronten der Häuser einen Glaskasten anklebt, der, unter den verschiedensten Namen auftauchend, als Balkon, Veranda, Pavillon, doch immer der alte Glaskasten bleibt, wovon das Sein oder Nichtsein aller Gäste und zuletzt auch ganz Warnemündes abhängt. Mit dem Glaskasten steht es oder fällt es. Diese gläsernen An- und Vorbaue geben dem Ort seinen Charakter und dem Badegast sein Behagen. Sie sind wirklich ein Schatz.

Theodor Fontane, »Briefe an seine Familie«, Leipzig 1905

Diese Zeugen des vorgebauten Geschäftssinns stehen, auch das ist eine Warnemünder Besonderheit, auf städtischem Grund und Boden, was aber niemanden weiter kümmert.

Fontane hat in Warnemünde wohl keine angenehme Zeit verbracht, jedenfalls ist der Brief an seine Tochter, die an der Warnow ihre Ferien verbrachte, im Ton recht griesgrämig gehalten:

Es freut mich, daß Dir Warnemünde wieder so sehr gefällt; es wäre auch reizend, wenn es nicht so reizlos wäre. So z.B. die Kiefernschonung, sie wirkt wie eigens für die Kiefernraupe angelegt, und doch fehlte selbst diese, als ich 1870 im Schatten dieser schattenlosen Anlage spazierenging. Vielleicht ist es jetzt besser; doch sah das Ding aus, als sei es als Krüppel geboren und müsse bleiben, wie es ist. (...) Aber der Kaffee hatte immer einen Beigeschmack ... Das beste: Der Schnatermann ist mir süßes Geheimnis geblieben. Übrigens, meine süße Mete, vergiß beim Baden nicht, daß du eine Erdgeborene bist und trotz unserer Herkunft aus dem südlichen Frankreich nicht von den Lusignans stammst, aus denen die schöne Melusine entsproß. Wolle also nicht zu sehr 'Meermaid' sein und halte Dich im Seh- und Stimmbereich mecklenburgischer Badefrauen. Vor denen erbangen selbst die Geister der Tiefe.

Theodor Fontane, »Briefe an seine Familie«, Leipzig 1905

Bitter war der Kaffee wohl deshalb, weil das Wasser in früherer Zeit aus dem Moor kam. Aber das ist schon lange her, der Kaffee schmeckt heute wesentlich besser.

AM STRAND UND LÄNGS DER SEEPROMENADE

Ein bißchen klotzig ist es ja schon, dieses Hotel Neptun an der Seepromenade. Es wurde 1972 als FDGB-Heim eröffnet. Von Heiligendamm, selbst vom Leuchtturm auf dem Darß ist der weiße Sperriegel am Strand gut zu erkennen. Erinnert es nicht ein wenig an Travemündes Hotel Maritim? Beherrschend sind beide, und schön wird das »Neptun« wohl nur der finden, der die Aussicht aus 64 m Höhe vom Café Panorama oder der Sky Bar (So geschlossen) auf der 19. Etage genießt, die für jedermann zugänglich sind. Unmittelbar daneben findet man das Meeresbrandungsbad, 1971 als erstes seiner Art in der DDR gebaut. Auf der anderen Seite steht strandnah das stattliche Kurhaus, dessen Bau im Stil der Neuen Sachlichkeit (Architekten: Gustav Berringer und Walter Butzek) noch heute gefällt. Zwölf Jahre hat man kriegsbedingt daran gebaut.

Wenn man sich mit dem Klotz des Hotel Neptun ein wenig abgefunden hat, wird man sich der Seepromenade zuwenden. Von der See und dem Strand sieht man recht wenig – die Vordüne versperrt die Sicht. Aber es gibt genügend Durchlässe, um an den Strand zu kommen, der hier die stolze Breite von hundert Metern erreicht. Der Sand ist recht grobkörnig und stammt fast ausschließlich vom Kliff der Stolteraa. Daher auch die Verlängerung der Westmole, die die Versandung der Fahrrinne unterbinden soll.

Die breite, dammartige Seepromenade verläuft fast in Traufenhöhe der

Warnemünde: Alles auf einen Blick...

alten Villen an der Seestraße. In regelmäßigen Abständen stößt der Flaneur auf schweeweiße, nachwendezeitliche Eß- und Trinkpavillons, die es in sich haben. Nicht daß Lukullus hier der Pächter wäre. Nein, bei den angebotenen Speisen hat man eher dem Volk aufs Maul geschaut, wenn man so sagen darf. Die Pavillons tragen Namen wie »Ostsee-Grill«, »Fisch-Bar«, »Wiking-Grill« oder »Backen & Banken« und halten Kräftiges und Deftiges bereit. Bei diesen Pavillons bin ich nachdenklich geworden: Sie sind uniform achteckig und schneeweiß, überdacht und wirken sehr reinlich. Natürlich sind sie neu, wirken wie importiert und sind ein Stück »Wessi-Kultur«. Kulturgeschichtlich sind sie eine Variante der »Trinkhalle« des Ruhrkumpels, der nach der Arbeit »ma' eben anne Bude« ging. Allerdings wirken die Warnemünder Trink-pavillons viel feiner, irgendwie edel.

Wir haben nun die stolze Parade der Warnemünder Eß- und Trinkpavil-lons abgeschritten und nähern uns dem Leuchtturm. Man meint ja immer in Norddeutschland, Leuchttürme müßten aus rotem Backstein sein. Weit ge-fehlt, das 37 m hohe Warnemünder Exemplar, 1897/98 errichtet, hat weiße Klinker, grünglasierte Zierstreifen und zwei umlaufende Galerien. 60 000 Besucher im Jahr erklimmen die 135 Stufen bis zur oberen Galerie, um sich an der Aussicht über Warnemünde zu erfreuen. Alles liegt zu Füßen, der Hafen und die Schiffe, der Strand und der »Teepott«, die Stolteraa und die Rostocker Heide. In den nächsten Jahren soll ein maritimes Museum im Sockelgeschoß am Fuß des Leuchtturms eröffnet werden.

Neben dem Leuchtturm liegt, platt wie eine Flunder mit Eselsohren, der

... »Teepott« und Leuchtturm

»Teepott«. Er ersetzte 1968 den »Teepavillon«, der in den Maßen wesentlich bescheidener war. Was den »Teepott« angeht, so meint man die gewagte Dachkonstruktion – eine »hyperbolische Paraboloidschale« von 1200 qm Fläche – von der Berliner Kongreßhalle her zu kennen, deren Dach 1980 durchgerostet war und abbrach. Panik wäre an dieser Stelle aber übertrieben, denn es handelt sich keineswegs um eine Spannbeton-Konstruktion, sondern um drei zusammengesetzte riesige Platten. Das sieben Zentimeter dünne Dach besitze »hohe Festigkeit«, wie ein DDR-Reiseführer von 1977 glauben macht. Falls der »Teepott« wieder geöffnet wird, sollte man die Gelegenheit nutzen: Man sitzt dort ausgezeichnet, hat Strand, Westmole und die Hafeneinfahrt gleichermaßen gut im Blick.

Leuchtfeuer auf der Westmole

Zum Pflichtprogramm eines jeden Besuchers gehört ein Gang auf die 587 m lange Westmole, die so etwas wie ein Ersatz für die fehlende Seebrücke ist. Doch aufgepaßt: Bei Sturm und Wind schlagen Gischt und Wellen über die Brüstung, so daß man den Weg nur auf eigene Gefahr empfehlen kann. Kein Wunder, daß eingeborene Warnemünder dort so gut wie nie zu finden sind, Wind und Wetter haben die hier frei Haus. Wer und was aus dem Warnemünder und Rostocker Hafen ausläuft, muß hier vorbei. Für manchen Freund des Maritimen ist die Westmole also genau der richtige Standort. Das Leuchtfeuer am Ende, das immer wieder mit dem großen Leuchtturm verwechselt wird, ist nur 13 m hoch und wurde 1903 zur Kennzeichnung der Hafeneinfahrt errichtet.

Die Jahrhundertwende war eine Zeit großen Wandels in Warnemünde. Das Großherzogtum Mecklenburg und Dänemark hatten bereits 1873 eine Postdampferverbindung aufgenommen, zunächst ab Rostock, seit 1886 zwischen Warnemünde und Gedser. Um die Jahrhundertwende war man das ständige Umladen von der Eisenbahn auf die Schiffe leid und begann mit den gewaltigen Umbauten, die eine Trajektfähre nötig machte: Ein Personen- und Fährbahnhof mußte errichtet werden, dessen Terrain drei Meter über dem des alten Bahnhofs lag; der Schiffsverkehr wurde von der alten Warnow, dem jetzigen Alten Strom, in den Neuen Strom verlegt; der südliche Alte Strom mußte zugunsten der Straße Am Passagekai und der Gleisanlagen zugeschüttet werden; eine Drehbrücke (seit 1993 dreht sie sich auch wieder) verband Bahnhof und Stadt; im Neuen Strom wurde eine Fahrrinne von 60 Metern Breite ausgehoben; die Westmole mußte verlängert werden; eine neue Ostmole wurde angelegt, wodurch die alte Ostmole zur Mittelmole wurde, die wiederum um 80 m verkürzt werden mußte; für die Bewohner von Markgrafenheide und Hohe Düne wurde ein Fußgängertunnel unter den Bahngleisen gegraben; und schließlich mußten zwei Fährbetten für die Fährschiffe angelegt werden. Kurzum, der ganze Hafen wurde umgekrempelt und neu angelegt. Ab 1903 konnten die Züge direkt in die Schiffe fahren. Die Eisenbahnfährverbindung wurde 1995 eingestellt, die Fähre nach Gedser legt heute im Rostocker Überseehafen ab. Die Hafenanlagen hat man seither immer mal wieder verändert, zum Beispiel 1958/59 beim Bau des Seekanals und der neuen Ostmole für den Überseehafen. Um den Seekanal zu verbreitern, wird man demnächst die Mittelmole samt gelbem Leuchtfeuer abreißen.

Bevor wir nun in die Straße Am Strom, Warnemündes Flaniermeile, einschwenken, sollten wir am Fuß der Westmole ein wenig verweilen. Hier tritt mit dem letzten Wohnhaus des alten Lotsenkommandanten Stephan Jantzen Warnemündes maritime Vergangenheit deutlich zutage (Am Leuchtturm 1). Eine Plakette erinnert an das Warnemünder Original, das durch seinen furchtlosen Einsatz Dutzende Menschen aus Seenot gerettet hat. Auch beim alljährlichen »Warneminner Ümgang« steht Jantzens Name im Vordergrund, was zweifellos für den Mann spricht. Heute ist dort die Deutsche Gesellschaft zur Rettung Schiffbrüchiger zu finden. Zwei Häuser weiter (Am Strom 125) steht die alte Lotsenstation, Jantzens Arbeitsplatz, sofern die See ruhig war. Eine Marke am Haus zeigt die Höhe der Sturmflut 1872 an.

Am Alten Strom ist immer Betrieb, auch wenn der Wind von See her durch

Kutter und Yachten auf der Warnow

die Straßen pfeift. Wer die alten Warnemünder Häuser mit den etwas plumpen Veranden davor betrachten oder gut speisen will, geht oben längs. Sehr zu empfehlen ist das Restaurant Atlantic mit Blick auf den Yachthafen (Am Strom 107/108, Tel. 526 55, täglich geöffnet). Fischbrötchen gibt's unten direkt vom Kutter. Wer Am Strom spaziert, wird kaum vermuten, daß durch diesen toten Flußarm, den Fischereihafen, bis 1902 alle Schiffe fuhren, die Rostock anliefen oder den Hafen verließen.

Am Alten Strom liegen auch einige altertümliche Kutter vertäut. Zu DDR-Zeiten gehörten sie zur örtlichen Fischerei-Produktionsgenossenschaft (FPG). Als nach der Wende die Preise für Fisch in den Keller purzelten, erkannten einige Fischer die Zeichen der neuen Zeit, kauften ein paar Kutter und bauten sie für Schiffsausflüge um. Das war ein großer Erfolg, denn wer möchte nicht mal »in See stechen« mit einem Kutterführer, dem mehr Seewind um die Nase wehte, als man sich vorstellen kann. Bei bedecktem Himmel sind die einstündigen Touren auf dem Alten und dem Neuen Strom, vorbei an der Kvaerner Warnowwerft, besonders beliebt. Auch zum Hochseeangeln in der Ostsee legen die seetüchtigen »Ausflugs-Kutter« ab. Während man andernorts, wie etwa in Hamburg, erst mühsam Schiffsveteranen zu einem Museum versammeln mußte, behielt Warnemünde einfach seine etwas antiquierte Kutterflotte.

Wir sind nun längs dem Alten Strom bis zur Drehbrücke gekommen. Rechts zweigt die Kirchenstraße ab. In der ersten Querstraße links stößt man auf das Heimatmuseum, dessen Besuch sehr zu empfehlen ist. Dort erfährt man mehr über die Warnemünder Tracht mit der berüchtigten Hochzeitskrone, die alte Badeordnung, englische Keramik (Mitbringsel der Seeleute), den Aufstieg zum Seebad, den Streit der Warnemünder Fischer mit denen aus Rostock, über das Sandfahren der wackeren Frauen und lernt ganz nebenbei ein Warnemünder Haus von innen kennen.

Dies ist der Endpunkt des langen Rundgangs durch Warnemünde. Wen nun Durst und Hunger plagen, der hat sich eine kräftige Mahlzeit wirklich verdient. Wir empfehlen Meyer's Mühle in der Mühlenstraße 44, der Fußgängerzone (Tel. 542 50).

WARNOWWERFT

Die Warnowwerft war mehr als ein Schiffbauunternehmen, sie war ein DDR-Mythos. Schriftsteller des Landes haben sich ihr mit Respekt genähert, und vermutlich waren es keineswegs reine Auftragsarbeiten. Franz Fühmann schrieb über die Werft:

'Das ist die Vormontage', sagte mein Bekannter und deutete über den Platz, und er sagte, daß hier die Einzelstücke, die in der Halle zusammengeschweißt worden waren, nun zu größeren Raumgebilden, den Volumensektionen, aneinandergefügt würden, um dann zum Schluß auf der Helling, den Holzbühnen am Wasser, zum Schiffsrumpf vereinigt zu werden, der dann auch dort vom Stapel liefe. Dann wies er auf die Kabelkrananlage und nannte Zahlen: Vierundzwanzig Laufkatzen trügen, von sechs je fünfundsechzig Meter hohen Kränen gehalten, bis zu zehn Tonnen schwere Bauteile über die dreihundertzwanzig Meter von der Halle bis zur Helling an jeden gewünschten Platz, und man könne die Kräfte von vier Katzen zusammenlegen und somit Sektionen bis zu 40 000 Kilo bewegen. Ich sah an einem der Stahlträger in die Höhe: Oben saßen, in fünfundsechzig Meter Höhe also, die Kranführerinnen in ihren Glaskabinen; man sah sie nicht, doch mir schwindelte, da ich zu ihnen hinaufsah. Ich kann nicht aus dem Fenster einer zwei Stock hohen Wohnung sehen; bei dem Gedanken, da oben auf dem Kran zu sitzen, wurde mir übel. Schnell sah ich über den Platz zur Helling hin.
Franz Fühmann: Auf der Warnowwerft, in: Franz Fühmann, Kabelkran und Blauer Peter, Rostock 1961

NACH DER WENDE

1995 war ein trauriges Jahr für Warnemünde: Es fiel der alte Kabelkran, seit 1954 Wahrzeichen des Badeortes. Als sei das noch nicht genug, wurde auch noch der traditionsreiche Landeswetterdienst aufgelöst. 133 Jahre lang hatten die Wetterfrösche aus Warnemünde das Klima an der Ostsee beobachtet, registriert, gemessen und ihre Prognose

An der Westmole

abgegeben. Man konnte sich mehr oder weniger darauf verlassen. Nun wird das Wetter ganz woanders gemacht, im Binnenland, weitab vom Wellenschlag der Ostsee. Das hat den Vorteil, daß man bei schlechter Vorhersage meist getrost die Badesachen einpacken kann: Warnemünde und die Ostsee haben nun mal ihr eigenes Wetter.

Warnemünde kennt nicht nur den Tourismus und die Hauptsaison, Warnemünde stand fast vier Jahrzehnte für Werft und Schiffbau. 1956 war hier die MS »Frieden« als erstes Schiff der Warnowwerft vom Stapel gelaufen. Symbol dieses zweiten Standbeins war die Kabelkrananlage, Wahrzeichen von Warnemünde. 1995 fand der letzte Stapellauf mit einem 20 000-Tonnen-Frachter unter der 65 m hohen Anlage statt, danach wurde der Kran demontiert und verschrottet. Unter den zahlreichen »Zuschauern« der Demontage waren viele ehemalige Werftarbeiter, die nach der Wende entlassen worden waren. Sie werden das Schauspiel mit gemischten Gefühlen beobachtet haben.

Die Warnowwerft wurde im Oktober 1992 für eine Million Mark vom norwegischen Kvaerner Konzern gekauft, dem bedeutendsten europäischen Schiffbauer und größten Spezialschiffbauer der Welt.

Die neue Kvaerner Warnow Werft baut Großcontainerschiffe. Sie gilt als modernste Werft Europas und als eine der modernsten Kompaktwerften der Welt. Im neuen 320 m langen und 54 m breiten Trockendock entstehen Schiffe bis zu 180 000 tdw. 6000 Mitarbeiter waren bis zur Wende auf der Werft im Einsatz, der neue Betrieb kommt mit 1500 aus. Und das sei noch zu viel, wie man hört.

Der alte Kabelkran wurde verschrottet, dem gefallenen Wahrzeichen folgte ein anderes, ein 600-Tonnen-Bockskran. Er ist über 30 m höher als sein Vorgänger. Doch gefahren wird der neue Kran von jener Frau, die auch die alte Kabelkrananlage bediente.

Warnemünde ist »in«: Das Fernsehen hat das Seebad an der Warnowmündung entdeckt. Rudi Carrell drehte hier »Rudis Urlaubs-Show«, eine Folge der Detektiv-Serie »Peter Strohm« spielte in Warnemünde (und Rostock), »Polizeiruf 110« drehte im Hotel Neptun an der Promenade. Auch die »Lindenstraße« (Folgen 505 und 506) kam zum Drehen ins Seebad: Iffi Zenker, frisch durchgebrannt, vergnügte sich mit Kurt Sperling am breiten Sandstrand bei Hohe Düne, bevor ihr alter Freund Momo erschien. Eine Fernseh-Serie »Tanja« ist in Planung. Darüber ist man in Warnemünde froh, lockt so etwas doch Besucher in das Seebad. Am besten wäre, wenn der »Bayer auf Rügen« sich in eine Warnemünderin verlieben würde. »Ein Bayer in Warnemünde«, auch nicht schlecht.

Spaziergang durch den Warnemünder Küstenwald (5 km)

Auf der Seepromenade und dem Strandweg geht es geradewegs nach Westen, in Richtung Stolteraa. Man kann unten am Strand gehen, unmittelbar am Spülsaum kommt man ganz gut voran. Doch oben am Rand des Steilufers führt ein Wanderweg entlang. Kurz vor Wilhelmshöhe wird der Spaziergänger durch weiße Metallgeländer um zwei Schluchten geleitet, dann ist auch schon die neue Pension Wilhelmshöhe mit Restaurant und Terrasse erreicht.

1886 bis 1888 wurde von Warnemünde ein Wanderweg zur Stolteraa angelegt. Es war die Zeit, da das Wandern populär wurde. Die Spaziergänger aus Rostock und Warnemünde entdeckten die Steilküste, die damals allerdings fast ganz unbewaldet war. Im Jahre 1890 eröffnete an der Steilküste bei Dierhagen die Ausflugsgaststätte »Wilhelmshöhe«, die sich Jahr für Jahr großer Beliebtheit erfreute. Wer längs der Stolteraa wanderte, der kehrte auch hier ein, aß seine Bockwurst, trank sein Bier und genoß die Aussicht aus knapp 20 m Höhe über die See.

Auch zu DDR-Zeiten änderte sich nichts an diesem Brauch. Nur eines stimmte die Ausflügler nachdenklich: Die Kliffkante, die rückte Jahr für Jahr näher an den Imbißpunkt heran. Nach der Wende drängten sich die Ausflügler bei Würstchen und Kartoffelsalat schon recht eng auf dem verbliebenen Abschnitt zwischen Ausgabeschalter und Steilküste. So mußte denn die beliebte Ausflugsgaststätte im Herbst 1995 abgerissen werden, um einer neuen (und sicheren) Pension Wilhelmshöhe mit Restaurant und Imbiß Platz zu machen, samt Seeblick-Terrasse und Kinderspielplatz (Tel. 0381 / 521 92). Nur der Imbißpavillon und die Volière blieben erhalten. Der stattliche Neubau wahrt zwar gehörigen Abstand von der Steilküste, doch in hundert Jahren werden sich die Ausflügler wieder hart an der Abbruchkante drängen.

Für den Rückweg bietet sich ein Weg an, der etwas mehr landeinwärts verläuft. Man geht vom Restaurant Wilhelmshöhe bis zum Parkplatz – dort enden auch die oben erwähnten Schluchten – und spaziert auf dem Weg parallel zum Waldrand in Richtung Warnemünde. Auf der Straße Am Waldessaum kommt man zur Doberaner Landstraße, die in die Parkstraße mündet. Geradeaus durch die Mühlenstraße erreicht man die Kirche und den Alten Strom.

RADTOUREN

1. Längs der Steilküste Stolteraa zum Gespensterwald Nienhagen (11 km)

Westlich von Warnemünde erhebt sich das Hochufer zur Steilküste mit einem aktiven Kliff, deren schönster (und geologisch interessantester) Abschnitt die Stolteraa ist. Daran schließt sich der Gespensterwald Nienhagen an, dem die windzerzausten, recht gespenstisch aussehenden »Windflüchter« den Namen gaben.

Wir radeln von der Warnemünder Kirche durch die Mühlenstraße (Fußgängerzone, Radfahren erlaubt) und geradeaus weiter in die Parkstraße. Wer sich gleich zu Beginn stärken will, kann im Restaurant Meyer's Mühle einkehren, das linker Hand ein paar Meter zurückversetzt liegt (Mühlenstr. 44). In der Parkstraße gibt es mehrere Durchgänge zum Strandweg, z.B. beim Hotel Stolteraa.

Auf dem küstennahen Rad- und Wanderweg fahren wir, die letzten Häuser Warnemündes im Rücken, nach Westen. Schon bald beginnt die **Stolteraa**, ein etwa 1500 m langes Kliff, auf dem gegen Ende des vergangenen Jahrhunderts dieser Weg angelegt wurde. Durch den küstennahen Wald radelt man bis zu einem weißen Geländer, das zwei Schluchten absperrt, die man nach links, in Richtung Parkplatz, umfahren muß. Auf der anderen Seite geht es wieder zum Hochufer zurück, zum Restaurant **Wilhelmshöhe**. Das über 100 Jahre alte Ausflugslokal wurde 1996 durch ein neues Hotel-Restaurant mit Imbiß für Wanderer ersetzt (siehe oben).

Bei Wilhelmshöhe beginnt das schönste Stück der Steilküste, die Stolteraa. So, wie sie heute aussieht, haben zwei Kräfte sie geschaffen: die letzte Eiszeit und die Ostsee. Die Gletscher der Weichsel-Eiszeit hinterließen bei ihren wiederholten Vorstößen und Rückzügen riesige Geröll- und Schutthalden, in diesem Falle Grundmoränen, die sehr lange danach von der Brandung und den Stürmen der Ostsee teilweise abgetragen wurden. Durch diesen Prozeß liegt das Innere der Grundmoräne gewissermaßen offen zutage, was Geologen einen »Aufschluß« nennen. Wissenschaftler erkennen da Überschiebungen, Verschuppungen und Einpressungen, Stauchungen und Faltungen. An die Kliffkante sollte man nicht zu nahe herantreten, der Rand könnte nachgeben. Ohnehin sieht man das Kliff am besten, wenn man auf einem der Abgänge

Furchtlose Radlerin im Gespensterwald Nienhagen

hinunter an den Strand geht. Wind und Meeresströmung tragen den Sand und die Sedimente des Kliffs weiter nach Warnemünde und zum Darß. Das solcherart »aktive« Kliff wird vor einem weiteren Abbruch keineswegs geschützt, denn seine Zerstörung ist ein naturgegebener Prozeß. Leben können in diesem sonnenarmen, weil nordwärts gerichteten Steilhang nur Spezialisten, z.B. die Uferschwalbe, die in engen, bis zu einen Meter langen Röhren nistet. Am **Geinitzort** – »Ort« meint eine herausragende Stelle der Küste, ähnlich einer Landzunge – endet die Stolteraa.

Längs dem Hochufer geht es weiter in Richtung Ostseebad Nienhagen. Es gibt einige unebene Wegstrecken, die nach Regenfällen durchaus schlammig sein können. Nach 5 km (von Warnemünde aus) erreicht man den **Gespensterwald Nienhagen**. Man sagt »Gespensterwald«, weil die Rotbuchen durch den Wind stark zerzaust sind und ein wenig gespensterhaft aussehen. Der Buchenwald mit einigen Eichen und Birken reicht bis an das 10 m hohe Steilufer heran, das von den Sturmwellen unterspült wird. Mitunter werden große Steine freigelegt und fallen hinunter, Baumwurzeln liegen offen, gelegentlich stürzen Bäume auf den Strand. Einige Bänke laden zur Rast mit Blick auf die See ein. Der weitere strandnahe Weg nach Börgerende ist recht holprig und eignet sich nur für Wanderer.

2. In die Rostocker Heide (16 km)
Je nach Lust, Laune und Zeit kann man die Halbtagestour in die Rostocker Heide auch zu einem Tagesausflug ausdehnen, Mittagessen, Museumsbesuch

und Strandbummel in Graal-Müritz inbegriffen. Die Route führt quer durch die Rostocker Heide, eines der großen Waldgebiete Mecklenburg-Vorpommerns.

Wir starten am Alten Strom, fahren über die Drehbrücke zum Bahnhof, unterqueren die Bahngleise und setzen mit der Autofähre über die Warnow. Drüben liegt der Ort Hohe Düne auf einer Art Nehrung, die ihre Entstehung der Ostseeströmung verdankt. Rechter Hand liegt kilometerlang der Marinestützpunkt Warnemünde, links erstreckt sich ebensolang ein Küstenschutzgehölz. Unterwegs kann man einen Halt einlegen, um durch einen der Dünendurchgänge zum Strand zu gehen: Man kann ausgezeichnet baden, an den Wochenenden herrscht aber auch hier reges Treiben.

Auf dem Radweg längs der Straße Hohe Düne erreichen wir **Markgrafenheide**, wo die Rostocker Heide beginnt. Vom Ort kann man auf einem Wanderweg einen Abstecher zu Fuß zur Ausflugsgaststätte Schnatermann am Breitling unternehmen (Aussicht über den Breitling, die Unterwarnow und den Überseehafen). Wir fahren durch den Ort bis zu einem Wanderparkplatz bei der Bushaltestelle »Schnatermannweg«. Nach gut 100 m beginnt links an einer rotweißen Schranke der Weg nach Graal-Müritz. Er ist – lückenhaft! – mit einem gelben Querstrich markiert, so daß man auf Nummer sicher gehen und hier – falls vorhanden – den Kilometerzähler auf Null stellen sollte. Auf dem Waldweg radelt man genau 3 km bis zu einem Teerweg, in den wir rechts einbiegen. Nun bricht die Markierung ab: Vom Teerweg fährt man nach exakt 1 km nach links ab. Wer den Abzweig verpasst hat, sollte sich an der scharfen Rechtskurve halblinks halten und bis zur Reminschen Wiese mit dem Garthschen Stein fahren. Dort muß man sich links halten und gelangt so auf den richtigen Weg, der ab hier wieder markiert ist. Auf Waldwegen, einem Schotter- und Plattenweg fährt man bis zur T-Kreuzung weiter. Wir biegen links in die Wiedortschneise ein und fahren nach 50 m rechts in den Heuweg, der über eine Holzbrücke das Seeheilbad Graal-Müritz erreicht.

Fahrt nach Ribnitz-Damgarten ins Bernsteinmuseum

Bernstein ist ein Mythos der Ostsee, und die Suche nach dem versteinerten Harz beim Strandspaziergang kann zum Zwang werden. Erfolgversprechend ist die Suche aber nur nach einem kräftigen Sturm aus nordöstlicher Richtung, wenn die Wellen den Meeresgrund aufgewühlt und das »Gold der Ostsee« freigespült haben. Da Bernstein leichter ist als Wasser, schwimmen die Brokken auf der Oberfläche und werden von den Wellen an den Strand gespült. Lange bleiben sie da nicht liegen.

So mancher Badegast fährt denn auch nach erfolgloser Suche nach Ribnitz-Damgarten. Dort gibt es zwar keinen Strand, aber ein Bernsteinmuseum. Mit eigenen Augen kann man sich hier überzeugen, daß Bernstein nicht unbedingt wie Honig aussieht: Bernstein kann milchig weiß glänzen, eine rötliche Färbung annehmen, blau oder grün schimmern – je nach den gelösten Mineralien oder eingeschlossenen Partikeln. Die wertvollsten Stücke bergen Insekten, Pflanzen oder Holzstücke. Da Bernstein vor etwa 65 Millionen Jahren aus dem Harz im Meer versunkener Bäume entstand, können »Inklusien« mit Insekten usw. eine Art Fenster in vergangene Erdzeitalter sein. Das Museum bietet rund 600 Exponate aus Bernstein – Schmuckstücke, Gegenstände oder Stücke, so wie sie gefunden wurden. Der größte Brocken von 700 Gramm wurde vor kurzem bei Baggerarbeiten in der Lausitz ausgegraben.

Das Bernsteinmuseum in Ribnitz-Damgarten befindet sich im westlichen, dem mecklenburgischen Stadtteil Ribnitz neben der Klosterkirche (Im Kloster 1-2, Tel. 03821/4622, Öffnungszeiten: Mai-Sept. täglich 9.30-17.30 Uhr, Okt., März und April Di-Sa 9.30-16.30 Uhr, So 13-16.30 Uhr, Nov.-März Mi-Sa 10-16 Uhr, So 13-16 Uhr).

11. HANSESTADT ROSTOCK

Rostock ist besser als sein Ruf, weitaus besser. Gewiß ist die Stadt schwerfällig, hat einige unschöne Ecken, macht sich das Leben schwer mit architektonischen Altlasten und riesigen Satellitenstädten. Den Skeptikern sei gesagt: Wer bei schönem Wetter eine Hafenrundfahrt nach Warnemünde unternimmt oder einen Spaziergang vom Stadthafen zur Petrikirche, durch die Altstadt zu St. Nikolai und anschließend seinen Schoppen Wein bei Krahnstöver nimmt (ab 17 Uhr), der wird mit Rostock versöhnt sein.
Daß der Ostseeraum von Nordseehäfen versorgt wird, will den Rostockern nicht in den Kopf. Die Stadt möchte wieder ihren angestammten Handelsplatz im baltischen Raum einnehmen. Das wird nicht leicht sein nach dem Zusammenbruch zweier Werften, dem Rückgrat der Stadt. Doch der Wandel von der Arbeitsstadt zur Handelsstadt ist bereits mit Händen zu greifen. Lübeck, der ewige Rivale, hat das bereits zu spüren bekommen: Die schwedische Reederei Europa Linien verließ Travemünde, um die Fährverbindung nach Gedser weiterhin von Rostock aus zu betreiben. Auf Rostock darf man gespannt sein.

INFORMATION

Vorwahl Rostock: 0381

ANFAHRT

Mit dem Wagen: aus Richtung West und Ost auf der B 105, aus Süden auf der A 19
Parken: kostenfreier Parkplatz Fischerbastion, Am Strande (an der B 105, Nähe Stadthafen)
Mit der Bahn: Hauptverkehrsstrecken nach Berlin, Lübeck, Stralsund
Mit dem Flugzeug: Flugplatz Rostock-Laage an der A 19

AUSKÜNFTE

Rostock-Information, Schnickmannstr. 13/14, 18055 Rostock, Tel. 0381/194 33 und 49 79 90
Bahnhof, Tel. 19419

CAMPING

Camping- und Ferienpark, Dünenweg 27, 18146 Rostock-Markgrafenheide, Tel. 661 15 10

JUGENDHERBERGE

Jugendgästeschiff, Traditionsschiff Schmarl,
Tel. 71 62 24
JH Warnemünde, Parkstr. 31, Warnemünde,
Tel. 52303

ZOOLOGISCHER GARTEN

Rennbahnallee 21, Rostock, Tel. 37111, Öffnungs-
zeiten der Kasse »Trotzenburg« (Haltestelle
Straßenbahnlinie 11): April-Sept. 9-17 Uhr, Okt.-
März 9-16 Uhr, Öffnungszeiten der Kasse
»Barnstorfer Ring« (Haltestelle Buslinie 39,
Parkplatz): April-Sept. 9-17 Uhr, Okt. 9-16 Uhr

BOTANISCHER GARTEN

Hamburger Straße, Tel. 83954, Öffnungszeiten: Di-
Do 7-15.45 Uhr, Fr 7-14 Uhr, Sa und So 9-16 Uhr
Gewächshäuser, Doberaner Str. 143, Tel. 4942056,
Öffnungszeiten: Mo-Do 10-12, 13-15 Uhr

THEATER

Volkstheater Rostock, Großes Haus und Atelier-
theater: Doberaner Str. 134/135, Tel. 2440; Kleines
Haus: Eselföter Str. 23; Vorverkauf: Doberaner Str.
134/135, Tel. 24 42 53, und Eselföter Str. 23,
Tel. 24 42 50

SEHENSWERTES

St. Marienkirche, St. Petrikirche, St. Nikolaikirche
(Ausstellungen), Altstadt, Rathaus, Kröpeliner
Tor, Steintor sowie Museen

STADTFÜHRUNGEN

Mai, Juni und Sept. Mi, Fr, Sa 14 Uhr, So 11 Uhr,
Juli und Aug. Di-Sa 14 Uhr, So 11 Uhr, Okt.-April
Sa 14 Uhr, Treffpunkt: Rostock-Information,
Schnickmannstr. 13/14

MUSEEN

Kulturhistorisches Museum, Kloster zum Heili-
gen Kreuz, Klosterhof, Tel. 45 59 13, Öffnungs-
zeiten: Mai-Sept. Di-So 10-18, sonst: Di-So 9-17 Uhr
Museum im Kröpeliner Tor, Kröpeliner Straße,
Tel. 45 41 77, Öffnungszeiten: Juni-Sept. Di-So
10-18 Uhr, sonst: Mi-So 10-18 Uhr
Kunsthalle, Hamburger Str. 40, Tel. 823 36,
Öffnungszeiten: Mi-So 10-18 Uhr

Schiffahrtsmuseum (Schiffahrtsgeschichte), August-Bebel-Str. 1, Tel. 4922697, Öffnungszeiten: Di-So 9-17 Uhr. Geschichte der Seefahrt an der mecklenburgisch-pommerschen Ostseeküste, maritime Münzen u a.
Schiffahrtsmuseum/Schiffbaumuseum (Abteilung Schiffbaugeschichte), Traditionsschiff, Liegeplatz Schmarl (S-Bahn Lütten Klein), Tel. 121 97 26, Öffnungszeiten: Di-So 9-17 Uhr

TERMINE UND FESTE

April: Ostseemesse (Schutow); MitteAugust: (wieder ab 1997) Hanse Sail Rostock (mit Windjammer-Treffen in Warnemünde und Rostock); Dezember: Weihnachtsmarkt

KONZERTE

Orgelkonzerte in der Marienkirche

FÜR KINDER

Zoo, Schiffahrtsmuseum, auch mit Traditions schiff u.a., Erlebnisbad im Tri-Hotel am Schweizer Wald in Brinkmansdorf (Tel. 659 70), Meeresbrandungsbad in Warnemünde

FÄHREN (ÜBERSEEHAFEN)

nach Schweden (Trelleborg), Dänemark (Gedser)

GESCHICHTE

Rostock liegt an einer markanten Verbreiterung der unteren Warnow. Die Slawen vom Stamm der Kessiner (Kyziner), die wiederum zum großen Verband der Lutizen gehörten, nannten den durch einen Burgwall befestigten Ort am Kreuzpunkt einer küstenparallelen Handelsstraße mit der Warnow »Roztoc« (Rastoka), was soviel wie »breite Stelle« oder »Flußverbreiterung« bedeutet. Das slawische Roztoc wurde erstmals 1161 anläßlich seiner Zerstörung durch den dänischen König Waldemar I. erwähnt. Nach 1171 bauten Siedler aus Niedersachsen, Westfalen und dem Rheinland das östlich der Warnow gelegene Roztoc wieder auf. Um 1200 verlegte man die Siedlung, die durch den großen Zustrom von Neusiedlern zu klein geworden war, auf eine Anhöhe über dem linken Warnowufer (Petrischanze). Der Alte Markt und die Petrikirche sind der Kern dieses neuen Roztoc. Am 24. Juni 1218 verlieh Fürst Heinrich Borwin I. der neuen Siedlung das lübische Stadtrecht.

Seit jener Zeit spielt sich das Leben von Rostock auf dem linken Warnowufer ab, das rechte Ufer kam erst im 20. Jh. wieder zu Bedeutung. Nach der **Altstadt** um St. Petri, deren mittelalterliche Anlage am Straßenverlauf noch gut zu erkennen ist, entstand um 1232 westlich des Grabens (heute Grubenstraße) die **Mittelstadt** um St. Marien und den Neuen Markt. Westlich der Faulen Grube, einer Niederung, wurde bis 1252 die **Neustadt** aufgebaut mit der (nicht mehr existierenden) Jakobi-Kirche und dem Hopfenmarkt, dem heutigen Universitätsplatz. Während sich die drei Teilstädte rasch weiterentwickelten, verfiel das slawische Roztoc am anderen Warnowufer. Die Slawen, zu keiner Zeit gleichberechtigte Bürger, wurden germanisiert; nur einige Straßennamen erinnern heute an die slawische Burgstadt. Die drei Teilstädte vereinigten sich zwischen 1257 und 1265 zu einer Stadt, deren Rathaus am Neuen Markt die gemeinsame Verwaltung übernahm. Man entschloß sich zum Bau einer gemeinsamen **Stadtmauer** mit 22 Toren, die später durch Wallanlagen und Wassergraben im Süden verstärkt wurde. In diesem Festungsgürtel verharrte Rostock bis ins 19. Jh.

Rostock und Wismar entwickelten sich etwa zur gleichen Zeit. Mit Wismar und Lübeck unterhielt Rostock rege Handelsbeziehungen. 1259 schlossen Rostock und Wismar ein Bündnis gegen die Landräuberei, das später gegen Piratentum erweitert wurde und zum Kern eines Handelsbundes mit Lübeck und Hamburg wurde. Dieses Bündnis ist der Vorläufer der 1358 gegründeten **Hanse**, in deren Wendischem Kontor Rostock eine bedeutende Rolle spielte.

Die Handelsbeziehungen der Rostocker Fernhandelskaufleute erstreckten sich über die gesamte Ostsee und reichten von Nowgorod bis nach Spanien. Rostock fischte in den Heringsgründen vor Schonen, suchte die Märkte von Skanör und Falsterbo auf, die durch großzügige Privilegien besonders lukrativ waren, und trieb Handel mit Norwegen, vor allem mit Bergen, im Oslofjord und in der Wiek. Rostock lieferte Bier aus seinen über 240 Brauereien, ferner Hopfen und Malz, Mehl, Bohnen, Erbsen, Brot sowie Zwieback. Aus Flandern kamen Tuche in die Stadt, Salz erhielt man vom Golf von Biskaya, Wein aus Frankreich, ferner Tran, Teer, Klippfisch und Felle aus Norwegen, Heringe lieferte Schonen, aus Nowgorod und Riga kamen Pelze und Wachs. Der Handel brachte großen Reichtum in die Stadt, der sich in der Hand weniger Patrizierfamilien sammelte: Die hießen Beselin, Kerkhof und Kopman, Baggel, Lage, Töllner und Witt. Man begegnet ihren Namen des öfteren in der Stadt.

Um 1270 gab es die ersten Zünfte in Rostock, die man »Ämter« nannte. Zwanzig Jahre später waren es bereits 77. Wer Rostock auch nur etwas kennt, wird bei dieser »runden« Zahl stutzig. Warum?

Säven Döhren tau Sankt Marien-Karken,
Säven Straten von den' groten Markte,

Säven Dohre so dar gahn tho Lande,
Säven Kopmannsbrüggen by dem Strande,
Säven Thören so up den' Radhuß stahn,
Säven Klocken so dar däglich schlahn,
Säven Linden up den' Rosengarden,
Dat sünd de Rostocker Kennewarden.

... und sieben Studenten habe die Universität, ergänzte so mancher spöttische Rostocker das Lied der Handwerksburschen aus dem 18. Jh. Rostock hat es nun mal mit der Sieben, kein Wunder, daß die Stadt 1995 das entsprechende Jubiläum feierte, nämlich 777 Jahre Rostock.

Eine Stadt, die so reich ist, arrondiert ihr Eigentum. 1252 kauften die Ratsherren für 45 Mark Rostocker Pfennige die **Rostocker Heide**. Zur DDR-Zeit von der Stadt abgetrennt, kam das waldreiche Gebiet nach der Wende wieder zu Rostock zurück. 1323 erwarb Rostock den Ort **Warnemünde** samt westlichem Warnowufer, vermutlich aus strategischen Gründen, um sich die wichtige Mündung der Warnow zu sichern. 1325 erhielt Rostock die **Münzhoheit**, 1358 die volle **Gerichtsbarkeit** – alles Privilegien, die sich der Landesfürst gut bezahlen ließ. Um 1350 gehörten alle Dörfer im weiten Umkreis zu Rostock oder den Rostocker Kirchen, Klöstern und Hospitälern.

War das 14. Jh. die Zeit des materiellen Zugewinns, so folgte im 15. Jh. die geistige Macht: 1419 wurde in Rostock die **Universität** gegründet, die erste in Nordeuropa. Die *Alma mater Rostochiensis* erwarb sich den stolzen Beinamen »Leuchte des Nordens«, ob er heute noch zutrifft, wird nicht auf diesen Seiten entschieden.

Was für die anderen Hansestädte an der Ostsee galt, hatte Wirkung auch in Rostock: Als um 1500 durch die Entdeckung Amerikas der Handel in der Ostsee allmählich zurückging, die Macht der Hanse somit zerfiel, begann der **langsame Niedergang** der einst so mächtigen und reichen Stadt. Mit dem Dreißigjährigen Krieg war der Tiefpunkt erreicht: Ab 1627 wurde Rostock zu schweren Kriegskontributionen gepreßt, nach 1628 standen abwechselnd die Kaiserlichen und die Schweden in der Stadt. Bei Friedensschluß 1648 lag das Umland verödet und entvölkert da, die Stadt war erschöpft, die Handelsbeziehungen waren unterbrochen. Da Wismar, Stralsund, Greifswald, Anklam und Stettin zu Schweden kamen, war Rostock an der Küste isoliert. Zwei Daten markieren fast symbolisch den Niedergang der Stadt: 1667 fielen weite Teile der Alt- und Mittelstadt einem verheerenden Brand zum Opfer. Zwei Jahre später trafen sich neun Hansestädte zu ihrem letzten Hansetag in Lübeck. Die Tage der Hanse waren vorbei. Damals zählte Rostock nur noch 5000 Einwohner.

Das lange Siechtum Rostocks im toten Winkel des Reiches dauerte bis ins 19. Jh. Der Nordische Krieg (1700-21) setzte Rostock schwer zu; auch im

Siebenjährigen Krieg (1756-63) blutete die Stadt wieder aus durch wechselnde Besatzungen, Plünderungen, hohe Kontributionen und die besonders von Preußen betriebene Zwangsrekrutierung. Die Zeit trieb seltsame Blüten: 1760 hob der Herzog die Universität auf und verlegte sie nach Bützow. Der Grund war ein Religionsstreit zwischen Pietisten und Orthodoxen. Die Rostocker behielten ihre Hochschule aber bei, so daß es fortan eine herzogliche und eine rätliche Universität gab. Was besagtes Bützow angeht, so kennt man die Stadt wegen der zahlreichen Gefängnisausbrüche; als Universitätsstadt konnte sich der Ort keine Meriten erwerben. Das sah denn auch der Herzog ein: 1789 hatte Rostock wieder seine herzogliche Alma mater Rostochiensis.

Auf die Beine kam Rostock gegen Ende des 18. Jh. und vor allem nach Napoleons Ende, als die mecklenburgischen Junker über den Rostocker Hafen Getreide nach England ausführten. Rostock besaß im 19. Jh. mit 378 Segelschiffen die **größte Flotte der Ostsee**. 1852 lief in der Werft von Tischbein und Zeltz, Vorgängerin der Neptun-Werft, der erste eiserne seegehende Schraubendampfer in Deutschland vom Stapel. Rostock besaß – nach Hamburg und Bremen – die drittgrößte Segelflotte Deutschlands, an der deutschen Ostseeküste war Rostock der bedeutendste Hafen. Im Seehandel geriet Rostock allerdings ins Hintertreffen, die Nordseehäfen lagen günstiger. Auch der Schiffbau entwickelte sich nicht gut, woran die Gründung der Neptun Schiffswerft und Maschinenfabrik AG 1891 wenig änderte. Nach 1870 wurde westlich der Altstadt die Kröpeliner-Tor-Vorstadt als Arbeitersiedlung gegründet, südlich des Zentrums entstand die Steintor-Vorstadt als Villenviertel.

Im Zweiten Weltkrieg war Rostock aufgrund der Rüstungsbetriebe (Flugzeuge, U-Boote) bevorzugtes Ziel der alliierten Bomber: Bereits im April 1942 (!) wurden große Bereiche der Altstadt zerstört. 1944/45 nahm die Stadt sehr viele Flüchtlinge aus Ostdeutschland auf. Die Bevölkerungszahl stieg von 100 000 auf 250 000 Einwohner, für die im Eiltempo Trabantenstädte zwischen Kröpeliner-Tor-Vorstadt und Warnemünde hochgezogen wurden. Das Durchschnittsalter zur DDR-Zeit betrug 34,5 Jahre: Rostock, erster Seehafen der DDR, Schiffbau- und Fischereizentrum, war eine junge Stadt geworden.

RUNDGANG DURCH ROSTOCK

In Rostock anzukommen, ist nicht so leicht: Die Stadt leidet größte Verkehrsprobleme, wie man es bei der Anfahrt auf der ständig verstopften B 105 erleben kann. Der gesamte Verkehr längs der mecklenburg-vorpommerschen Ostseeküste (!) wird mitten durch die Stadt geleitet, vorbei am Hafen. Wer von Westen kommt, trifft hinter der ehemaligen Neptun-Werft, schon in Sichtweite der alten Speicher, auf das Hinweisschild »*i*«, das rechts den Weg zur Rostock-Information weist. Unterhalb der neuen Wohnhäuser

Giebelhäuser am Stadthafen

kann man mit etwas Glück einen Parkplatz finden und den Spaziergang durch die Stadt beginnen. Zu empfehlen ist der gebührenfreie Parkplatz an der Fischerbastion

Die Anfahrt von Osten auf der B 105 ist zweifellos die schönste, die Rostock zu bieten hat, mit Ausnahme der Anreise mit dem Schiff. Linker Hand liegen noch Kuhweiden, da tauchen vor dem Besucher bereits die Kirchtürme Rostocks auf, in der Mitte die Marienkirche, rechts davon die Petrikirche mit dem neuen kupfernen Turmhelm, rechts außen die Speicher am Hafen. Man folgt dem Schild ins Zentrum und kann auf der Langen Straße parken.

Wir beginnen den Stadtrundgang bei »Kaufhof« an der Langen Straße, ein prosaischer Startpunkt, aber leicht zu finden: Dort kreuzt die Achse Breite Straße/Schnickmannstraße die Lange Straße. Die stattlichen Häuser der Langen Straße sind Prachtbauten aus DDR-Zeiten – gut gebaut, für die Architekten keine Schande, für's Auge keine Beleidigung. Das Ensemble des gehobenen Zuckerbäckerstils wurde in den 50er und 60er Jahren errichtet und steht unter Denkmalschutz. Mit seinen Zinnen und Erkern, Türmchen, Rosetten und Schmuckbändern, Kügelchen und Dachreitern wirken die Häuserreihen etwas verspielt und ästhetisch überladen. Neben dem Hochhaus »Ostseegaststätte« beginnt die Schnickmannstraße, die durch das ehemalige Hafenviertel bergab zum Stadthafen führt. Gleich zu Beginn trifft man auf die Stadtinformation, die in einem alten Speicher von 1795 untergebracht ist. Auch in den Querstraßen – Auf der Huder und Beim Hornschen Hof – sieht man alte

Speicher. Das Denkmal »Segel im Wind« erinnert an die Segelschiffe, die hier vor hundert Jahren lagen. Unten verläuft die Straße Am Strande, jenseits findet man die Anlegestelle zur Hafenrundfahrt (Stadthafen).

Wir gehen rechts, An der Strandstraße entlang, zu einer Zeile **historischer Giebelhäuser** an der Wokrenter Straße. So alt und malerisch die Bauten auch aussehen, sie sind sämtlich neu. Ihr Vorbild waren jene Gebäude, die Vicke Schorler im 16. Jh. auf seiner berühmten Ansicht Rostocks malte. Die 14 m lange Karte hängt im Kulturhistorischen Museum (siehe »Tip«). Gleich im Eckhaus findet man das Fischrestaurant »Kogge«, das sehr zu empfehlen ist (Wokrenter Str. 27, Tel. 493 44 93). Am anderen Ende der Wokrenter Straße (Nr. 40) stößt man auf ein wirklich altes Gebäude, eines der letzten drei **Hausbaumhäuser** Rostocks aus dem späten 15. Jh. Es hat seinen Namen von einem 1000jährigen Eichenstamm, dem Hausbaum, der als Stützpfeiler zwei Geschosse trägt. Mit dieser Konstruktion konnte im Erdgeschoß Fläche gewonnen werden. Falls das Schild »Geöffnet« an der Tür hängt, kann man das ganze Haus besichtigen, auch den Keller, wo der Fuß der mächtigen Eiche auf einem Fels ruht. Die Anlage des Wohndielenhauses samt Kontor und Diele (Parterre), den drei Speichergeschossen und dem Wohnraum in der Kemlade weiter hinten ist gut zu erkennen (Öffnungszeiten: Mo-Fr 10-16 Uhr).

Wir gehen durch die Straße An der Oberkante zurück zur Langen Straße und betreten neben »Kaufhof« die Breite Straße. War die Lange Straße die Schauseite der DDR-Architektur, hat man es hier mit ihrer Kehrseite zu tun. Graue, nach den Zerstörungen des Zweiten Weltkriegs aufgebaute Häuser, unschön bis häßlich, heute mit einer seltsamen Mischung aus Billigläden und seriösem Einzelhandel bestückt: Jeans und Blumen, Big Mac und Fischgeschäft. Trotz der neuen Läden herrscht hier noch immer das unvergleichliche Flair des Sozialismus.

Am Universitätsplatz angekommen, sollte man etwas verweilen. Auf dem ehemaligen Marktplatz der mittelalterlichen Neustadt stand früher ein Rathaus; weiter östlich schloß sich der Hopfenmarkt an. Hier liefen alle wichtigen Straßen zusammen – nach Kröpelin und Wismar, Neukloster und nach Schwaan. Die Kröpeliner Straße wurde 1968 »Boulevard«, die erste Fußgängerzone der DDR. Die reichen Kaufleute und Patrizier bauten hier ihre repräsentativen Wohnhäuser, daher der Reichtum der Hausfassaden. Doch nun der Reihe nach.

Blicken wir zur Südseite des Universitätsplatzes: Das Gebäude rechts neben dem ockergelben Bauwerk ist das **herzogliche Palais**, erbaut im Jahre 1714, also zu einer Zeit, als die Verlegung der Residenz von Schwerin nach Rostock ernsthaft erwogen wurde. Das Gebäude links mit dem Ecktürmchen ist der 1750 errichtete **Saalbau** mit einem Barocksaal, der heute für Konzerte genutzt wird. Beide Bauten gehören, wie die meisten am südlichen und west-

lichen Platz, zur Universität. Rechts
neben dem Palais schließt sich die
Hauptwache von 1823 an, erkennbar
an der wuchtigen dorischen Säulen-
vorhalle. Der Entwurf stammt von
Carl Theodor Severin, dem Erbauer
von Doberan und Heiligendamm. Der
Giebelbau rechts daneben gehört dem
Physikalischen Institut, weiter rechts
schließt sich das**Oberappellationsge-
richt** an, 1842 nach Plänen des Schweriner Baumeisters Georg Adolph
Demmler errichtet.

Universität, Hauptgebäude

An der westlichen Seite fällt so-
fort das frisch restaurierte, schloßähn-
liche **Hauptgebäude der Rostocker
Universität** ins Auge, 1867-70 von
Hermann Willebrand im Stil des Historismus mit starkem Einschlag zur
Renaissance errichtet. An dieser Universität, der »Leuchte des Nordens«,
hat der Mathematiker und Astronom Joachim Jungius gelehrt, Tycho Brahe,
Heinrich Schliemann und Fritz Reuter studierten hier, Albert Einstein und
Paul Wegener erhielten die Ehren-Doktor-Würde. Bedeutendster Schatz der
Universität ist die Matrikel, also das Register der eingeschriebenen Studenten,
das seit 1419 vollständig erhalten ist. Das schloßähnliche Bauwerk selbst ist
höchst repräsentativ und gefällt durch den reichen Terrakotta-Schmuck. Im
Mittelrisalit über dem Portal zeigt es die Skulpturen der mecklenburgischen
Herzöge, Gründer und Förderer der Alma mater Rostochiensis. Über dem
Eingang prangt in goldenen Lettern der lateinische Wahlspruch: »Doctrina
multiplex, veritas una« (Vielfältig das Wissen, einzig die Wahrheit). An der
Vorderfront sind mit Symbolfiguren die vier Fakultäten der Gründerzeit
dargestellt: Medizin, Theologie, Jurisprudenz und Philosophie. Vor dem
Hauptgebäude erinnert ein Denkmal an **Marschall Blücher**, den Helden der
Befreiungskriege gegen Napoleon, 1742 in Rostock geboren. Das von Johann
Gottfried Schadow geschaffene Denkmal wurde 1819 aufgestellt, die Inschrift
auf der Rückseite ist ein Vers Goethes auf das Jahr 1815.

Hinter dem Hauptgebäude der Universität stand früher **St. Jakobi**, die
Pfarrkirche der Neustadt. Als man in den 50er Jahren einen Bunker daneben
sprengte, fiel auch die Kirche zusammen; die neuen Machthaber werden den
Verlust kaum bedauert haben. Hinter der Universität liegt das **Zisterzienser-**

innenkloster zum Heiligen Kreuz, das heute das Kulturhistorische Museum beherbergt. Es ist das einzige erhaltene Kloster in Rostock. Auch wenn man das Museum nicht besichtigen will, ein kurzer Spaziergang in den ruhigen Klosterhof lohnt auf jeden Fall. Man kommt zunächst an den sogenannten **Professorenhäusern** aus dem frühen 18. Jh. vorbei. Walter Kempowskis umfangreiches Rostock-Archiv ist in einem dieser Bauten untergebracht. Die turmlose Kirche aus der ersten Hälfte des 14. Jh. bietet nach dem Doberaner Münster die vollständigste Innenausstattung einer Klosterkirche in Mecklenburg. Im einzelnen sind beachtenswert: vierflügeliger Hochaltar aus dem 15. Jh., daneben das Sakramentshaus aus der zweiten Hälfte des 14. Jh., Kreuzigungsgruppe auf Triumph-Balken (15. Jh.), Chorgestühl aus dem 15. Jh., Kanzel von 1616. Südwestlich der Kirche schließt sich die Klausur aus dem 14. und 15. Jh. an, in deren vier Flügeln das **Kulturhistorische Museum** untergebracht ist. Eines der bekanntesten Exponate ist die berühmte Vicke-Schorler-Rolle (siehe »Tip«). Sehr zu empfehlen ist das Biedermeier-Café im Kloster (Mo geschlossen).

Vom Museum zurückgekehrt, sollte man zumindest einen Blick in die westliche Kröpeliner Straße werfen: Den Abschluß der Straße bildet das **Kröpeliner Tor** aus der zweiten Hälfte des 13. Jh., das die Stadtgeschichtliche Abteilung des Kulturhistorischen Museums beherbergt. Der wuchtige, sechsgeschossige Bau war Teil der Stadtmauer und schützte die Handelsstraße nach Wismar. Von den ehemals 22 Stadttoren sind nur noch vier erhalten.

Wir gehen nun auf der Kröpeliner Straße in die andere Richtung. Die beiden Eckhäuser an der Einmündung der Breiten Straße sind architektonisch zwar kaum von Belang, doch die Skulpturen und deftigen Reliefs sind recht nett und aufschlußreich. Eines der Reliefs von Reinhard Dietrich bei Jimmy's Hamburger heißt »Der Bürgermeister mit der weißen Weste«, was lokalpolitisch erhebliche Unruhe auslöste. Das Kunstwerk wurde abgehängt, der Künstler mußte klagen, damit es wieder angebracht wurde.

Ein Spaziergang durch die Kröpeliner Straße ist immer interessant, doch wir wenden uns zunächst zum ehemaligen **Rostocker Hof**, einst Nobel-Hotel, heute moderne Einkaufspassage mit neuem Nobel-Hotel. Ein schmaler Ausgang halblinks führt über einen Innenhof zurück zur Kröpeliner Straße. Die Häuser auf der Gegenseite, auf die nun der Blick fällt, sind recht interessant: Halblinks steht »Haus Ratschow«, das ehemalige **Pfarrhaus des Heilig-Geist-Klosters**. Das spätgotische Backsteinhaus mit dem Treppengiebel wurde Ende des 15. Jh. errichtet und zählt zu den bedeutendsten Zeugnissen mittelalterlicher Wohnhäuser in Rostock. Die früheren Eigentümer (Bettenhaus Ratschow) schenkten es nach der Wende der Stadt, daher der (neue) Name über dem Portal. Die reich gestaltete Hausfassade zeigt u.a. Reliefschmuck mit biblischen Motiven.

Durch die Straße Bei der **Marienkirche** hat man einen guten Blick auf das gleichnamige Gotteshaus. Die Rats- und Hauptpfarrkirche zeugt erhaben vom Stolz und Reichtum des Rostocker Patriziats. Vom ersten Kirchenbau 1230, also aus der Gründungszeit der Mittelstadt, ist nichts erhalten. Die zweite Kirche aus der 2. Hälfte des 13. Jh. wurde als Hallenkirche mit zwei Türmen geplant, deren Untergeschosse beim weiteren Bau des Mittelturms und der zwei Seitentürme verwendet wurden. Um 1290 gab man diesen Plan auf und entschied sich für eine hochgotische, querschifflose Basilika mit Chorumgang und Kapellenkranz, ganz nach dem Vorbild der Lübecker Marienkirche. Nach einem Bausturz im Jahre 1398 veränderte man auch diesen Plan, indem man ein Querschiff anfügte. Die vor 1398 gebauten Teile sind am roten Mauerwerk zu erkennen, danach verwendete man gelbliche Backsteine und zog Zwischenlagen mit grünglasierten Ziegeln ein. Um die Mitte des 15. Jh. war die Kirche vollendet – nach insgesamt über 220 Jahren Bauzeit. Seither beherrscht das monumentale Querschiff des Erscheinungsbild der Kirche. »Die einzige Kirche der Welt, in der das Querschiff länger als das Hauptschiff ist«, heißt es bei Walter Kempowski. Wir geben zu, wir haben nicht nachgemessen. Überhaupt urteilte Kempowski etwas ungnädig über die Kirche: »Bau-Ungetüm« nannte er sie, mit einem »hühnerkopfähnlichen Helmchen« ausgestattet.

Das Bauwerk hat ihn ziemlich beschäftigt:

Daß ich nie in der Jakobikirche gewesen war, das fuchste mich. Nun war es zu spät, nun war sie kaputt. (...) Das sollte mir mit der Marienkirche nicht passieren. Morgen schon könnte sie im Eimer sein. Immer wieder sah ich mir das Monstrum an. Welcher der beiden Haupteingänge war im Mittelalter benutzt worden? der linke oder der rechte? Warum waren sie jetzt verschlossen? Was bedeuten die Sandsteinwerkstücke im Mittelturm? War da eine Rosette gewesen, und: Würde man irgendwann einmal, später, in Friedenszeiten, den zwei- oder dreitürmigen Bauentwurf zu Ende bauen können? (...)

Ohne ihre Schwestern, die nun zerstörten Parochialkirchen, sehe sie eigentlich noch wuchtiger aus, sagte Dr. Krause. 'Ein herrliches Zeugnis deutscher Backsteingotik.' Weit hinüberweisend in den Osten und kluges Pendant zu Wismar und Stralsund.

Vor der Katastrophe sei das gar nicht so aufgefallen, dies Beherrschende, Gewaltige, Klotzige. Verstellt von Buden und Katen. Er für seine Person habe nicht im Mindesten darauf geachtet. Wer schaue schon mal auf, im Drang des grauen Alltags, in der Hitze des Gefechts.

Turmdiener Bombowski, alt, mit kurzgeschnitten Haaren, gab mir den Schlüssel. Ihm war die Rettung der Kirche zu danken. Vor der Katastrophe habe ihm bald niemand guten Tag gesagt, da sei er gut genug gewesen für jeden Putzlaputz. Nun

habe ihm der Superintendent persönlich gedankt. Vielleicht kriege er sogar das Kriegsverdienstkreuz.

W. Kempowski, In der Marienkirche, aus W.K., Tadellöser und Wolf, München 1981

Eine Innenbesichtigung ist unbedingt zu empfehlen, nicht nur der Astronomischen Uhr wegen. Auffallend sind die schönen Sternrippengewölbe im Mittel- und im Querschiff. Steht man in der Vierung, fällt der Blick unwillkürlich nach links auf die monumentale Orgel von 1766/69. Das alte Orgelwerk ist nicht erhalten, das jetzige – 5702 Pfeifen, 80 Register, 4 Manuale – wurde 1938 von der Firma Sauer (Frankfurt) gebaut. Der zweigeschossige Barockprospekt sowie die hochaufragende Orgelempore sind jedoch original. Von den Meistern, die den Orgelprospekt bauten, stammt auch die Fürstenloge darunter. Von dort sind Renaissance-Kanzel (1572) und Rochusaltar (1530) gut zu sehen, der einzige erhaltene mittelalterliche Altar der Kirche. Im nördlichen Querschiff steht der vierflügelige Schnitzaltar der Nikolaikirche, vermutlich in der 2. Hälfte des 15. Jh. angefertigt. Im nördlichen Seitenschiff findet man die imposante bronzene Tauffünte, gegossen am »2. April 1290« in Rostock, wie man auf dem Deckel lesen kann. Unter den »Erztaufen« in Mecklenburg ist sie einzigartig.

So bedeutend all diese Kunstwerke auch sind, die Astronomische Uhr hinterläßt vielleicht doch den nachhaltigsten Eindruck. Sie wurde 1472 von dem Nürnberger Uhrmacher Hans Düringer geschaffen. Was dieses Meisterwerk alles kann, beschreibt ein Reiseführer aus DDR-Zeiten wie folgt:

Ihre beiden mit Tierkreiszeichen versehenen Zifferblätter stammen vom Ende des 15. Jh. 1643 erhielt die Uhr ein neues Renaissancegehäuse mit einem bekrönenden Spielwerk. Das obere Zifferblatt gibt Monat, Tag, Stunde, Sonnenstand, Stand des Mondes, Mondphase und in einem kleinen Ausschnitt das Mondalter (Zahl der Tage seit Neumond) an. Das untere Zifferblatt mit 11 konzentrischen Ringen vermittelt Angaben über Monat, Tag, Tagesnamen und Sonnenaufgang. Außerdem kann man die für die Errechnung des Osterdatums im Zeitraum von 1885-2017 nötigen Angaben erhalten.
Aus: Horst Witt, Rostock, Berlin und Leipzig 1977

Bleibt zu sagen, daß die Anzeigen der Astronomischen Uhr bis zum Jahr 2017 reichen. Damit man in Rostock dann auch weiterhin Ostern berechnen kann, wurde für die Zeit danach ein Nachfolgekalender angelegt. Übrigens lohnt es sich, Punkt zwölf Uhr zu erscheinen, dann setzt die Uhr nämlich den Apostelumgang in Bewegung: Sechs Evangelisten und Apostel ziehen an Christus vorbei, der sie selbstredend segnet. Nur Judas, klarer Fall, geht leer aus und muß am Ende vor verschlossener Tür verharren. Einmal am Tag werden Uhrwerk, Kalenderwerk, Glockenspiel, Apostelumgang und Stundenglocke aufgezogen; angeblich soll die Uhr in über 500 Jahren kein einziges Mal stehengeblieben sein. Preisfrage: Wo ist das Porträt des schwedischen Offiziers Zacharias Serbes zu sehen? Kleine Hilfestellung: Es bewegt sich ständig. (Tel. 492 33 96, Öffnungszeiten: Mo-Sa 10-17 Uhr, So 11.15-12 Uhr; ob wieder mit Turmbesteigung, bitte bei der Rostock-Information erfragen).

Gegenüber dem Eingang von St. Marien steht die **Alte Münze** vom Beginn des 17. Jh. Sie arbeitete bis 1864. Heute ist dort sinnigerweise eine Bank zu finden.

Nächste Station des Rundgangs ist der **Markt**. Von dort hat man einen fast freien Blick auf das **Rathaus**. Die gotische Schauwand mit den sieben Fialentürmchen wurde in der 2. Hälf-

Treppengiebel in der Kröpeliner Straße

te des 13. Jh. gebaut, der in Rosé gehaltene barocke Vorbau mit Laubengang kam 1729 dazu, die Bahnhofsuhr ist etwas jünger. Wie in Lübeck, Wismar und Stralsund ist auch das Rostocker Rathaus ein Gruppenbau, der in vielen Jahrhunderten zustande kam. Bei Umbauten und Renovierungsarbeiten bietet er immer wieder Überraschungen. So kam vor wenigen Jahren im Laubengang mittelalterliche Bemalung zum Vorschein: Eine Christusfigur als Weltenrichter. Man vermutet, daß an diesem Ort, neben dem heutigen Eingang zum Ratskeller, Gericht gehalten wurde.

Früher war der Neue Markt Handels- und Versammlungsplatz der Mittelstadt; nach der Vereinigung der drei Rostocker Teilstädte im Jahre 1265 wurde der Platz zum zentralen Markt der gesamten Stadt und dementsprechend baulich aufgewertet. Vor dem Zweiten Weltkrieg war der Platz ringsum geschlossen, die vierte, fehlende Seite zu ergänzen, wurde versäumt, so daß der Markt baulich unabgeschlossen und offen wirkt. Bevor wir über den Markt in Richtung Rathaus gehen, um Rostocks Schauseite anzusehen, ein Tip: linker Hand findet man das Restaurant »Burwitz« in einem der historischen Giebelhäuser. Wie in Rostock zu erwarten, stehen leckere Fischgerichte auf der Speisekarte (Neuer Markt 16, Tel. 239 53).

Von drei Seiten hat der Markt also eine historische Bebauung, am schönsten sind wohl die Rathaus-Ansicht und der Blick von dort zurück zur Marienkirche. Es ist beeindruckend, wie sehr das Querschiff die Kirchenansicht be-

Am Steintor (Stadtseite)

herrscht. Die Häuser davor stammen im Kern mehrheitlich aus dem 15. und 16. Jh., viele mußten aber nach starken Kriegsschäden fast ganz wieder aufgebaut werden. Wer gern alte Wohnhäuser der Hansestädte besichtigt, sollte in die Straße Hinter dem Rathaus gehen und das **Kerhofhaus** besichtigen, heute Standesamt und Stadtarchiv. Das in der 2. Hälfte des 15. Jh. errichtete Backsteinhaus ist eines der bedeutendsten Bürgerhäuser Rostocks. Es gehörte einem Bürgermeister Rostocks, der es zum Rathaus nicht gerade weit hatte. Schräg gegenüber wohnte man bescheidener: Haus Nr. 1/2 ist das sogenannte **Walldiener-Haus** von 1509.

An dieser Stelle bietet es sich geradezu an, einen Abstecher zum **Weinlokal Krahnstöver** zu machen (Große Wasserstr. 30, Tel. 493 43 58, Mi-So ab 17 Uhr geöffnet). Wer dort sitzt, wird vielleicht nicht mehr so schnell aufbrechen, die verbliebenen Sehenswürdigkeiten Rostocks zu besichtigen. Daher gehen wir zurück zur Steinstraße, die den Neuen Markt nach Süden verläßt, und erreichen das Steintor.

Das **Steintor**, 1577 als dreigeschossiger Backsteinbau mit spitzem Zeltdach im Stil der Renaissance neu errichtet, erhielt nach der Wende durch einen spendablen Unternehmer aus Bremen, Rostocks Partnerstadt, ein neues Wappen. Seither strahlen der Mecklenburger Stier und der Rostocker Greif in frischen Farben. Der lateinische Spruch mahnt: »In deinen Mauern herrsche Eintracht und allgemeines Wohlergehen.« Hier fand man übrigens Ende der 1920er Jahre das Grab von Wendenfürst Niklot, dem Urahnen des mecklenburgischen Herrscherhauses. Gegenüber dem Steintor steht dunkel das neugotische **Ständehaus** von 1893, ein Bauwerk des Geheimen Hofbaurats Gotthilf Ludwig Möckel. Es ist im Grunde die größere Variante des Möckelschen Wohnhauses in Bad Doberan. Die Ständevertretung Mecklenburgs, mit Erfolg um den konservativen und rückständigen Status ihres Landes bemüht, tagte bis zum Ende im Jahre 1918. Nach 1945 wurde das Ständehaus zum Haus der Nationalen Volksarmee, heute ist dort das Oberlandesgericht untergebracht. Auf der anderen Seite des Steintors verläuft die Stadtmauer, die inzwischen restauriert wurde. Man kommt am **Ladebuschturm** vorbei, früher Gefängnis

Der Schwibbogen unter der Nikolaikirche

der Stadt, und erreicht das **Kuhtor**, das für den Viehtrieb genutzt wurde. Es beherbergt das Literaturhaus, das regelmäßig Lesungen veranstaltet (Ernst-Barlach-Str. 5, Tel. 4925581).

Hinter dem Kuhtor blickt man der Länge nach in die Grubenstraße, die Altstadt und Mittelstadt trennte. Nach wenigen Metern durch die Wendenstraße erreicht man die **Nikolaikirche**, Pfarrkirche für eine Gemeinde südlich der Altstadt. Im 13. Jh. begonnen, ist die Nikolaikirche das älteste Gotteshaus Rostocks. Einmal außen herum sollte man schon gehen, um die Durchfahrt unter dem Chor, den sogenannten Schwibbogen, zu durchschreiten. Über dem Torbogen prangt ein Bildnis des Namenspatrons der Kirche. Das Pflaster unter dem Bogen besteht aus Holzstämmen. In der Kirche finden keine Gottesdienste statt, das Bauwerk dient wechselnden Ausstellungen sowie Konzerten und ist Wohnhaus für 20 Pastoren, die unter dem Dach das Langhauses leben (Tel. 4934115, Öffnungszeiten: Di 13-16 Uhr).

Wohl dem, der bis jetzt durchgehalten hat. Der Rundgang führt nun durch den ältesten Teil Rostocks, wie man unschwer am Straßenverlauf und dem mittelalterlichen Siedlungscharakter erkennen kann. Die Altschmiedestraße ist die mittlere der drei wichtigen Nord-Süd-Verbindungen der Altstadt. Ältestes Haus ist Nr. 34, dessen Kern aus dem 16./17. Jh. stammt. Durch die Altschmiedestraße erreicht man den **Alten Markt** mit der **St. Petrikirche**. Es macht Spaß, durch die Straße zu schlendern und den Alten Markt anzuschauen, der nach der Wende auch neuzeitliche Bauten erhielt.

Beherrschend am Alten Markt erhebt sich **Sankt Petri**. Zu DDR-Zeiten war die Kirche kriegsbedingt turmlos. Auch hier lohnt ein Rundgang um die Kirche zur Petrischanze: Weit schweift der Blick von der Anhöhe nach Osten. Man begreift, warum die Stadtgründer auf diesem Hügel über der Warnow das neue Rostock anlegten. – Ist man an der Petrischanze erst mal auf den Geschmack gekommen, zieht es den Besucher vielleicht auf den Turm.

Über fünf Jahrzehnte war die St. Petrikirche ohne ihren 117 m hohen Turmhelm, doch seit dem 13. November 1994 ist die Kirche wieder komplett. Das schreibt sich einfach, war aber ein schwieriges, aufwendiges und langwieriges Unterfangen.

Es begann damit, daß im September 1992 der Turmschaft ausgebessert wurde. Das war notwendig, damit zwei Ringanker aus Stahl und Beton auf dem 44 m hohen Turmschaft angebracht werden konnten. Diese Ringanker sollten zum einen den Turm zusammenhalten und zum andern als Fundament den Turmhelm tragen. Zimmerleute der Ueckermünder Haffbaugesellschaft bauten in 14 Tagen den Schnürboden, wo alle Balken vermessen und zugeschnitten werden sollten. Am 25. Juni 1993 wurde – ohne Symbolik geht es nicht – der erste Sägeschnitt angebracht.

Der Turmbau ging in drei Abschnitten vor sich – A hieß der untere Helmteil, B war der mittlere, C der obere Helmteil mit der Kugelspitze. Alle drei Segmente wurden auf dem Alten Markt vermessen, zugeschnitten, zusammengefügt und mit Kupferplatten ummantelt. Mit einem Spezialkran sollten sie nacheinander auf den Turm gesetzt werden. Die bange Frage war, paßt alles zusammen, oder bekommt St. Petri einen schiefen Turm?

Es waren nicht nur die wackeren Zimmerleute aus Ueckermünde am Werk. Maurer fertigten am Turm zwölf neue Spitzbögen und drei Rundbögen; Stahlbauer und Eisenbieger gossen die Ringanker; Blechner traten an, um die drei Segmente mit 2876 Kupferplatten zu ummanteln; Schlosser und Schweißer taten das ihre. Doch die wichtigsten waren die Zimmerleute: 400 Kubikmeter Lärchenholz ließen sie aus dem hessischen Reinhardswald kommen, um ein verwirrendes Turmgerüst zu bauen.

Am 7. November 1994 brach für alle beteiligten Gewerke die Zeit der Wahrheit an. Ein 850-Tonnen-Gittermastkran vom Typ TC 3200 war aus Hürth bei Köln gekommen, die drei Segmente nach oben zu bringen. Um 7.52 Uhr hievte der Kran Helmteil A, 124 Tonnen schwer, 14 Meter lang, gemächlich in die Höhe. Ganze 15 Minuten waren nötig, dann saß Segment A auf dem Turmanker. Und paßte! Zwei Tage gingen für die Befestigung drauf. Am 9. November um 8.32 Uhr setzte der Kranführer seinen TC 3200 in Gang und hievte Helmteil B, 98 Tonnen schwer, langsam hoch. Es gab Probleme, ständig mußten Gewichte umgelagert werden. Erst um 10.55 Uhr, nach über zweieinhalb Stunden, saß Teil B auf Teil A fest. Es paßte auch dieses Teil! Am 13.

November 1994, einem Sonntag, kam Helmteil C an die Reihe. Bisher war alles gut gegangen, doch nun wehte der Wind mit fünf Meter pro Sekunde. Der Kranführer beriet sich per Funk mit seinen Kranmeistern, ob man das Unterfangen abblasen sollte. Doch um 9.30 Uhr ging Helmteil C auf die kurze Reise, um 11 Uhr saß C auf B auf. Um 13 Uhr am 13. November 1994 war Sankt Petri wieder komplett.

So ganz komplett nun doch wieder nicht, es fehlte der Turmhahn. Kunstschmied Ulrich Schmitt hatte den Wetterhahn, den dritten in der Geschichte St. Petris, angefertigt. Damit man ihn da oben auch sehen kann, ist das Exemplar 1,6 m hoch, 1 m breit und wiegt 40 kg. Zimmermannspolier Jens Pfalzgraf und Pastor Peter Wittenburg fuhren in einer kleinen Gondel hoch, um »Sankt Petris Kron« anzubringen. Bei solcher Gelegenheit werden auch gestandene Handwerker etwas rührselig. Jens Pfalzgraf gab den Richtspruch aus: »Und ganz oben vom letzten Glied, grüßt mit seiner Kunst der Kupferschmied.« Pastor Peter Wittenburg dachte da etwas praktischer, jedenfalls kam er vom goldenen auf den roten Hahn zu sprechen: Möge der goldene Hahn wachen über die Stadt und verhindern, »daß je sein gefährlicher Bruder, der rote Hahn, unseren Bau gefährde.« Nach Meinung aller Beteiligten und der zahlreichen Rostocker war St. Petri jetzt erst komplett. Nun hatten auch die Seeleute wieder ihre alte Landmarke zum Anpeilen. (Öffnungszeiten: April-Okt. Mo-Sa 10-12, 14-16 Uhr, So 11.15-16 Uhr, Tel. 45 59 51, mit Turmbesteigung).

Durch die Straßen Amberg und Am-St.-Katharinenstift, vorbei am Katharinenkloster, erreicht man die Grubenstraße. Rechts kommt man zur Straße Am Strand. Geradeaus liegt die Silohalbinsel des Stadthafens mit den historischen Speichern. Am Stadthafen entlang erreicht man die Schnickmannstraße, durch die man zur Langen Straße kommt.

Tip: Die Karte des Vicke Schorler

In den Jahren 1578 bis 1586 zeichnete der Rostocker Krämergeselle Vicke Schorler auf 127 Blättern, 14 m lang, eine farbige Ansicht seiner Stadt. Sie ist aufgrund ihres dokumentarischen Charakters und der hohen Detailgenauigkeit einzigartig. Die »Vicke-Schorler-Rolle« nennt sich etwas umständlich »Wahrhaftige Abcontrafactur der hochloblichen und weitberumten alten See- und Hensestadt Rostock Heuptstadt im Lande zu Meckelnburgk«. Sie kann Rostock-Besuchern nicht genug ans Herz gelegt werden. Man sieht eine bis ins Detail genaue Ansicht der Stadt im 16. Jh., als die Hansestadt reich und mächtig und in ihrer vollen Blüte stand. Jenes Rostock ging bereits beim großen Stadtbrand von 1667 verloren. Und doch kann der Besucher Gewinn von einem genaueren Studium haben, denn die Frage, was noch von jener einst großartigen Stadt erhalten sei, interessiert vermutlich manchen, der in die Stadt kommt.

HAFENRUNDFAHRT

Für einen Ortsunkundigen ist die Lage der Stadt Rostock bis nach Warnemünde zunächst recht unübersichtlich: Stadthafen und Portcenter, Neptun Werft und der Überseehafen, Unterwarnow, Seekanal und Breitling, Lütten Klein und Lichtenhagen, Schmarl und Marienehe und was der Namen mehr sind. So verwirrend der Hafen zunächst ist, eine Rundfahrt, sozusagen eine Besichtigung der Stadt zu Wasser, verschafft Klarheit und Überblick. Zwei Stunden Zeit sollte man sich mindestens nehmen.

Tip: Wer den ganzen Tag am Wasser verbringen möchte, dem sei empfohlen, die frühe Hafenrundfahrt (Abfahrt etwa 11 Uhr) zu nehmen, am Schnatermann auszusteigen, in der gleichnamigen Gaststätte zu Mittag zu essen (Tel. 66 99 33, kein Ruhetag) und einen ausgedehnten Spaziergang (Dauer: zwei Std.) durch das Naturschutzgebiet Schnatermann nach Hohe Düne zu unternehmen. Per Fähre setzt man nach Warnemünde über und kehrt mit der zweiten Hafenrundfahrt am Nachmittag oder per S-Bahn nach Rostock zurück.

Start der Großen Hafenrundfahrt sind der **Stadthafen** – günstig gelegen, wenn man von der Stadtinformation in der Schnickmannstraße kommt – oder die Anlegestelle Kabutzenhof beim Portcenter, wo auch die Fähre nach Gehlsdorf anlegt. Dann kann's losgehen.

Unmittelbar beim Kabutzenhof liegt das **Portcenter**, ein schwimmendes Kaufhaus, mit seinen fünf Geschossen vermutlich das größte in Europa. Gleich dahinter stromabwärts, wenn man so will an der »Backbordseite«, beginnt das Gelände der ehemaligen **Neptun Werft**, die nach der Wende vom Bremer Vulkan übernommen wurde. Der Neptun war von den DDR-Werften die bedeutendste. Heute erinnern nur einige rostige Russen-Dampfer, die verlassenen Helgen und das schmutzigbraune Matrosen-Denkmal an die früheren Großtaten im Schiffbau. Nur noch Schiffsreparaturen werden von der Neptun Industrie GmbH ausgeführt. Am gegenüberliegenden Ufer der Warnow, sozusagen an der »Steuerbordseite«, sieht man die Häuser von Gehlsdorf unter Bäumen liegen: Hier wohnten die Rostocker Kapitäne, immer in Sichtweite ihrer Schiffe. Heute ist der Stadtteil Tummelplatz der Immobilienmakler. Am Gehlsdorfer Ufer unterhalten der Mecklenburgische und Rostocker Yachtclub sowie der Akademische Segelverein zu Rostock ihre Liegeplätze. Dahinter folgt Neptun Marina, ein Yachtservice, ein Stück weiter hat der Zoll seine Boote liegen, u.a. die »Hiddensee«.

An der Backbordseite tauchen die flachen Bauten des Rostocker Fischkombinats auf. Hier lag einmal der **Rostocker Fischereihafen**. Das Kombinat unterhielt mit 80 Schiffen die größte Fischfangflotte Europas. Die Mannschaften wurden in regelmäßigen Abständen komplett ausgetauscht (Anreise per Flugzeug und Schiff), die Flotte selbst kehrte nur alle zwei Jahre aus ihren Fanggebieten auf den Weltmeeren zurück. Früher lagen dort die Heinkel-Flugzeugwerke, die das erste strahlgetriebene Flugzeug der Welt bauten. Am 28. August 1939 begründete Erich Warsitz mit dem Jungfernflug der He 178 das Zeitalter der Düsenflugzeuge. Was den Zweiten Weltkrieg überstanden hatte, wurde nach 1945 gesprengt.

Hinter der Uferlinie sieht man die Skyline der **Trabantenstädte** Evershagen und Schmarl, Groß Klein und Lichtenhagen – Plattenbausiedlungen mit etwa je 20 000 Einwohnern, die zur DDR-Zeit für die Neuankömmlinge aus dem Süden der DDR gebaut wurden. Von 90 000 Einwohnern stieg die Bevölkerungszahl auf 230 000, Durchschnittsalter: 34,5 Jahre. Zu DDR-Zeiten wurden die neuen Siedlungen über die Maßen gelobt, heute liegen dort die größten Probleme der Stadt.

Ein paar hundert Meter weiter Backbord liegen einige Schiffe vertäut. Unter ihnen ist die ehemalige »Dresden«, ein 10 000-Tonnen-Stückgutfrachter der berühmten »Klasse IV« (»Frieden«), zu erkennen am mittleren Kran, der etwas höher ist. Der DDR-Veteran heißt heute »Traditionsschiff Typ Frieden«, birgt ein Schiffbaumuseum, wird als Jugendgästeschiff und Gaststätte genutzt und kann besichtigt werden. Davor liegt einer der ältesten Schwimmkräne Europas, der »Lange Heinrich«, dessen 54-Meter-Turm sich wie eine Angel mit einem Hecht am Haken krümmt. Das sei konstruktionsbedingt, versichert die Stimme aus dem Lautsprecher der Großen Hafenrundfahrt. Von weitem könnte man den »Heinrich« für ein dekonstruktivistisches Kunstwerk halten. Daneben liegt das Betonschiff »Capella« von 1940 – ein Schiff **aus** Beton, nicht **für** den Betontransport. Alle drei Schiffe können besichtigt werden.

Nun ist Steuerbord wieder an der Reihe. Man sieht einen langgestreckten Uferwald mit Steilufer, auf einem alten Holzsteg sitzen meist ein paar Angler. Kurz darauf folgt der **Überseehafen**, mustergültig durch Autobahn, Güterbahn und S-Bahn erschlossen. Er wurde 1960 übergeben und besitzt eine Kailänge von 14 km. Zu DDR-Zeiten betrug der Umschlag 20 Mio. Tonnen im Jahr, 1995 wurden – nach einem starken Einbruch nach der Wende – wieder 14,6 Mio. Tonnen erreicht. Man sieht zunächst den Kai des modernen Warnow-Fährterminals, wo die Fährschiffe nach Gedser und Trelleborg ablegen.

Unser Ausflugsschiff fährt nun in den **Breitling** ein, die zweite Verbreiterung der Unterwarnow, und hält auf den Schnatermann zu. Unterwegs blickt man in alle fünf Hafenbecken hinein, die aber meist verwaist sind. Dahinter erhebt sich ewig qualmend das 1995 übergebene Rostocker Kohle-Kraftwerk. Auf der Fahrt durch den Breitling zur Anlegestelle sieht man linker Hand, also südlich Hohe Düne, zwei Schnellboot-Geschwader der Bundesmarine liegen, auch der Bundesgrenzschutz hat sich dort niedergelassen.

Ein paar Wanderer sind am Schnatermann ausgestiegen, sie haben den »Tip« beherzigt und wollen sich einen schönen Tag machen. Den Schnatermann im Rücken, hält das Schiff der Großen Hafenrundfahrt nun auf **Warnemünde** zu. Wuchtig steht der dunkelblaue Bockkran der Kvaerner Warnow Werft am Horizont. Von den alten Werftanlagen ist nur noch wenig zu sehen, die neue Kompaktwerft ist wohl die modernste ihrer Art in Europa. In dem neuen, 320 Meter langen und 54 Meter breiten Trockendock werden modernste Containerschiffe bis zu 180 000 tdw zusammengeschweißt. Die Bauweise im Trockendock bringt es mit sich, daß es Stapelläufe bei Kvaerner Warnow nicht mehr geben wird.

Unser Boot läuft nun nach Norden in den Neuen Strom ein. Die Mittelmole rechter Hand, schon recht brüchig geworden, wird demnächst abgerissen, damit man den dahinter verlaufenden, 13 m tiefen Seekanal verbreitern kann. Dann wendet das Boot und legt neben der Autofähre an, in Sichtweite der S-Bahn. Zum Strom, der Flaniermeile Warnemündes, geht man durch den Tunnel nur wenige Meter.

Tip: Gehlsdorf

Am Sonntag nachmittag Langeweile? Nichts vor, alles schon gesehen? Kennen Sie Gehlsdorf? Nein?! Dann nicht's wie rüber, mit der Fähre ab Kabutzenhof. (Ist ein Tip von Walter Kempowski.)

Manche Rostocker behaupten, der schönste Blick auf die Stadt biete sich von Gehlsdorf aus, Maler bevorzugen dies Motiv. Schon Braun-Hogenberg, Janssonius und Merian stachen im 16. und 17. Jahrhundert den Prospekt von Norden aus. Und in der Tat, noch heute, nach der Schändung des Stadtbildes durch Vandalismus und Unverstand, kann sich die Stadtansicht vom andern Warnowufer aus neben Lübeck, Wismar und Stralsund behaupten. Sie löst in den Rostockern das aus, was wir mit einem unmodernen Wort als »Stolz« bezeichnen.

Wenn wir sonntags mit den Eltern nach Gehlsdorf hinüberfuhren, um den sehr langweiligen Spaziergang zum Schnatermann zu machen, deutete mein Vater mit dem Spazierstock auf die noch vollständige Reihe der Türme und sagte die Namen her. St. Petri, St. Nikolai, St. Marien und St. Jakobi. Zwischen den Kirchtürmen war, wenn man genau hinsah, auch das Steintor auszumachen, das Dach der Klosterkirche und das Rathaus. Der Wasserturm leitete von Osten aus das Bild ein, und das Kröpeliner Tor beschloß es nach Westen hin.

Walter Kempowski, Mein Rostock, Frankfurt/M., Berlin, 1994

Bliebe zu sagen, daß es St. Jakobi heute nicht mehr gibt und daß der Spaziergang zum Schnatermann mitten durch den Überseehafen führt, was Sonntag nachmittags nicht jedermanns Sache ist. (Interessant kann's freilich werden.)

ROSTOCKS ZUKUNFT

Rostock ist mitten in einem tiefgreifenden Wandel begriffen. Es zeichnet sich ab, daß die an sich verkehrsgünstig gelegene Stadt eines Tages die Nummer eins der deutschen Ostseehäfen sein wird – wenn die Ostseeautobahn fertiggestellt ist und die Warnow-Querung steht. Um die Jahrtausendwende rechnet man damit, daß ein Tunnel von Schmarl (Hundsburg) nach Oldendorf die Warnow kreuzt, so daß man aus westlicher Richtung nicht mehr durch das Zentrum fahren muß, um den Überseehafen zu erreichen. Den hofft man ausbauen zu können, denn noch immer wird der Ostseeraum von den Nordseehäfen aus versorgt. Sehr positiv ist das Fährschiffaufkommen, das nach der Wende sprunghaft anstieg: Fuhren 1990 ganze 83 000 Fahrgäste, waren es 1995 über 1,1 Mio. Passagiere, die von hier nach Skandinavien übersetzten. Ab Dezember 1996 wird die Deutsche Fährgesellschaft Ostsee (DFO) in Rostock das größte Eisenbahn-Trailer-Passagier-Fährschiff einsetzen. Schon jetzt zeichnet sich ab, daß Rostock wieder der Hafen Berlins sein wird. So wurde der alte Stadthafen, wo im letzten Jahrhundert Rostocks stolze Segelschiff-Flotte vor Anker lag, zur Spielwiese der Stadtplaner: Für drei Kilometer Kai-Strecke von der ehemaligen Neptun-Werft bis zum Osthafen, also längs der B 105, wird eine neue Verwendung gesucht. Freizeitbetrieb und Handel, Dienstleistungsunternehmen und hafennahe Firmen werden sich hier niederlassen. Auf der Silohalbinsel, von weitem durch die alten Speicher zu erkennen, haben sich bereits Kultur und Gastronomie angesiedelt; auch Segelschiffe werden hier wieder anlegen. Man darf gespannt sein, was sich längs der B 105 noch alles tun wird.

12. GRAAL-MÜRITZ UND DIE ROSTOCKER HEIDE

Graal-Müritz ist umgeben von Wasser, Wald und Moor. Kein Badeort an der gesamten Ostseeküste Mecklenburg-Vorpommerns hat solch große Wälder in seiner Nähe wie das Seeheilbad Graal-Müritz. Für ein staatlich anerkanntes Seeheilbad sind dies außergewöhnlich günstige Bedingungen, die jedem Besucher zugute kommen, auch den Badelustigen. Der Besucher, der heute von Graal-Müritz durch die Rostocker Heide streift, macht sich keine Vorstellung davon, daß der Bewegungsradius der Badegäste vor der Wende wesentlich enger gezogen war, als die südliche Rostocker Heide militärisches Sperrgebiet war. Daß Graal-Müritz etwas Besonderes ist, beweist der Titel »Seeheilbad«, den nicht jedes der Ostseebäder tragen darf. Als man noch nicht so sehr auf Titel und Klassifizierungen achtete, kamen Gäste, die später weltbekannt werden sollten, unter ihnen Lyonel Feininger (1905), Erich Kästner (1914) und Franz Kafka (1923).

INFORMATION

Postleitzahl Seeheilbad Graal-Müritz: 18181
Telefon-Vorwahl Seeheilbad Graal-Müritz: 038206

ANFAHRT

Mit dem Wagen: von Warnemünde mit der Fähre, Landstraße über Markgrafenheide und Hinrichshagen; von Rostock B 105 bis Rövershagen, Landstraße über Hinrichshagen; von Osten auf der B 105 bis Ribnitz-Damgarten, Landstraße über Klockenhagen.
Mit der Bahn: Bahnlinie Rostock-Stralsund, in Rövershagen umsteigen in die Heidebahn nach Graal-Müritz

AUSKÜNFTE

Kurverwaltung Graal-Müritz, Ribnitzer Str. 11, 18181 Graal-Müritz, Tel. 038206/70 30

CAMPING

Uhlenflucht, Graal-Müritz

BOOTSVERLEIH

Schnatermann und Markgrafenheide (Forsthaus)

JUGENDHERBERGE

JH Graal-Müritz, An der Jugendherberge 32, 18181 Graal-Müritz, Tel. 038206/520

MUSEEN U.A.

Heimatstube-Museum (Vom Fischerdorf zum Seeheilbad), Parkstr. 21, Graal-Müritz, Öffnungszeiten
Mo, Di, Do 10-12.30, 13.30-17 Uhr, Fr 10-12 Uhr,
jede 2. u. 4. Woche im Monat Sa u. So 14-16 Uhr,
Tel. 599

Freilichtmuseum, 18311 Klockenhagen, Öffnungszeiten: April-Okt. tägl. 9-17 Uhr, Tel. 03821/2775

Forstmuseum und Köhlerhof, 18182 Wiethagen,
Tel. 038202/25 33, Öffnungszeiten: März-Nov.
Di-Fr 9-16, Sa-So 10-16 Uhr

EVANGELISCHE KIRCHE

Öffnungszeiten: im Sommer täglich 10-18 Uhr.
Es werden regelmäßig Orgelkonzerte veranstaltet.

ERHOLUNG/SPORT/ FREIZEIT

Zeichenkurse, »Zeichensommer«, Kurkonzerte,
Kabarettgruppen, Lesungen

Bäderbibliothek (mit Lesecafé), Fritz-Reuter-Str. 17,
Tel. 241, Öffnungszeiten: Mo 8.30-11.30, 13-16 Uhr,
Di und Do 8.30-11.30, 13-19 Uhr, Fr. 8.30-13 Uhr

Textilstube (Seidenmalerei) in der Textilstube,
Parkstraße 21 (Tel. s. Kurverwaltung), Öffnungszeiten: für Kinder u. Erwachsene: Do 9-12, 13-18
Uhr, für Erwachsene: Fr 13-17, 18-23 Uhr, Sa 13-17,
18-22 Uhr, So 13-17 Uhr

FÜR KINDER

Spiel- und Bastelnachmittage, Kinderstrand Mai-
September, Puppentheater (Juli und August)

RAD-/WANDERUNGEN

Geführte Wanderungen ins Ribnitzer Große Moor,
in die Rostocker Heide, vogelkundliche Wanderungen, Radwanderungen zum Fischland, Strand-
und Ortswanderungen

FESTE UND TERMINE

1. Mai: Saison-Eröffnung, Anfang Juni: Rhododen-
dronparkfest, Mai bis August: Strandfeste, Juli:
Seebrückenturnier, Woche des Sports, August:
Sommerfest

FAHRRADVERLEIH

H. Thon, Birkenallee 32, Graal-Müritz, Tel. 798 05

GRAAL-MÜRITZ UND DIE ROSTOCKER HEIDE **215**

SEEHEILBAD GRAAL-MÜRITZ

Graal und Müritz waren einmal zweierlei. »Müritz« war zunächst der Name für ein Flurstück, dann für einen Meierhof, der 1328 im Rahmen einer Schenkung an das Kloster Ribnitz erwähnt wurde. Das Wort »Müritz« ist slawischen Ursprungs und bedeutet »Ort am Meer«. Die Bezeichnung »Graal« tauchte erstmals 1567 in Zollakten auf, im Jahre 1649 gab es in Graal eine fürstliche Meierhofstelle. Zur Orientierung: Graal liegt eher westlich, Müritz ist der nordöstliche Teil des Badeortes. Die evangelische Kirche und der Friedhof liegen noch auf Graaler Grund, das Pfarrhaus aber im alten Müritz. Auch die Schwimmhalle steht auf Graaler Grund und Boden. Der Philosophenweg verbindet beide Ortsteile. Am leichtesten aber fällt die Orientierung an der Strandpromenade: Die Konzertmuschel markiert in etwa die alte Grenzlinie. Über die beiden Orte Graal und Müritz schrieb Ernst Schlüter:

Graal und Müritz gehörten im Mittelalter dem Claren-Kloster in Ribnitz und waren einst Pachthöfe. Ihr sandiger Boden wird kaum sehr ertragreich gewesen sein, jedenfalls war es um 1750 schwierig, für die Höfe Pächter zu finden. Und dies scheint den Herzog Christian Ludwig 1752 zur Parzellierung Graals veranlaßt zu haben. Die Regierung förderte die Ansiedlung mit allen Mitteln und bot auch Leibeigenen die Freiheit.

Die Aufteilung von Müritz ist mit einem besonderen Ereignis der mecklenburgischen Geschichte verbunden. 1811 mußte die mecklenburgische Regierung 110 Matrosen für Napoleons Flotte stellen. Darunter befanden sich 6 Graaler, denen die mecklenburgische Regierung für den Fall glücklicher Heimkehr Bauplätze und Bauholz in Müritz versprach. Und so entstanden 1816 die ersten Büdnereien in Müritz.

Ernst Schlüter, Von Warnemünde bis Wustrow.
In: Mecklenburgische Monatshefte, 1925

Graal und Müritz wurden Ende der 30er Jahre, als es in Deutschland auch an das Ändern der Ortsnamen ging, zu Graal-Müritz vereinigt. Ob man nicht besser Müritz-Graal sagen sollte, darum ging seinerzeit lange der Streit. Der Badebetrieb begann bereits 1819 in Müritz, als einige Familien in Warnemünde keine Unterkunft mehr fanden und in Müritz unterkamen. Schwerpunkt des Kurbetriebs ist jedoch Graal; in Müritz bauten sich die Rostocker Ferienhäuschen.

Graal-Müritz ist mehr als ein »Ostseebad«, Graal-Müritz ist ein »Seeheilbad«, und das seit 1960. Nur wenige Badeorte dürfen diesen Titel tragen, denn dazu müssen recht viele Bedingungen erfüllt sein. Alles begann im Jahre 1877 mit Landesmedizinalrat Mettenheimer, der bei einer Küstenwanderung fest-

An der Promenade von Graal-Müritz

stellte, daß die Wechselwirkung von Waldluft und Seeklima anregend und heilsam für die Atemwege sein müsse. Die medizinische Forschung gab ihm im nachhinein recht. Mettenheimer ließ das Kindersanatorium Friedrich-Franz-Hospiz bauen, das 1884 eröffnet wurde. Bereits 1879 war das Haus »Anastasia« errichtet worden, das ebenfalls Kinder aufnahm. Am Tannenhof einnert ein Gedenkstein an den Mediziner, nach dem auch eine Straße benannt wurde. In Graal-Müritz wurden Herz- und Kreislauferkrankungen sowie Erkrankungen der Atmungsorgane und Allergien behandelt.

Nach der Jahrhundertwende baute man drei (!) **Seebrücken** von 250, 300 und 350 m Länge. Das mag übertrieben erscheinen, doch die Besucher und Gäste reisten gewöhnlich mit dem Dampfer an. Im harten Winter 1940/41 wurden die Landungsbrücken allesamt vom Eisgang zermalmt. Seit 1993 hat Graal-Müritz wieder einen 350 m langen Landungssteg aus Beton; ob Dampfer anlegen werden, ist eine andere Frage. Die heutigen Besucher und Gäste fahren mit dem Wagen an, nicht per Schiff. Die heutigen Seebrücken sind eher eine Reminiszenz an vergangene Zeiten, sie dienen als Flaniermeile und Promenadensteg. Einmal am Tag geht noch jeder Kurgast hinaus, um zu sehen, wie der Badeort von der Seeseite her ausschaut. Und wenn doch mal ein Dampfer anlegt, hat wohl keiner was dagegen.

Die evangelische **Kirche** mit dem umliegenden Friedhof liegt in etwa auf der Grenze zwischen den alten Ortsteilen. Sie wurde am 18. Oktober 1908 in Gegenwart von Mecklenburgs letztem Großherzog Friedrich Franz IV. – sein

Bild hängt in der Kirche – und seiner Ehefrau Alexandra eingeweiht. Erbauer ist Gotthilf Ludwig Möckel, der als Hofbaumeister schon von Bad Doberan her bekannt ist. Den Turm baute Möckel, wie in frühchristlicher Zeit gelegentlich der Fall, nicht an der Westseite, sondern »aus ästhetischen Gründen« (Möckel) an der Ostseite. Die Kirche ist neuromanisch, zeigt aber im Innern starke Elemente des Jugendstils, vor allem in den Wandmalereien, den Fenstern und dem Altaraufsatz. Die Orgel, 1953 von der Firma Sauer aus Frankfurt/Oder erbaut, hat 14 Register. Es werden regelmäßig Orgelkonzerte veranstaltet. Die Kirche ist im Sommer täglich von 10 bis 18 Uhr geöffnet.

Wer alte Häuser sucht, sollte nach Müritz in die Karl-Marx-Straße gehen: Dort stehen einige sogenannte Marinehäuser, die für Mecklenburger Soldaten nach ihrem Dienst in der französischen Flotte unter Napoleon errichtet wurden. Aus derselben Zeit stammen auch einige Büdnereien in der Karl-Liebknecht-Straße. Am Hufenweg soll übrigens jener Meierhof des Klosters Ribnitz gelegen haben, der erstmals im 14. Jh. erwähnt wurde.

DIE ROSTOCKER HEIDE

Die Rostocker Heide ist eines der wenigen großen Waldgebiete Mecklenburg-Vorpommerns. Am 25. März 1252 kam Wald per Kaufvertrag für 45 Mark Rostocker Pfennige an die Stadt Rostock, zu deren Gebiet er zum größten Teil heute wieder gehört. Die Grenzen verliefen »von Hinrichsdorf bis Mönkhagen, dann bis Volkshagen, hernach gerade durch den Weg, welcher nach Ribnitz führt, bis an den Ort, wo einst Wilhelm Wulebresme getötet ward, dann den Zarnezstrom durch den Heuweg querüber bis an das Gestade des Meeres und längs dieses bis an das Ostufer der Warnow.« Das ist zwar altertümlich ge-sprochen, doch kann man die genannten Orte auch heute noch auf der Karte verfolgen. Übrigens gehört der Wald nach wie vor der Stadt Rostock; die Grenze zum Gelbensander Forst ist seit alters der Stromgraben, im Kaufvertrag »Zarnezstrom« genannt.

Alles in allem ist der Wald der Rostocker Heide 5500 Hektar groß, in der Sprache der Städter sind das 55 Quadratkilometer. Das ist groß genug, um eine kleine Armee darin zu verstecken. Dies tat auch die NVA, die bis Anfang der 90er Jahre weite Gebiete des südlichen Waldes als Sperrgebiet belegte. Die Truppen hinterließen nach dem Abzug die üblichen Wüsteneien. Zahlreiche Hallen und Gebäude wurden inzwischen abgerissen, 42 Hektar Boden hat man bis zum Herbst 1995 wieder aufgeforstet.

Kehren wir nochmals ins 13. Jh. zurück, als der Wald zu Rostock kam. Es war das Jahrhundert der Ostkolonisation, als Jungbauern aus Westfalen, Niedersachsen, Holstein und Friesland über die Elbe kamen, um das Land der Slawen zu besiedeln. Die Dörfer jener Zeit, die nach Rodungen angelegt wur-

den, erkennt man an der Namens-
endung »-hagen«, wie etwa Rövershagen, Willershagen, Blankenhagen,
Klockenhagen und andere mehr.
Gleichwohl blieb ein zusammenhän-
gender Wald erhalten, der mit seinen
großen Beständen an Eichen und Buchen, Eiben, Kiefern und Lärchen die
Jagdlust der hohen Herrn erregte.
Herzog Karl Leopold (1713-47) be-
schlagnahmte die Heide als Jagdgebiet und ließ der Bequemlichkeit halber meilenlange Schneisen schlagen.
Es gibt sie noch heute. 1760 gruben
Kaufleute einen Kanal, den »Moor-
graben«, von der Großen Moorwiese
zum Radelsee, um den Torf leicht
wegschaffen zu können. Der Plan war
gut, doch den Torf wollte keiner ha-

Küstenwald bei Graal-Müritz

ben: Der stank beim Hausbrand fürchterlich. Der Graben – er wurde 1883 zum
Moorhof verlängert, des Holztransports wegen – existiert bis heute, wie man
sich beim Forsthaus hinter Markgrafenheide überzeugen kann. Übrigens ist
der Name »Heide« für das Waldgebiet erst seit 1765 überliefert. Der Grund ist
vermutlich der, daß in Folge starker Rodungen – die Hansestädte brauchten
Unmengen Holz für den Schiff- und Hausbau – große Heideflächen entstanden, die in historischer Zeit wieder aufgeforstet wurden. Die Landschaft
änderte ihr Gesicht, der Name blieb.

Das Schöne am Wald der Rostocker Heide ist seine Vielfalt: Alle paar hun-
dert Meter zeigt er ein anderes Gesicht. Man findet reine Rotbuchenbestände,
Gruppen alter, knorriger Kiefern, Tannen, Eichenwald, Birken- und Erlen-
brüche. An der Hundeteichschneise im Osten trifft man auch auf die seltene
Eibe, jenen Baum, der das im Mittelalter so begehrte »Ebenholz« für den
Bogenbau lieferte und deshalb fast ausgerottet wurde. Man findet manns-
hohen Adlerfarn, den Königs-, Frauen- und Tüpfelfarn, den Wacholder, die
Stechpalme und gelegentlich große Flächen mit Heide. In den küstennahen
Gebieten breiten sich einige Hochmoore aus.

Die landschaftliche Gestalt der Rostocker Heide ist ein Ergebnis der letzten
Kaltzeit. Zwischen den Schmelzwasserrinnen der Warnow und der Recknitz
lagerte sich im Bereich der Rostocker Heide großflächig feinster Sand ab, der
an der Küste zu Strandwällen und Dünen aufgeweht wurde. Im Süden geht
das Gebiet in eine flachgewellte Grundmoränenlandschaft über.

Urwüchsiger Wald in der Rostocker Heide

In der Rostocker Heide liegen einige bemerkenswerte Waldgebiete, Seen und Moore. Südöstlich Markgrafenheide erstreckt sich das **Naturschutzgebiet Radelsee** mit den Radelwiesen, einem flachen Binnensee mit Küstenüberflutungsmoor und salzwasserbeeinflußter Vegetation. In alten Gräben wachsen Gagelstrauch und Sumpfporst. Nördlich Markgrafenheide liegt das **Naturschutzgebiet Heiligensee und Hüttelmoor**, ein ehemaliger Strandsee mit baumfreien Moorniederungen und Binnendünen am Nordostrand. Das Gebiet hat eine abwechslungsreiche Strand- und Wasservegetation, ferner Salzwiesen und Wald. Höckerschwan, Rohrweihe, auch der Kranich besuchen das moorige Gelände. Im **Naturschutzgebiet Schnatermann** südlich der Straße von Markgrafenheide nach Hinrichshagen, einem alten Jagdgebiet, sind über 50 Vogelarten heimisch, darunter Blaumeise, Zilpzilp und Waldlaubsänger. Uralte Eichen, Ulmen, Holzapfelbäume und Stechpalmen stehen im **Revier Torfbrücke** bei Graal-Müritz.

So vielfältig einzelne Waldstücke sind, so verschieden sind die Dörfer der Rostocker Heide. **Hinrichshagen** gilt als Waldarbeiterdorf. **Markgrafenheide**, eine Försterei mit Kossatenstellen (Kleinbauern), wurde erstmals 1586 erwähnt. Der Name rührt von einem Markgrafen von Brandenburg, der von dort aus 1312 Rostock belagert haben soll. **Klockenhagen**, urkundlich erstmals 1332 erwähnt, wurde wohl bereits im 13. Jh. während der Ostkolonisation gegründet. Im untergegangenen **Moorhof** soll Störtebeker sich verborgen

Natur-Stilleben am Wegesrand

haben, woraufhin man das Anwesen in »Mordhof« umbenannte. Auch andere Siedlungen, Dörfer und Schäfereien verschwanden, zum Beispiel**Müggenburg** und **Fullerie.**

DAS RIBNITZER GROSSE MOOR

Am Nordrand der Rostocker Heide schließt sich das **Ribnitzer Große Moor** an, ein strekkenweise bewaldetes Küstenhochmoor, das in der Senke eines Mündungsarms der Recknitz im Laufe von Jahrtausenden hochwuchs. Durch Dünen von der Ostsee abgegrenzt, von Kiefern- und Eichenwäldern umgeben, war das Hochmoor über Jahrzehnte der einzige Aufenthaltsort der Schlingnatter. Im letzten Jahrhundert wurde intensiv Torf abgebaut, worauf bis heute Torfgräben, die Entwässerungsgräben in den Ribnitzer See und in die Ostsee sowie die Spuren eines Großbrandes in den 30er Jahren hindeuten. Das Wachstum des Moores kam dadurch ganz zum Stillstand. Heute bemüht man sich dagegen, das Hochmoor wieder zu beleben. Inzwischen hat sich eine moortypische Flora eingestellt, u.a. im Süden Ledum und Rauschbeere, Callunaheide, Rundblättriger Sonnentau, Moosbeere und das seltene Lebermoos. Auffallend ist das starke Vorkommen von Gagelstrauch, Glockenheide und Königsfarn. Auch der Bestand der sehr seltenen Schlingnatter hat sich wieder erholt.

DAS FREILICHTMUSEUM KLOCKENHAGEN

In Klockenhagen trifft man auf eines jener Freilichtmuseen vom Typ Kiekeberg bei Hamburg oder Hösseringen in der Lüneburger Heide, die norddeutsches Bauernleben in Reinkultur zeigen. Die versammelten Bauernhäuser standen meist gar nicht dort, sondern wurden von fachkundigen Leuten irgendwo im Lande abgebaut, zum Museum geschafft und mühsam wieder errichtet. Dabei wurde wohl auch so manches erneuert und repariert. Die Häuser stehen so adrett und reinlich in der Landschaft wie wohl nie zuvor. Da gibt es keinen Mistgeruch, kein Hofhund kläfft, es fehlt die Dauerpfütze vor dem Scheunentor. Es gibt keinen miesgelaunten Knecht und keinen wortkargen Bauern. Da muß schroffes Personal die Lücke mühsam schließen.

Auf dem Gelände des **Freilichtmuseums** lernt man charakteristische Mecklenburger Gehöfte des 18. und 19. Jh. kennen: Bauernhäuser und Scheunen, kleine Taglöhnerkaten, Backhaus und Spritzenhaus. Auch eine Bockwindmühle ist darunter. Die Mehrzahl der Gebäude ist vom Typ des niederdeutschen Hallenhauses. Von außen besehen, hat solch ein Haus Fachwerk mit Lehm- oder Backsteinausfachung, ein mehr oder weniger weit heruntergezogenes Rohrdach und ein großes Scheunentor. Es bot alles und allem Platz – den Altenteilern, dem Bauern und seiner Familie, Knecht und Magd, dem Vieh, Korn und Stroh. Das Entscheidende sieht man nur innen: Das schwere

Dach ruht auf zwei Reihen von Eichenstämmen, die innerhalb des Hauses aufgestellt sind. Die namengebenden Ständerreihen (»Zweiständerhaus«) bilden eine Halle, groß genug für einen Heuwagen, und zwei schmale »Abseiten« an den Außenseiten. Dort standen die Kühe, mit dem Kopf nach innen, und sahen dem Bauern bei der Arbeit zu. Kühe müssen früher recht kurz gewesen sein.

Hof IX, ein Zweiständerhaus von 1700 mit einer um 1800 errichteten Scheune samt Ziehbrunnen, ist insofern eine Ausnahme, als das Anwesen schon immer in Klockenhagen stand. Der letzte Bewohner überließ es 1970 dem Freilichtmuseum. Die Innenstruktur ist typisch: Man sieht die Döns, den einzigen beheizbaren Raum im Hause, sowie in der Diele die Feuerstelle unter dem Schwibbogen, wo die Würste unter dem Gebälk geräuchert wurden. Der Rauch zog durch das Dach ab. Als Besonderheit hat dieses Haus eine Lucht, einen zur Diele offenen Wohnraum, wo die Familie im Sommer lebte.

Die regionalen Unterschiede sind beim niederdeutschen Hallenhaus beträchtlich. Während man im Norden Mecklenburgs das volle Walmdach bevorzugte, baute man im Süden eher kurze Walmdächer, sogenannte »Krüppelwalmdächer«, wie man bei **Haus Strassen** aus dem Dorf Strassen II an der Elbe gut sehen kann. Bei einem Krüppelwalmdach ist die Giebelfläche konstruktionsbedingt sehr viel größer und bietet Platz für den »Bauerntanz«, das sind Verzierungen im Fachwerk und der Ausfachung. Haus Strassen darf als besonders schönes Exemplar dieses Haustyps gelten. Der Hausspruch lautet:

»HANS MARGWART MARIE MARGWART ANNO 1671«. Im Haus Strassen ist die Museumsgaststätte untergebracht.

Bleibt die Frage der gekreuzten **Pferdeköpfe** am Giebel: Mal schauen sie nach innen, dann wieder nach außen. Im 16. und 17. Jahrhundert zeigen nach außen gewendete Pferdeköpfe freie Höfe an, die es im Norden Mecklenburgs kaum gab und wohl nur im Ratzeburger Land zu finden sind. Ein Lehnshof trug die Pferdeköpfe nach innen. In manchen Gegenden ließen mit Zügeln versehene Pferdeköpfe erkennen, daß es sich um einen Sattelhof handelte, der im Krieg Pferde und Reiter stellen mußte. Ab etwa 1800 zeigten Pferdeköpfe nach außen die männliche Erbfolge an, nach innen die weibliche. Daher die heutige, scherzhafte Erklärung, die Pferdeköpfe ließen erkennen, wer im Hause das Sagen habe.

Spaziergänge bei Graal-Müritz

Von Graal-Müritz, das ringsum von Wald und Moor umgeben ist, lassen sich ausgezeichnet Spaziergänge und Wanderungen unternehmen.

Bereits ganz nah am Ort, etwa im Gespensterwald an der Schleuse, am Stromgraben oder im weitläufigen Rhododendronpark kann man kurze Spaziergänge unternehmen. Oder man geht durch den Küstenwald von Graal hinüber nach Müritz, Strandbesuche inbegriffen. Wegen des zum Teil bizarr geformten Waldes sieht man vom Ort unterwegs nicht sehr viel. Ebenfalls vielversprechend ist eine Wanderung rund um das Ribnitzer Große Moor, das sich hinter den Stranddünen im Nordosten von Graal Müritz erstreckt (4,5 km).

Radtouren und Wanderungen von Graal-Müritz

1. Zum Freilichtmuseum Klockenhagen (9 km)

Auf einer **Radtour** zum Freilichtmuseum lernt man einen Teil der Rostocker Heide kennen. Man erreicht das Museum vom Bahnhof Graal-Müritz auf dem Graaler Landweg (der alten Fischländer Landstraße), die in einen schwarzen Waldweg übergeht (Wegmarkierung: gelber Querstrich). Nach etwa 850 m fährt man rechts in den ersten breiten Weg, der in Richtung Gelbensande führt. Nach rund 600 m, das ist die zweite größere Abzweigung, fahren wir links in die Glähnsädschneise. Zur Orientierung: Kurz vorher ist der Waldweg stark geschottert, links eine große Lichtung. Der Waldweg endet bei einer T-Kreuzung, rechts steht eine riesige Eiche. Wir fahren rechts weiter, am Waldrand entlang bis zu einer Kreuzung, wo wir links, an einigen Wohnhäusern vorbei, in Richtung Neu Hirschburg radeln. Nach etwa 200 m, bei einigen neuen Wohnhäusern links am Straßenrand, fahren wir rechts ab und radeln auf einer schmalen Asphaltstraße zwischen Viehkoppeln. Bei einer Betonfläche führt links der Altheider Weg zum Freilichtmuseum Klockenhagen.

2. Nach Dierhagen (9 km) und Wustrow (17 km)

Wer in Graal wohnt, den wird wohl ein Ausflug zum nahen Fischland reizen. Der Weg dorthin ist denkbar einfach: immer an der Küste lang. Mal ähnelt der schmale Weg eher einem Fußweg, mal haben Radler den Weg ganz für sich.

Von Graal fährt man zunächst durch einen vom Wind zerzausten Küstenwald nach Müritz hinüber. An einigen Stellen geht der parkartige Wald in einen Dünenwald über. Düne, Küstenwald, Röhricht – die Vegetation wechselt alle paar hundert Meter. Auf dem schmalen Radweg kommt man am Großen Ribnitzer Moor vorbei und erreicht den Campingplatz Neuhaus, der bereits zu Dierhagen gehört. Unterwegs wird man durch einige Siedlungen geleitet. In Dierhagen fährt man rechts in den Farnweg, dann weiter auf Waldwegen. Hinter dem Plateau mit Imbißbuden und einigen Geschäften geht es auf dem Dünenweg weiter. Am Ende führt ein schmaler Weg geradeaus zum neu angelegten Radweg auf dem Deich, der von Dierhagen-Ost bis Wustrow führt. In Wustrow beginnt geographisch das Fischland. Man sieht das riesige Windrad, die Kirche und die ehemalige Seefahrerschule, rechter Hand erstreckt sich der weite Bodden.

3. Von Graal-Müritz über Markgrafenheide bis Hohe Düne (12 km)

Für einen Ausflug nach Warnemünde ist das Fahrrad durchaus geeignet. Beginn der Radtour – Wegmarkierung: gelber Querstrich – ist die Kreuzung Kurstraße/Ecke Parkstraße. Wir fahren noch ein Stück auf der Kurstraße in Richtung Parkplatz und Strand und biegen links in den Zarnezweg ein. Kurz darauf halten wir uns rechts, um auf dem Brückenweg den Stromgraben zu überqueren. Wir biegen links in den Heuweg ein, der nach Süden führt. An einer T-Kreuzung (Wiedortschneise) fahren wir 50 m links, dann biegen wir rechts ein. Wir halten uns strikt an die gelbe Wegmarkierung. Zunächst auf Schotter- und Plattenwegen, dann auf schönen Waldwegen geht es durch die Rostocker Heide, die im Nordteil noch von einigen Feldern und Lichtungen unterbrochen wird. Unterwegs zeigt die Rostocker Heide ihre ganze Vielfalt: mal dichter Kiefernwald mit entwurzelten Baumriesen und hohem Adlerfarn, dann wieder Birkenwald. Wir überqueren die Birkhorstschneise und halten uns nun strikt geradeaus (nach Süden), der Wegmarkierung des gelben Querstrichs folgend. Südlich der Scheiden-Schneise, beim ehemaligen Schießstand, beschreibt der markierte Weg eine Rechts-Links-Rechts-Kurve zur Rosenort-Schneise, in die wir links einbiegen. Man erreicht einen Asphaltweg, den Blocksbrückenweg, auf dem wir rechts weiterfahren. Nach 500 m folgen wir der Wegmarkierung nach links. Dieser Waldweg führt nach Süden bis zu einer rotweißen Schranke bei der Bushaltestelle »Schnatermannweg« (mit Wanderparkplatz). Wir wechseln die Straßenseite und fahren auf dem Radweg rechts in Richtung Markgrafenheide. Von dort radelt man auf einem Rad-

Hauptsache, der Wind kommt von vorne...

weg längs der Warnemünder Straße am Marinestützpunkt Warnemünde vorbei bis Hohe Düne. Unterwegs kann man einen Halt einlegen, um durch einen der Dünenübergänge zum Strand zu gehen. In Hohe Düne setzt man mit der Fähre nach Warnemünde über.

Fahrt zum Forstmuseum und Köhlerhof Wiethagen

Von Hinrichshagen ist es nur ein Katzensprung ins benachbarte Wiethagen. Am nordöstlichen Ortsrand steht ein Köhlerhof zur Besichtigung an. Er ist allerdings, das haben Raritäten manchmal so an sich, nicht leicht zu finden. Aber wenn man das kleine Hinweisschild entdeckt hat, kann nichts mehr schiefgehen: Am Waldrand, jenseits der Bahnlinie, stößt man endlich auf die letzte noch arbeitende Teerschwelerei in »Mitteleuropa«. Zweimal im Jahr setzen Oberförster Gerd Heil und Karl-Heinz Schulz den Ofen in Gang, obwohl die Köhlerei nicht gerade zum Berufsfeld eines Oberförsters gehört. Als 1983 der letzte Köhler verstorben war, wollte Gerd Heil das technische Denkmal der Teerschwelerei nicht aufgeben. Mit der ortsansässigen LPG und dem Museum Klockenhagen rekonstruierte er die Anlage nach Feierabend. Das sind im einzelnen ein großer, begehbarer Teerschwelofen von 1838 mit einem Fassungsvermögen von 42 Kubikmetern Holz und ein kleinerer, der 13 Kubikmeter faßt und 1848 gebaut wurde.

Um den kleinen Ofen geht es, wenn gefeuert wird. 1800 Kilogramm Holzkohle und 100 Liter Teer sind die Ausbeute. Um gute Holzkohle zu erhalten, muß man Holz weitgehend unter Luftabschluß bei etwa 470 Grad erhitzen: In dem mehrere Tage währenden Prozeß zersetzt sich das Holz, der Teer fließt durch einen Kanal ab, zurück bleibt die Holzkohle. Teer wurde früher beim Schiffbau verwendet, auch Tierärzte brauchten Teer bei der Behandlung von Pferdehufen. Auf Holzkohle war man früher bei Arbeiten angewiesen, die sehr hohe Temperaturen erforderten. Oberförster Gerd Heil ist sicher, daß Wiethagen der einzige noch arbeitende Schwelofen in Mitteleuropa ist. Zwei Kästen Sekt hat er dem versprochen, der ihm das Gegenteil beweist.

Das Jagdschloß Gelbensande

Das Jagdschloß Gelbensande wurde 1886/87 nach Plänen des Hofbaumeisters Gotthilf Ludwig Möckel als Sommerresidenz des mecklenburgischen Großherzogs errichtet. Von den 1500 Schlössern und Gutshäusern des Landes Mecklenburg-Vorpommern gehört es zu den fünfzehn kulturhistorisch wertvollsten. Über dem hohen Erdgeschoß aus gelbem Backstein erhebt sich ein anspruchsvoll gestalteter Fachwerkbau mit Loggien, über Eck gebauten Erkern und einem reich verzierten Giebel. Zum Schloß gehören außerdem eine 1924 errichtete Kapelle und ein Park. Da die Zukunft des Anwesens ungeklärt ist und die dringend notwendige Restaurierung offensteht, kann man das wertvolle Gebäude nur von außen besichtigen. Ein Förderverein Jagdschloß Gelbensande e.V. (Tel. 038201/600 86) wurde gegründet, mithin ist das Schloß nicht sich selbst überlassen. Der Ort Gelbensande liegt an der B 105, das Schloß hart an der Straße.

LITERATUR

Baumgarten, Karl und Angelika **Heim**:
Landschaft und Bauernhaus in Mecklenburg. Berlin 1987

Baier, Gerd; Horst **Ende**, Brigitte **Oltmanns** u.a.:
Mecklenburgische Küstenregion. Mit den Städten Rostock und Wismar.
In: Die Bau- und Kunstdenkmale in der DDR. Berlin 1990

Bernitt, Hans: Vom alten und vom neuen Mecklenburg. Schwerin 1954

Glade, Heinz: Rostock. Stadt am Meer. Leipzig 1982

Günther , Horst und Inge **Könnecke-Hadler**:
Ostseebad Boltenhagen einst und jetzt. 1995, ohne Ort

Jahncke, Jürgen: Rund um die Kühlung. 1992, ohne Ort

Karge, Wolf: Heiligendamm. Erstes deutsches Seebad. Schwerin 1993

Meyer-Scharffenberg, Fritz: Zwischen Strom und Haff, Rostock 1959

Meyer-Scharffenberg, Fritz: Mecklenburg. Mosaik einer Landschaft. Rostock 1965

Meyer-Scharffenberg, Fritz: Zwischen Meer und Bodden. Rostock 1971

Meyer-Scharffenberg, Fritz:
Zwischen Strom und Haff. Überarbeitet von Klaus Meyer. Rostock 1982

Meyer-Scharffenberg, Fritz:
Wismar, die Insel Poel und der Klützer Winkel. Überarbeitet von Klaus Meyer.
Rostock 1990

Nachtigall, Walter und Dietmar **Werner**:
Der schweigsame Fischer und andere Volkssagen um Stände und Berufe, Berlin 1988

Schroeder,Edmund: Mein Mecklenburger Land. Schwerin 1961

Weymann, Frank: Das Buch Warnemünde. Leipzig, ohne Jahr

ORTSREGISTER